「はじめに子どもありき」の理念と実践

平野朝久 編著

東洋館出版社

まえがき

本書は、平成二十五年に学芸図書から刊行された『続はじめに子どもありき―基本原理と実践―』のリニューアル版である。『続はじめに子どもありき』は、出版後間もなく出版社の事情により絶版となったが、多くの方々から再版を望む声が寄せられたため、この度、その本の趣旨を継承しながらも内容を大幅に書き改めて東洋館出版社から出版することになった。

本書の第Ⅰ部では、旧版の内容を整理して簡潔にすると共に新たに授業観と授業づくりについて書き加えた。

第Ⅱ部（実践編）では、旧版の筆者五名のうち三名は、旧版の内容を凝縮した上でその後の実践を加えた。（第二章、第五章および第六章）二名は、旧版執筆後の実践を中心に全面的に書き改めた。（第三章および第七章）また、新たに四名の方々に加わっていただいた。（第一、四、八、九章）

拙著『はじめに子どもありき―教育実践の基本―』（初版は学芸図書、平成二十九年より東洋館出版社）の初版が刊行されたのが平成六年であり、それから三十年近く経った。その間、多くの方々がその内容に共鳴し、その具現化を図ってこられた一方で、実際にどの校種、どの教科等の授業においてもできることなのか、具体的にどうすればよいのかわからないというような疑問やご意見をいただいた。

「はじめに子どもありき」は、学校における教科等の授業のみならずあらゆる教育の場で具現化が可能である。それは、これまでの実践例を見れば納得していただけることと思う。そこで、これまで「はじめに子どもありき」を教育理念とした教育実践をしてこられた方々にご自身の実践例あるいは学校長、教頭としてかかわった学校の実践例を紹介していただくことにした。

第Ⅰ部では、教育の根底にあるものが何であるかを明らかにし、「はじめに子どもありき」を教育理念とする授業の基礎を提示している。第一章では、「はじめに子どもありき」とは何か、その要点を述べている。第二章では、「はじめに子どもありき」を具現化するために欠かせない子どもの見取りについて詳述している。第三章は、授業の前提となる子ども観について、また第四章では、これまで「はじめに子どもありき」の具現化に取り組んできた方々の授業観について述べている。第五章では、子どもの内にある学ぶ意欲と自ら追究し、学び、育つ力が発現する授業づくりについて述べている。

第Ⅱ部の筆者は、私がこれまで幾度も授業を見たり、直接お話をお聴きした方々である。「はじめに子どもありき」具現化の歩みを率直に書いていただいた。

第一章は、四十年以上にわたって総合学習（低学年）と総合活動（中・高学年）を続けてきた長野県伊那市立伊那小学校の実践と研究についてである。伊那小学校の総合学習、総合活動は能動的学習者観が根拠となっており、子どもの事実に立つこと（はじめに子どもありき）を実践、研究の基底に据えてきた。

第二章では、筆者が「はじめに子どもありき」を学級経営、国語と総合的な学習の時間の授業で具現化してきた歩みが、ご自身の心の内を見つめ直しながら述べられている。

第三章の筆者は、長年にわたって幼稚園、小学校で「はじめに子どもありき」を教育理念として、実践を続けてきた。本書では、生活科、国語、算数、理科の授業が紹介されている。

第四章では生活科と筆者の専門教科である体育の授業が紹介されている。筆者の実践、研究の詳細は、齊藤慎一著『子どもの事実に向き合う』（東洋館出版社）を参照していただきたい。

第五章では、筆者が学級担任をしていた時の総合的な学習の時間の実践が紹介されている。また、学校長として「はじめに子どもありき」を教育理念とする学校経営を行ったことによる教師の意識変容の過程が赤裸々に語られている。

第六章では、筆者が「はじめに子どもありき」に出会ってからのご自身の研究、実践の歩みが述べられている。国語、生活科、総合的な学習の時間で行われた共に創る授業の実際、さらに管理職に就いてからの歩みも紹介されている。

第七章は、社会科の内容を中心として教科等横断的に行われた「共に創る授業」の実践事例である。子どもの追究、学びの深まりや教師の支援も含めて授業づくりの過程が詳述されている。

第八章では、筆者が学級担任の時の総合的な学習の時間と教頭として学級の教師と子どもたちと共に創った総合的な学習の時間の実践が紹介されている。

第九章では、中学校における筆者の理科の授業づくりと学校長として「はじめに子どもありき」を経営理念とした学校経営および教育委員会在職中の実践について述べられている。

本書においては、基本的な文体や大まかな体裁以外は、あえて文章の様式を統一するようなことをしていない。それぞれの書き方に、その執筆者の考えや思いが表れると思うからである。

これから、多くの方々によって「はじめに子どもありき」の具現化が推進されることを願っている。本書がそのきっかけあるいは手がかりになれば嬉しく思う。

末筆ながら、『はじめに子どもありき』に続けて本書の出版を快くお引き受け下さった東洋館出版社に深謝申し上げます。

令和四年七月

編著者　平野朝久

もくじ

もくじ

第Ⅰ部　教育実践の根底にあるもの

教師は、子どもに対して、授業だけでなく学校の様々な場で常に何らかのかかわりをしている。かかわりといっても、直接的な働きかけとして具体的な言動となることもあれば、子どもの様子を見守るだけのこともある。間接的ではあるが、教材を用意したり、子どもが活動する環境や機会を用意したりすること、あるいは指導計画を立てることも子どもへのかかわりと言えよう。このように、教師は、子どもの学びと成長のために様々なかかわりをするが、何をどのように行うかは、その都度、教師が意思決定をしている。

　では、教師がそのような意思決定をする際に依拠するもの、あるいはその意思決定に大きな影響を与えるものは何であろうか。これまで数々の授業を観察し、また授業者からの聴き取りを重ねた結果、その教師がどのような教育理念を持っているか、どのような教育観、教師観、子ども観、授業観など教育に関する観を持っているか、そして大事にしたいことが何であるかによって、その意思決定が大きく左右されることが明らかになった。

　教育理念や教育に関する様々な観は、教師に限らず誰しも持っている。しかしながらそれらは教育実践の根底にあって、その実践の前提となり、それを支えているものであるが故に、ふだん意識されることはない。また、通常それらは明文化されたり公の場で表明されたりすることもないので、同僚や他人のそれらを知る由もない。

　大事にしたいことは、一時間の授業の中でということもあるし、単元全体でということも、あるいは学校としてということもある。また、それは一つとは限らないが、複数あれば、そこには優先順位がある。実際、授業を観察し、その授業者の話しを聞くと、授業者がその授業で大事にしたいことが曖昧であることが少なくない。そのため、教師が意思決定をする際に迷ったり、と惑ったりすることになる。そしてその結果、それほど大事ではないと思われることにかなりの手間暇をかけることになり、おそらく大事にしたかったと思われることがほとんどできずに授業が終わることになるのである。大事にしたいことは、授業を構想した時に明確にしておく必要がある。

ところで、学校教育では、長年にわたって、多くの教師が、子どもが主体的に追究し、学ぶことを願い、そのような授業ができるように努力してきた。学習指導要領においても、改訂の度に、子どもが主体的に学ぶことが求められ続けてきた。しかし、その実現は、容易ではなかった。できたようでも一時的であったり、形はそれらしくても実際は子どもが主体的にさせられる授業であることが少なくなかった。現行の学習指導要領では子どもの「主体的、対話的で深い学び」が求められているが、それも形骸化しつつある。そのように真に子どもが主体的に追究し、学ぶ授業が実現できなかったのは、授業の方法や形に目が向き、その方法を実施し、形を整えることを急ぐ余り、教育の根底にあり、授業における教師の意思決定の根拠となり、授業の前提となっていることを問い直し、改めることを怠ったからではないだろうか。

一方、名実ともに、子どもが主体的に追究し、学ぶ授業を実現してきた学校があり、教師がいる。そのような学校や教師の教育理念や教育に関する観は、これまでの伝統的な教育の根底にあるそれらとは異なっている。

そこで、そのような学校や教師の教育理念および教育に関する観として、授業や子どもへの支援、指導の在り方を大きく左右する子ども観と授業観について述べることにする。

第一章　教育理念としての「はじめに子どもありき」

これまで子どもが主体的に追究し、学ぶ授業を実現してきた学校や教師の教育理念は、「はじめに子どもありき」である。

教師は子どもを前にすると、その子どもに何をどのように指導するかを考え、すぐに指導しようとする。それどころか、どのような子どもであるかがわかる前から、目標や内容はもちろんのこと、学習する場所や時間、教材等々もことごとく決めてしまい、子どもはそれらに合わせなければならない。時には、はじめに教師（の都合）ありきにもなりかねない。

しかし、子どもあっての教育であり、教育の出発点は、一人ひとりの子どもである。学びの主体者が子どもであることは言うまでもない。何かを実現するために子どもが存在するのではなく、固有名詞を持った一人ひとりの子どもが存在し、その子どもが学び、成長するために教育が行われるのである。したがって、教育のあり方は、子どもの事実（内面の事実）に基づいて考えられなければならない。指導計画の作成も教材研究も、また授業展開も、子どもに何をどのようにするかということを検討する前に、まずは一人ひとりの子どもが、今何をどのように考え、感じ、どうしたいのか、どのようなことで困っているのか、そしてどのように追究し、学ぶのか等々の事実を明らかにして、常にそれらに基づくようにしなければならない。

「はじめに子どもありき」とは、このように学びの主体者である子どもの事実に立つということである。「はじめに子どもありき」を教育理念としてきた教師は、授業をするにあたり、常に子どもの事実に立ち返りつつ、そこから子どもへの支援のあり方を導きだしてきた。

「はじめに子どもありき」という言葉は教育界で広く使われるようになったが、誤解も少なくない。「はじめに子どもありき」であれば、教師は指導や支援をする必要はない、あるいはしてはならないとさえ思っている人もいるようである。「はじめに子どもありき」を教育理念とするならば、教師をはじめとして子どもの育ちにかかわる人たちの果たす役割を見直し、改めて、子どもの主体的な追究と学びの実現への支援をすることが求められる。子どもを学びの主体者と見る限り、子どもへのかかわりはすべて支援である。指導も、その主体者への支援となるような指導でなければならない。

「はじめに子どもありき」を教育理念とすれば、子どもへの支援に先だって子どもの事実を知ることが必要であるが、子どもの事実といってもそれは大きく二つに分けることができる。その一つは、一人ひとりの子どもの事実である。このことについては、第二章で述べることにする。もう一つは、第三章で述べるが、子どもは本来どのような存在かということであり、子ども一般の事実あるいは子どもたちに共通に見られる事実である。

第二章　子どもの見取り

一人ひとりの子どもの事実は見取りによって知ることができる。見取りは、子どもの内面すなわち子どもの心の内を、価値判断をせず、共感して、ありのまま、わかろう（感じることも含む）とすることである。見取りという言葉は、小、中学校においてよく使われるようになったものの、従前の子ども理解を見取りと言い換えただけということも少なくない。そこで、見取りをする際の留意点を整理しておくことにする。

一　子どもが表現した事実に基づく

子どもの見取りは、子どもの内面をわかろうとすることであるが、その内面を直接知ることは出来ない。だからといってあて推量によるのではなく、子どもの外面に表れた事実を根拠とし、手がかりとして、その事実から読み取りあるいは解釈をして、子どもの心の内の真実に近づこうとするのである。

子どもの外面に表れた事実は、授業や学校において表現あるいは表出されたものだけではない。授業や学校では子どもが話さなかったことや見せなかったことが家庭で詳しく話されたり、行動として示されたりすることは少なくない。したがって保護者から知らされる家庭での様子も重要な事実となる。

①言語で表現された事実

子どもが表現あるいは表出したものとして、授業における発言やつぶやき、ノートあるいはカードや日記、作文に書いたものなど言語を用いて表現されたものを手がかりとすることが多い。しかし、子どもが自分の内面を言語的に的確に表現できないと教師の見取ったことと子どもの真意との間で違いが生じるので注意を要する。そもそも言葉については、同じ言葉でもそれを使う人（の経験）によって、その意味内容に微妙なあるいは時には大きな違いが生ずる。とりわけ幼児や低学年の子どもたちについては、同じ言葉について教師と子どもとの間で意味内容の違いがしばしば認められる。また、子どもの考えや思いを学習カード等に書くことがあるが、特に低学年で書くことが苦手な子どもについては教師が直接聴き取りをするなど、一人ひとりに適した見取りの手がかりを得る必要がある。

東大阪市の小学校のある学級で、一年生の子どもたちが、担任の教師に支えられながらもお互いのことを思いやりつつ、ほとんど子どもたちだけで追究を深めていった大変感動的な授業が行われた。その授業についてその学級担任の教師が、次のような厳しい反省をしている。

「一人ひとりの子がどんな気持ちで言い、どんな気持ちで聞いているのか、子どもの考えや気持ちを追い続けることは難しく、結果として断片をとらえるあまり子どもを傷つけてしまうこともある。子どもの言葉を素直に子どもの立場で聞けるよう、もっともっと努力していかねばと思う。[1]」（傍点は引用者）

同じ言葉を使っても、子どもが異なれば、その言葉の意味は異なる。それぞれの子どもの側に立ってそこからその言葉の意味を読み取るということである。これは後に述べる一人ひとりに共感して見取るということにも通じる。

②非言語で表現された事実

一方、子どもの身体の動き、仕草、目線、表情、態度など非言語的なものも、内面を推測する上で重要な、そして多くの根拠や手がかりを提供する。昔から「目は口ほどに物を言う」と言われてきた通りである。言語による表現に伴う声のトーン、大きさなども同様である。絵や工作あるいは曲など子どもの作った作品も非言語的な事実である。

自分の考えていることや思い、感じていることなどを言葉で的確に表せない子どもたちや言葉で表現することの少ない活動的な場面や授業では、そのような非言語的な表現が見取りの重要な根拠や手がかりになる。また、言語的な表現や表出だけでなく、それらをこうした非言語的な表現と合わせて見取りの根拠や手がかりとすることによって、より的確な見取りに近づくことができる。

③広範な時間と場における事実と見取りの記録

子どもの内面は、ある一時に示された事実だけではわからない。それだけで理解しようとすれば、むしろ誤解する可能性が高い。長い時間経過の中で、また授業はもちろんのこと学校生活そして可能であればその子どもの生活全体の中での事実からわかることをつなげて、総合的に見ていく必要がある。

そこで、子どもが表現あるいは表出した事実を、記録として残し、累積しておくことが必要である。その事実を知った時にその事実とそれ以前の事実に基づいてなされた見取りと、その後の様々な事実と合わせ、関連づけて新たに行う見取りは異なるのが常である。

しかし、授業場面に限ってみても、子どもたち全員について毎時間丁寧に記録することは、実際、不可能である。そのために記録の様式の工夫が必要になる。記録が形式ばったものであったり、たくさん書かなければならなかったりすると、めんどうなことになり、長続きしない。そこで、カルテ、座席表あるいは名簿形式の記録票に、事実と教師が気付いたことを簡略に記入する方法がとられてきた。記入しようとしても何も書けない子どもがいることがある。その子どもについてはまったく見取りができていなかったことになるが、それは記録を取ることによって気づくのである。

一方、授業において、子どもたちの追究を予測し、それにしたがって支援の計画を立てるが、その時に一人ひとりの子どもについて見るべき時あるいは場面を明らかにしておくことによって、限られた時間での見取りとそれに基づく支援を有効に行うことができる。そのような時あるいは場面で丁寧に観察し、記録し、それを累積して記録をつなげて読みとれば、必ずしも毎回観察して、記録しなくても、観察しなかった時のことを埋め合わせるだけのものが得られる。

④研究対象児（抽出児）の見取り

研究対象児について、他の子どもたちと比べてより詳細に事実を記録し、その子どもを深く、丁寧に見取ることも行われてきた。そうすることによって、教師の見取る力を高め、他の子どもたちをより適切に見取ることができるようにすると共に、子どもの追究と学びの道筋を明らかにしたり、子どもたちがほぼ共通に感じていることや思っていることなどを明らかにしようとしてきた。

二　価値判断をせず、共感して、ありのまま、わかろうとする

見取りで最も重要なことは、子ども一人ひとりに共感することである。子どもを肯定的に見ると言ってもよいであろう。また、教師が共感することは、子どもが自らの力で生き、成長する支えになる。その意味で、見取りが即支援にもなる。

共感すること、すなわち、Aさんが○○と思っているのであれば、教師も同じように○○と思い、Bさんが△△と感じているのであれば、教師も同じよう△△と感じるのである。子どもが思っていること、感じていること等々について一切価値判断をしないのである。

しかし、このように子どもをありのままわかろうとするということ、すなわちあるべきところ（目標）に照らして価値判断をするのではなく、その子どもと同じように思ったり、感じたりすることは、容易なことではない。それは子どもを見取る者が、教師（授業者）だからである。

もちろん、教師、特に授業者であるが故にわかることやそうでなければわからないこともあろう。それは大切にしながらも、子どもを共感的に見取るには、教師性（教師であること）から脱却して見取ることが必要である。

教師は、子どもの行動を見て、子どもが言ったことを聴いて、子どもを理解しようとする。しかし、その時にどのような立場で見、聴き、理解しようとしているであろうか。子どもを指

導する教師として「こうあるべし」ということに照らして見てはいないであろうか。子どもを見る時に、あるべき子ども像を傍らに置いて、それに照らして一人ひとりを見てはいないであろうか。授業者であれば、本時でねらいとすることに照らして見てはいないであろうか。そして、それに照らして「そうでないこと」を直ちに「そうであること」へ変えようと指導してはいないであろうか。

　授業者であれば、子どもを見取る際には、子どもに寄り添い、子どもと共に追究し、学ぶ一人として、また子どもと共に生き、成長していく一人として見取るようにしたい。それは、担任の教師であればこそできることでもある。

　ところで、否定的、批判的な見取りは、見取ったことについての語りや記述が三人称でなされることにより助長されていると考えられる。そこで、第一人称で、すなわちその子どもに自分がなったつもりで己の心の内を語れるようにしたい。一人称で語るには、教師がその子どもに共感し、その子どもになって自らを語ることになり、肯定的、共感的な見取りになりやすい。次に引用するのは、私が提案した方法で担任の教師が研究対象児（K児）を見取り、その見取りを記述したものであるが、結果的に、否定的、批判的な記述はまったく見られない。

K児について

ぼくは、いろいろなものを作ったり、自分で考えたりすることが大好きだ。「これは、いい。大発見！」と思うと先生や友だちに教えてあげたくなる。先生も、友だちも「すごいなあ。」と言ってくれる。とってもうれしい。「ぼくってすごい。」って自分でも思う。自信だってある。みんなもぼくの考えに賛成してくれる。友だちがぼくのやっていることのじゃまをしたり、ぼくの言うことを聞いてくれなかったりすると、腹がたち、ついきつい言葉やいやな言葉を言ってしまう。友だちが困った顔をする。でも、ぼくは悪くないよ。悪いのは向こうだ。ぼくのやりたいことをじゃまするからいけないんだ。でも、落ち着いてから先生や友だちと話すと悪かったなあと思うこともある。そのときは、あとで「ごめんね。」とあやまるよ。でもおこっているときには、素直になれないんだ。涙を見られるのも嫌いだ。だから、おこっているときには、そっとしておいてほしい。

（後略[2]）

三　子どもの全体像を見取る

子どもは、活動に取り組んでいる時、自分の中のその活動に直接かかわるものだけをその場に持ち込んでいるわけではなく、直接的であれ間接的であれ自分全体をかかわらせている。しばしば、学校のみならず家庭や地域での生活体験が反映され、生かされる。活動に取り組んでいる子どもの姿は、まさに一人の人間としての生き方そのものである。

したがって、子どもの見取りは、当該の活動に関することに焦点を置くものの、常にその子どもの全体像をとらえようとするのである。このような見取りは、授業場面で観察される様々な事実を中心としながら、学校生活全体での日々の子どもの言葉や行動からの読み取りを関係づけてなされることになり、子どもの全体像が語られることになる。

四　行き過ぎた解釈をしないようにする

見取りをする時に、もっともらしい説明をして満足してしまったり、行き過ぎた解釈をしてしまうことがある。特に研究対象児（抽出児）については、その子どもについて多くを語ろうとするあまりに、行き過ぎた解釈をする可能性が高い。

佐伯胖さんは、そのような「解釈の落とし穴」から脱出するために以下の三点について自覚して解釈に臨むことを提言している。

・人には「説明がつかない行動」がたくさんあることを認めることである。
・人の行動の原因は、当人の「心の中」にあるとは限らない。
・「解釈」は、相手を枠にはめてしまうことであって、相手の行為の自由を奪うだけでなく、自分自身も、相手に対する行為を、特定の枠内に固定化することになる。(3)

子どもが何らかの行為をする時、常に自分の明確な意思でそうするとは限らない。必ずしもよく考えてから行動するわけでもない。自分がそうしたいからではなく、そうせざるをえなくてやったり、自分の意思とは関係なく、あるいはそれに反してやってしまうことも珍しくないことは、我が身を振り返って見ればわかる。ところが、私たちが他人の内面を見取る時は、そういうことは認めがたいようである。子どもの内面を行き過ぎた解釈をせずにありのまま受け止めたりするようにしたい。

五　常に仮りのものとする

同じ子どもを同じ場面で見取っても、見取る人によってその見取りは異なる。子どもが表現あるいは表出した事実の着目の仕方、取り上げ方さえも異なる。どの見取りが的確であるかは、少なくともその時点で判断することは難しい。本人が己を見つめ、語ればそれが正しいかと言えば、そうとも言えない。かえって本人であるが故に自分のことがわからないということもあろう。ある時点での見取りも、その後のその子どもの言動や新たに得られた情報から、修正しなければならないこともある。

見取りで最も重要なことは一人ひとりの子どもに共感することであるが、どれほど努力してもその子どもの気持ちになりきれるものではなく、あくまでそれに近づくということである。したがって、その子のことが本当にわかったということはありえず、見取りは常に仮のものであり、絶えず修正していくものであると認識し、より多くの事実に基づき、他の教師等による見取りとつき合わせながら、より的確な見取りを求め続けるようにしたい。

子どもが主体的に追究し、学ぶ授業を求め、実践し続けてきた長岡文雄さんも「『真に教える』ということは、『子どもをさぐることのなかにしか成立しない』ということが、身にしみてわかってくるのである[4]。」と述べ、底なし沼のようにとらえつくすことができない子どもを絶えずとらえなおし続けなければならないことを切々と訴えている。

また、見取りは子どもの心の内を捉えようとするのであるが、だれでも自分の心の中に他人に立ち入られたくないことがある。自分が教師であり、相手が子どもであると、そのことを忘れて子どもの心の奥底まで踏み込んでしまうことがある。もちろん善意でのことではあるが、どれほど幼くても、一人の人間であるその子どもへの畏れと慎みの気持ちを忘れてはならない。

六　予測的見取り

見取りは、原則として、子どもの今の内面の事実を知ることであり、それに基づいて、今、その子どもにどのような支援をするかを決めることになる。しかし、教師は子どもに、今だけでなく、この後も、明日も、明後日も、長期間にわたってかかわり続けるのである。そのために指導計画を立てるのであるが、それを構想する際に、子どもの今ではなく、この先授業を行うその時の子どもの見取り、すなわり予測的見取りが必要になる。予測的見取りでは、たとえば、明日の授業で、この教材を提示したその時に、子どもがそこでどういうことを感じるか、どういうことを考えるか、どうしようとするか等々のことを予測して見取ることである。そうすることで、予測された子どもの考えや思い、願いなどにどのように対応するかを予め考えたり、何か必要なものを予め準備したりしておいてすぐに対応することができる。そしてそれらのことが（指導案を作る場合は）指導案に書かれることになる。もちろん、その授業を実施すれば、その都度、今の子どもの見取りを行い、予測された見取りが今の見取りと異なれば、今の見取りへと修正しなければならないことは言うまでもない。

第三章　子ども観

子ども観とは、子どもとは本来どのような存在かということについての見解である。実際に目の前の子どもが表している事実についてあるいはそれを一般化して述べたものではない。また、子どものどのような特性に着目するかによって子ども観は異なったものになる。

一　子どもは、良くなろうとしている

教育のあり方に深くかかわるという意味で本質的で、教育の前提となる子ども観とはどのようなものであろうか。それは、子どもは、良くなろうとしているということである。このような子ども観は、多くの教師が特に意識はしていなくてもその実践の前提としてきたし、その実践を通して確かめられてきた。

これは、いわゆる性善説ではなく、村井実さんの言う「性向善説[5]」に相当する。実際、子どもは大小様々な悪いこともするが、その子どもの心の内（奥底）では常に良くなろうとしているということである。それは、幼児の頃のように日々の子どもの様々な姿に素直に表れる場合も

あれば、中学生、高校生くらいになると、まったく異なった、時には正反対の姿となって表れることもある。教育に携わる人たちは、子どもの言動となって表れたものではなく、子どもの心の奥底にある、良くなろうとしていることを信じ、子どもがそれを具現化できるように必要な条件を整えるなど子どもへの支援をするようにしたい。

教師から見て望ましくないことをする子どもは「困った子」と見られることがあるが、そうではなく「困っている子」と見るようにしたい。すなわち、良くなろうにも自分の力ではどうしようもなかったり、どうしたらよいかわからなくて困っているのである。そのように見れば、その子への支援や指導のあり方は、「困った子」と見る時とは異なるであろう。

二　子どもは、本来能動的な学習者である

子どもを学習者として見た時、子ども観は、学習者観として表され、それが、学習指導における教師の意思決定の根拠となり、また前提となる。学習者観とは、子どもは、本来、学習者としてどのような存在であると考えるかであるが、それは次のように受動的学習者観と能動的学習者観に大別できる。

・受動的学習者観　子どもは、指示され、教えられなければ学ばない
・能動的学習者観　子どもには、学ぶ意欲と自ら追究し、学び、育つ力がある

これまで、そして今なお多くの学校や教師が受動的学習者観に立っている。一方、子どもが主体的に追究し、学ぶ授業の実現を求め、実践してきた学校や教師は、能動的学習者観をその実践の根拠および前提としてきた。またそれぞれの学校および教師の長年の実践を通して、子どもが本来能動的学習者であることが確かめられてきた。

たとえば、四十年以上前から全学年で総合学習（中・高学年は総合活動）を続けてきた長野県伊那市立伊那小学校の実践（第Ⅱ部第一章）の根底にあるのは、「子どもは、自ら求め、自ら決め出し、自ら動き出す力をもっている存在である。[6]」という子ども観（学習者観）である。伊那小学校で、子どもの求めや願いに基づいて題材を定め、それを子どもが主体的に追究し、学ぶ総合学習を始め、今日まで続けてきた根拠はこの子ども観にある。[7]

日本におけるオープン教育のパイオニア的役割を果たしてきた愛知県知多郡東浦町立緒川小学校では、次のような子ども観（学習者観）に立って実践が行われてきた。

「新しい子ども観とは、子どもを学習の主体者として再確認することであり、かつ、学習の主体者としての子どもの中に、学習への意欲が本来備わっている、と考えることである。（中略）

子どもたちは本来学びたいと思っており、適切な学習環境さえ与えれば、喜んで学習するものであると考えたい[8]。」

学習者観が異なれば、教師の子どもへのかかわり方は異なる。受動的学習者観を前提とすれば、教師が課題を決めて子どもに与え、指示し、教え込むことになる。一方、能動的学習者観に立てば、待つことを基本にして、子どもの中にある、自ら、追究し、学ぶ意欲と学び、育つ力が発現するように支援することになる。

これまで多くの学校で、子どもたちが主体的に追究し、学ぶように授業方法の改善を図りながらもその実現が容易でなく、また継続しなかったのは、受動的学習者観から能動的学習者観への転換ができなかったからであろう。受動的学習者観を前提とすれば、教師が子どもに課題を与え、指示して学ばせるのは当然のことなのであり、それを前提とする限り子どもが主体的に追究し、学ぶ授業の実現はあり得ない。また、教師が待つということもあり得ない。子どもを能動的学習者として信頼すればこそ、待つことが基本となるのである。

能動的学習者観、すなわち子どもは、本来、学習者として受動的ではなく、能動的学習者であるということは、自分が見たり聞いたり、あるいは触れた「ひと」、「もの」、「こと」に、自ら次々とかかわり、その結果、たくさんのことを学び取り、育っていく幼児の姿を見れば明らかである。

ところが、子どもが小学校へ入学して学年が上がり、中学校、高等学校へと進むにつれて、授業ではそのような姿が見られなくなる。授業で学ぶ内容に関しては、自ら積極的に追究し、学ぶというよりは、教師が指示したり、教えなければ、学ぶばない受動的な姿が目につく。しかし、子どもは自分を取り巻く「ひと」、「もの」、「こと」の何れに対しても学習者として受動的なのだろうか。そうでないことは、子どもを一日観察してみれば、明らかである。

子どもが授業において学習者として受動的であるのは、子どもが本来持っている学ぶ意欲や学び、育つ力を発揮できず、子どもの思いや考えが大事にされ、生かされない授業が繰り返し行われてきたからではないだろうか。その結果受動的になった子どもの姿を見て、教師は、子どもは受動的学習者であると思い、それを前提として子どもに課題を与え、指示して教え込んだのである。そのために、子どもはますます受動的になり、教師はその姿を見て受動的学習者観を確信するという悪循環に陥ったのではないだろうか。したがってこの受動的学習者観を能動的学習者観に転換することは容易なことではないが、この転換ができなければ真の意味で子どもが主体的に追究し、学ぶ授業の実現は難しい。

ところで、子どもは、本来、能動的学習者であるが、どのような対象に対しても、あるいはどのような場においても、子どもの内にある学ぶ意欲や学び、育つ力が発現するわけではない。発現するような条件あるいは環境を整えることが必要であり、それが能動的学習者観を前提とした教師の支援であり、役割である。そのような条件あるいは環境として、教材、学習課題、教師および教師のかかわり、物的環境（学習する場、空間）などが挙げられるが、第五章で教材と学習課題のあり方について検討することにしたい。

第四章　授業観

　これまで子どもが主体的に追究し、学ぶ授業を行ってきた教師は、教師が子どもの主体的な追究と学びの支援をするだけでなく、子どもと共に同じ対象を追究し、学び続ける一人として授業に臨んできた。そのような授業は「子どもと共に創る授業」と言われてきたが、同じ対象を共に追究し、学ぶのは、教師、子どもだけではなく、外部講師等が加わることもあり、また誰が中心になるということではなく、それぞれが追究と学びの主体者になるので、私は、「共に創る授業」と称してきた。そのような授業では、授業の過程は、共に追究し、学ぶ人たちによる創造の過程である。

　共に創る授業と伝統的で今日なお多くの学校で行われているいわゆる教師主導の授業との違いについては、佐伯胖さんが紹介しているＬＯＧＯ（子どものためのプログラミング言語）を子どもたちに教える教室に関するエピソードがわかりやすいので要約する。

　以前、米国でＬＯＧＯを教える教室が広まり、一時期ブームのようになった。しかし、間もなく潮が引いたように沈滞してしまった。その原因の一つとしてあげられたのが、ＬＯＧＯを教える指導者がＬＯＧＯを習得してしまったことであった。

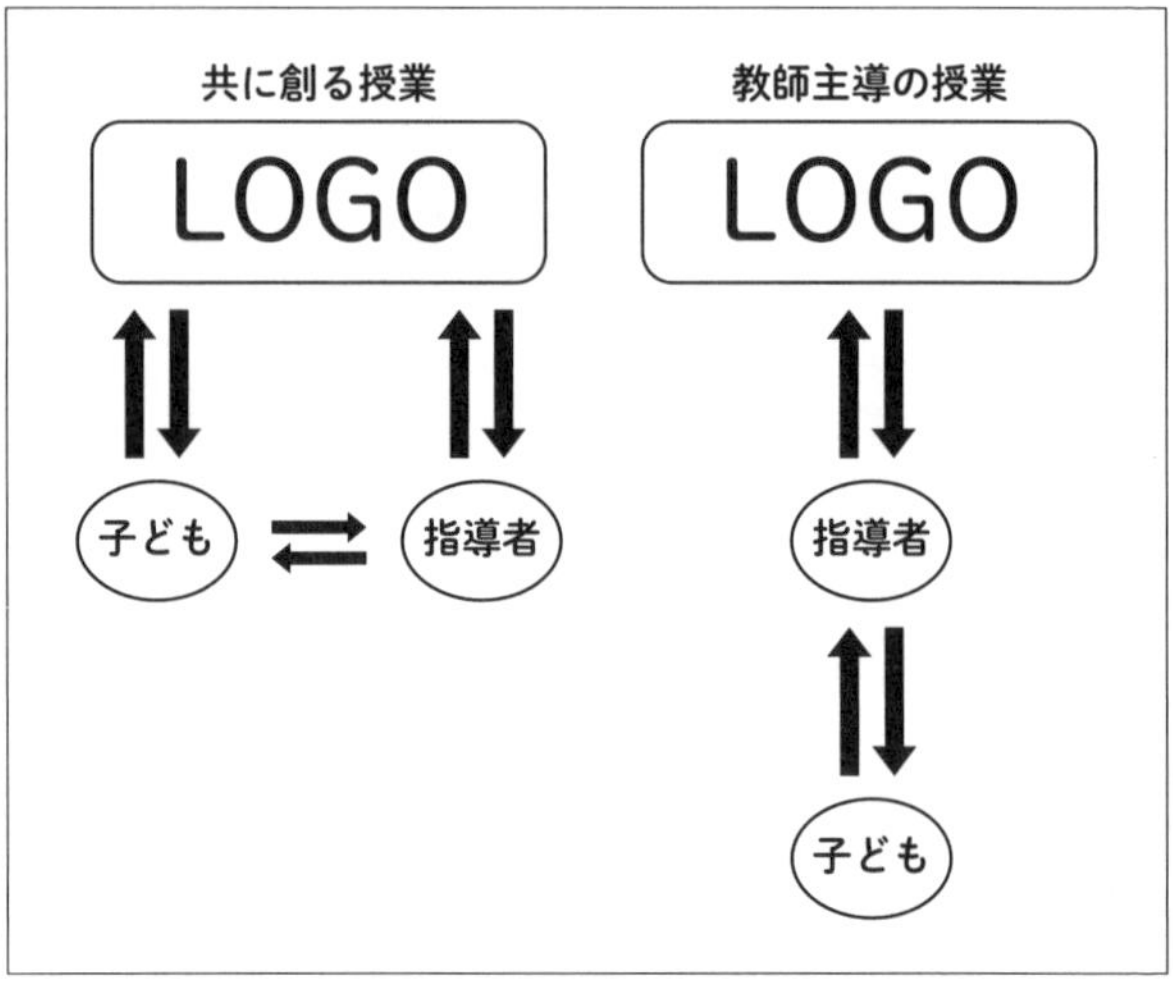

図１　LOGO学習における指導者と子ども

指導者は、事前にＬＯＧＯについてある程度知ってはいたものの、まだ完璧にわかっていたわけではなく、子どもたちに指導しながら更に探究し続けていた。その時は、子どもたちも面白がって指導者と一緒になって探究していた。そうするうちに、やがて指導者は、ＬＯＧＯをマスターしてしまった。すると今度は手のひらを返したように、子どもたちにひたすら教え、指示し、評価することになってしまい、子どもたちは、黙って指導者の指示に従うようになり、教室はシラけてぎこちなくなり、指導者の声だけが響き渡り、やがて子どもたちは教室に来なくなってしまったというのである。[9]

このエピソードの前半は、共に創る授業であり、教師がＬＯＧＯをマスターした以降はいわゆる教師主導の授業を表している。教師主導の授業では、教師は子どもと対峙しており、教師は自分が知っているＬＯＧＯについて子どもに教え込んでいる。また、子どもは教師に指示され、誘導され、それに従って、教師の持っている正解にたどり着くことになる。（図１を参照）

共に創る授業では、子どもも教師も同じ対象（このエピソードではＬＯＧＯ）を追究し、それとのかかわりを通して、それぞれの学びが生まれる。子どもが40人いれば、教師は41人目の追究者とも言われる。教師は、以前、扱ったことのあること、すでに知っていること、できることであっても、改めて、目の前の子どもと共に追究し、学ぶのである。

共に創る授業における教師は、子どもと同じになり、子どもと同じことをするということではない。子どもと共に追究する対象に関してすでに教材研究によって、またこれまでの経験から知っていること、できることがあるが、そのことに甘んじないで、すでに知っていること、できることから更に追究を深め、学び続けるのである。一方、子どもの見取りとそれに基づく様々な支援をするのである。（図２を参照）

共に創る授業というのは、特定の方法論ではなく、そのような授業観であり、具体的な方法は様々である。子どもが主体的に追究し、学ぶ授業を実現しようとするなら、教師が知ってい

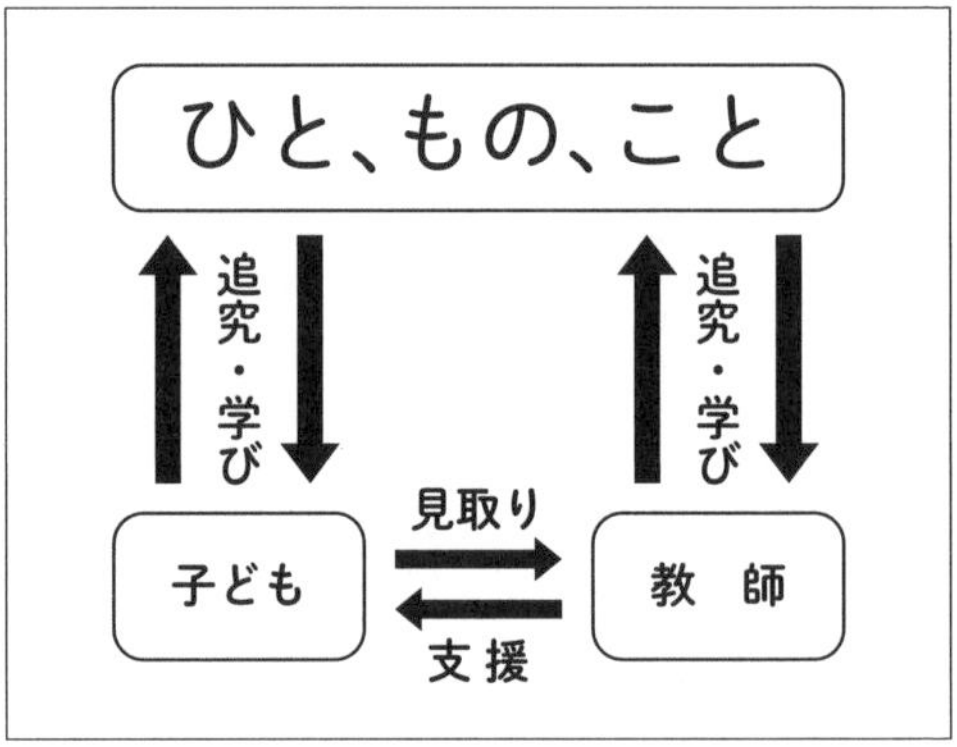

図2　共に創る授業

ること、できることを子どもに教え、わからせるのが授業であるといういわゆる教師主導の授業観から、同じ対象を子どもと共に追究し、学ぶのが授業であるという授業観への転換をはかることが必要である。

ところで、共に創る授業をすることで、子どもが学び、育つことは言うまでもないが、教師も学び成長することになる。教師主導の授業の場合は、子どもが学び、育つことはあっても教師が授業をすることによって学び、育つことはありえない。したがって、共に創る授業をしたつもりでも、その授業をしたことで教師に新たな学びがなければ、事実上、教師主導の授業だったことになる。

授業観は、教師だけでなく子どもも、それまでの授業経験に基づいて持っている。その授業観は、多くの場合、教師主導の授業であろう。そうであれば教師が共に創る授業をしたくても、その実現は難しい。そこで、教師だけでなく、子どもの授業観も共に創る授業へ転換する必要がある。

第五章　授業を創る

第三章子ども観で述べたように、子どもは、本来、能動的学習者であるが、どのような対象に対しても、あるいはどのような場においても、子どもの内にある学ぶ意欲や学び、育つ力が発現するわけではない。それらが発現するような条件あるいは環境を教師が整えることが必要である。そこでその条件や環境としての教材と学習課題、そして「はじめに子どもありき」の理念に基づいた授業展開について検討しよう。

一　教材

私たちは、何らかの「ひと」、「もの」、「こと」とかかわり、それを追究していくことによって学び、成長する。子どもが授業でかかわる対象は、教材である。その教材が、子どもにとってどのようなものであるかによって、学びの様相は大きく異なる。

子どもは、本来、能動的な学習者ではあるが、授業で用意されたすべての教材に能動的にかかわり、それを追究しようとするわけではない。子どもが追究するに値すると認め、あるいは感じた教材であればこそ、本来持っている力を自ずと発現し、主体的に追究し、学ぶことになるが、そのような価値を認めることができず、また感じられなければ、教師からの指示がなければ、その教材にかかわろうとしない。したがって、教材は、子どもが追究する価値を認め、感じるものでなければならない。そのような教材を用意するのが能動的学習者観を前提とした授業における教師の重要な支援である。

教科の授業では、教材として教科書が使われ、また使わなければならないことになっている。教科書もそれを使う子どものことを考えて作られてはいる。しかし、その子どもはあくまで特定の学年の日本全国の子どもたちであり、教師が授業をしようとしている学級の子どもたちではないので、その教科書の中のすべての教材にその学級の子どもたちが追究する価値を認めたり感じたりするわけではない。その場合、その子どもたちが追究したいと思えない教材に替えて追究する価値を認めるか感じる教材を新たに用意できないであろうか。オリジナルなものを新たに作成することは、現実には難しいが、既成のものをアレンジしたり、あるいは教科書であれば同じ教科で複数の教科書が出版されている場合、それらの中から当該の子どもたちが追究する価値があると認め、感じるものを選び、手元の教科書にあるものをそれに差し替えることはできるだろう。

「はじめに子どもありき」を教育理念として授業改善に取り組んできた学校でそのようにして

教材を差し替えることにより子どもたちが主体的に追究し、学ぶようになった事例を挙げよう。

神奈川県のある小学校の五学年の学級で国語の授業が行われた時のことである。物語文を教材にしようとしたが、その学校で使っている教科書（A社）に載っている作品は、その学級の子どもたちには関心の薄いものであった。そこで、担任の教師は、これまでの子どもたちの見取りに基づき、他社の教科書から、その子どもたちが追究する価値を感じ、認めると思われる「すいかの種」（四年、B社）、「ヒロシマのうた」（六年、C社）を取り上げ、それらを皆で一読することにした。その後、子どもたちが全員一致で「ヒロシマのうた」を教材として選びそれを教材として皆で読んでいくことになった。

子どもたちから出された問いや皆で考えたいことは、46個になり、それらを学習課題とし、それぞれについて真剣な話し合いがなされた。担当教諭をして「今までのあの子たちはいったい何だったのでしょう。」、「人が変わったようです。」と言わしめたほど子どもたちの追究は意欲的で主体的であった。私が見た授業では、皆から出された課題について順次話し合っていたが、全員が全文を覚えるくらいに読み込んでいて、その作品の様々な箇所を根拠にしながら意見を述べたり、友だちの意見を聞いたりしていた。

授業後に、ある子どもにその作品をどれくらい読んだか尋ねたところ、「全体を読んだのは授業では二回だけど、あと課題ごとに読み直し、それ以外は数え切れないほど読みました。」と言っていた。数え切れないほど読むということは、読まされてすることではない。読みたくて、読んだということであろう。

長野県下伊那郡浪合村立浪合中学校の国語の授業においても、次のように、教材として子どもたちが追究する価値があると思ったものを選び、手元の教科書の作品をそれに差し替えることによって子どもたちが主体的に追究するようになったことが報告されている。

「教科書の順番では次は『故郷』であったが、他の教科書会社のものである『高瀬舟』、『最後の一句』、『生まれ出ずる悩み』も提示し、全員で読んでみて四作品のうちどれを学習したらよいか決定することにした。その結果、全員一致で『高瀬舟』を選び、その後の13時間にわたる追究の主体的な深まりに大きな弾みを与えた。[10]」

教材を決めるにあたって、子どもの求めや願いに基づいて題材が決まる総合学習であれば、子どもがかかわり、追究していく教材（総合学習の場合は材）は、子どもがそこに追究する価値を認めるか感じるものになる。しかし、教科の授業の場合、教材としての価値があると教師が思うものでも、子どもは教材を見たり、読んだりしただけではすぐに追究する価値がわからないあるいは感じられないことがある。むしろそういう場合の方が多いかもしれない。その場合、子どもがその教材に追究する価値を認めたり感じたりするような支援が必要になろう。たとえば、その教材にかかわり、それを追究していく必要性や意義を感じたり、それに興味を持ったりするような支援である。

前述の浪合中学校の他の学級の国語の授業で、ある単元の授業が終わった後、次時から入る予定の文法の学習について、教師が次のような説明をしていた。文章を作るということは、建物を建てるようなものである。建物を作る材料に相当するのが言葉である。ところで材料がいくらたくさんあっても材料の一つひとつをどうつなげていけばよいかがわからなければ建物が建たないのと同じように、言葉をいくら知っていても、それらをどのようにつなげればよいかがわからなければ文章ができない。そのように言葉をどのようにつなげていけばよいかを学ぶのが文法の学習である。このように述べた後に、以前、生徒たちが書いた作文の中から文法が不適切であるためにわかりにくくなってしまったものを紹介し、文法がわかっていればもっと良い文章になったということを生徒たちに話していた。短時間ではあったが、生徒たちは納得した様子であった。おそらく生徒たちは教師の説明を聴いて、最初は文法の学習はめんどうだと思いながらも、良い文章を作りたいので、文法を学ぶことの必要性や意義を認めて、主体的にその学習に取り組むことになったと思われる。

興味を持つにせよ必要感を感じるにせよ、その教材にかかわり、それを追究していくことに子どもが納得して取り組まない限り、子どもの中にある学ぶ意欲と学び、育つ力を自ら発現することはないし、主体的に取り組むこともないだろう。

二　学習課題

　学習課題は、通常、教師から子どもに与えられる。そしてそれはしばしば発問という方法で提示される。しかし、「はじめに子どもありき」を教育理念とする授業では、常に子どもの事実に基づくので、子どもから生まれる学習課題が大切にされる。教師から与えられた課題は子どもから見れば他人事であるが、子どもの課題であれば、その子どもにとって何とかしたい課題であり、主体的に、全力を尽くし、自分が納得のゆくまで真剣になって追究することになる。

　その学習課題の基になるのが、子どもの内からわき起こる問いである。そもそも、子どもが問いを持つこと自体、「生き抜く力、問いかけ問い続ける力[11]」が学力と見られるくらい重要であり、まずは子どもから生まれる問いを大切にしたい。

　問いを持つことの重要性については、日台利夫さんも「『問い』が無いところからは、自ら考えることも、主体的に判断することも、行動することも始まらない。受身な行動、指示待ち的な姿勢は、『問い』がないところから始まる。『問い』をもつことは、自ら学ぶこと・生きることの始まりなのである。[12]」と述べている。

　ところが、実際の授業ではどうであろうか。長谷川栄さんは、ベテランの教師でも教育実習生でも一時間の授業の中で教師の問い（発問）がきわめて多いのに対して子どもの問いが非常に僅かであり、まったくないことさえあることを指摘している。[13]

では、子どもに問いがないのかといえば、むしろ子どもは問う存在と言われるくらいたくさんの問いを持っている。国語の授業であれば、教材文を読んだ後に子どもたちが書いた初発の感想を読むと、必ずしも問いの形式ではないもののどの子にもその教材と出会って生まれた問いがある。

しかし、子どもが問いを持っても、それは授業の中で取り上げられ生かされることがほとんどない。そのために子どもは問いを持ってもそれを表明しなくなる。表明しなければ子どもに問いはないと教師が思ってしまい、また教師が問い（発問）を投げかけるという悪循環に陥る。

長野県のある小学校でのことである。スイミーを教材にした二年生の授業で、ベテランの教師が、矢継ぎ早に子どもたちに問いを投げかけ、子どもたちが必死になってそれに応えていた。その教師に、「子どもたちはスイミーを読んで疑問に思ったことやもっと知りたいこと、考えたいことなどたくさん問いを持っているのではないでしょうか。」と話したところ、子どもたちが書いた初発の感想を見直してそのことを確認し、ある子どもの問いを取り上げて皆でそれについて考える授業を行った。そうしたら子どもたちが真剣になって、自ら叙述に立ち返りながら深く考える授業になった。そしてその教師が「私は、今まで子どもたちを見くびっていました。」と反省していた。つまり、子どもは問いなど持たないだろう（受動的学習者観）、だから自分（教師）が問い（発問）を投げかけて考えさせなければならないと思っていたようである。

子どもが持てる力を存分に発揮して主体的に追究しようとするのは、子どもが、自分の内から生まれた問いに基づいた自分の課題についてである。教師から促されたり指示されたりしなくても思わずそうするのである。また、そのような課題を追究していく過程で、必然的に、大小様々な、新たな課題が生まれる。そのようにしてその追究は深まり、広がっていく。

そこで、教師の発問も、それがそのまま子どもが解決すべき課題として出されるのではなく、あくまで子ども自身が自分の問いを生み出すきっかけや手がかりとなるようにしたい。また、問いは、子どもが教材と出会い、それにかかわることで自ずと生まれるが、教師の発問によって、それがいっそう促進され、より質の高い問いが生まれるようにしたい。

三　授業展開

「はじめに子どもありき」は子どもの事実に立つということであり、その事実に基づいて教師の支援のあり方が決まるのであるが、それは、単元や個々の授業の開始時だけのことではない。授業開始後、授業を行っている間、常に子どもの見取りを行い、子どもの事実に基づいて、この子にどのような支援をするのかを決めて、それを実施することになる。

常に子どもの事実に基づくということは、子どもが思っていること、考えていること、求めていること、困っていること、感じていること等々に基づくということであり、比喩的に言えば、子どもの足元、すなわち子どもにとって一番近いところから追究と学びが始まり、深まり、広がっていくように支援するということである。ところが、実際は、むしろ子どもにとってもっとも遠いところ、すなわち教師の頭の中にある正解や目標としていることへ早く近づけさせようとしてはいないだろうか。子どもの事実に基づいた授業展開の実例とその考察については、拙著『はじめに子どもありき』の第3章の2[14]を参照していただきたい。

授業の進め方についてはどのように考えたらよいであろうか。いわゆる指導の順序（学習の順序）である。小学校学習指導要領総則では「第2章以下に示す各教科，外国語活動，道徳科及び特別活動の内容に掲げる事項の順序は，特に示す場合を除き，指導の順序を示すものではないので，学校においては，その取扱いについて適切な工夫を加えるものとする。」（中学校、高等学校も同様）とされていて、指導の順序は、各学校（教師）が工夫して決めるとされているが、実際は、教科書会社の指導書通りにしていることが多い。

「はじめに子どもありき」を教育理念とするのであれば、それは子どもの事実に立って決められるのであり、したがって、子どもの学びの事実、すなわち子どもの自然な学びの道筋に添って授業を展開することになる。これは子どもの追究と学びの必然に添うということである。そうしてこそ子どもは主体的になることができ、自らの持てる力を存分に発揮することになる。その必然とは、子ども（にとって）の必然である。教師の必然に添ったならば、どうして子どもは主体的になれるだろうか。

子どもの自然な学びの道筋あるいは子どもの追究と学びの必然に添うということは、学ぶ者の論理に添うということである。これから学ぶ者が歩む道筋（学ぶ者の論理）とすでに学んだ者の中にある道筋（学んだ者の論理）とは異なる。（図3を参照）前者はしばしば不合理であり、紆余曲折（試行錯誤）することになる。それに対して後者は、合理的で、無駄がなく、整理されている。多くの場合、効率を求めるあまり後者の論理で、子どもを導こうとするが、それではその子の学びにならない。これから学ぶ子どもが、学ぶ者の論理で追究と学びの道を歩めるようにすることによって、子どもは主体的に追究し、学ぶことになり、その結果として、その子ども自身の納

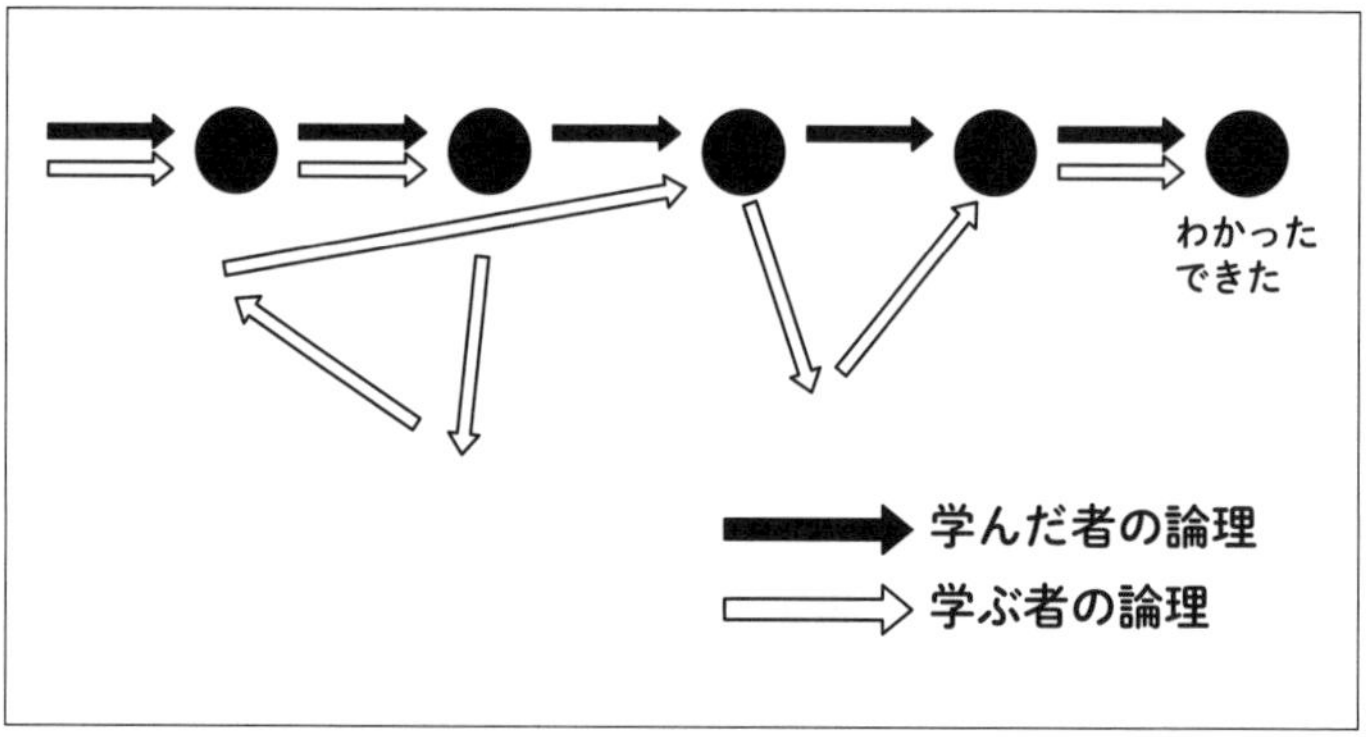

図3　学ぶ者の論理と学んだ者の論理

得のゆく理解や解決が得られることになる。(15)

文献

(1)「授業記録に学ぶ　うちの人のしごと」　学習指導研修　昭和六十年十月号　六十二頁
(2)鳥取県東伯郡湯梨浜町立泊小学校　二〇〇四年度　第十六回自主公開学習研究会学習活動案綴
(3)佐伯　胖　『幼児教育へのいざない―円熟した保育者になるために―』　東京大学出版会　二〇〇一年　二十二～二十四頁
(4)長岡文雄　『子どもをとらえる構え』　黎明書房　一九八六年　七頁
(5)村井　実　『子どもの再発見』　小学館　一九八二年　六十五頁
(6)長野県伊那市立伊那小学校　『内から育つ』　公開学習指導研究会研究紀要　令和三年度　五頁
(7)平野朝久　「伊那小学校の実践の根底にあるもの」　せいかつか&そうごう　第十九号　二〇一二年
(8)愛知県東浦町立緒川小学校　個性化教育へのアプローチ　明治図書出版　一九八三年　三十八頁.
(9)佐伯　胖　わかり方の根源　小学館　一九八四年
(10)浪合小・中学校　平成八年度合同研究記録　一九九七年　中国3
(11)重松鷹泰「問いかけ問い続ける力」　教育展望　第二十五巻　第八号　一九七九年二頁
(12)日台利夫　子どもの生きる力を育てる教師　悠編集部編　教育キーワード「生きる力」の読み方　ぎょうせい　一九九七年　一三五頁
(13)長谷川榮　『教育方法学』　協同出版　二〇〇八年

⒁平野朝久『「はじめに子どもありき」―教育実践の基本―』学芸図書　一九九四年、東洋館出版社　二〇一七年

⒂前掲書　第六章　学ぶ者の論理と学んだ者の論理

第II部　「はじめに子どもありき」実践編

第一章　内から育つ

一　はじめに　～「畏敬」の念を抱きつつ～

⑴　目には見えていないものが見えてくる

散らばるうんちから5頭のヤギを思い描く

「これだけ運べば暖かいでしょ。５匹でもゆっくり寝られるよね」

藁置き場との往復を繰り返し、ヤギ小屋に厚く厚く藁を敷き詰めた2年智組の子どもたち。

翌朝、「あんなに藁がフカフカしていたのに、ぺちゃんこになっているよ」「本当に5匹で寝たのかな。みきくんたち、外で寝てないかな」と新しく生まれた子ヤギ2頭が弱い立場にないかを気遣う。そうじのために藁をすべて小屋から運び出すと、そこには大量のうんちが散らばっていた。

「この小さいうんち、みきくんたちのうんちだよ。みきくんたち、このなかで寝たんだ」

「大きいうんちが、すごいたくさんある。1匹でこんなにたくさんうんちをしないから、そらくん、みらいくん（以前に生まれた2頭）もこのなかで寝たんだよ」

「小屋の奥に小さいうんちがある。つきちゃんって優しいね。子どもを入口じゃなくて、小屋の奥の方にしてあげるなんて」

「やっぱりつきちゃんは子どもたちみんなが大好きなんだよ」

焚き口から覗き見たドラム缶内の「燃焼」を思い描く

ドラム缶を使った炭焼きに挑戦した5年秋組の子どもたち。点火から2時間余が過ぎるまでに、ひとつまたひとつと計3つの班で、焚き口の火がドラム缶に詰めた木材に燃えうつり、炎があがり始める。詰めてある木材のすべてが灰になってしまうことを懸念した子どもたちは、やむなく焚き口と煙突口を閉じて活動を停めた。唯一残った3班の子たちは、ドラム缶と焚き口の距離を一斗缶2つ分の間隔に拡げて、ドラム缶内を注意深く見守りながら慎重に薪を加えていた。しかし、6時間ほど経過した時、ドラム缶内が赤く輝いていることに気づく。「悔しいなあ」口々につぶやきながらも、焚き口と煙突口を閉じるしかなかった。

翌朝、グランド全面が霜で白く凍結しているなか、3班のドラム缶を埋めた周囲だけ霜が降りていなかった。

他の班のドラム缶からは、ほぼ生のままの木材が次々と取り出されていった。しかし、3班はその3分の2ほどが見事な炭になっていた。子どもたちから歓声がわき上がった。

振り返り場面では、

「他の3つの班は、焚き口の火がドラム缶の中の木に移ってしまい炎を出して燃えていたけれど、3班のドラム缶の中は炎をあげず、赤くなっていた。一斗缶2つ分も焚き口を離していたのだから、そこから火が燃え移ったとは考えられない。あれは『自燃』の始まりじゃないかと思う」

「3班は炭ができていたのに煙の色が白いままだった。煙が透明になったら温度が高くなってきて自燃が始まるはずなのに、なぜだろう」

「燃えていたところが灰になってなくなっているかと思いながら見たら、ドラム缶の入口の木と、上の方に置いてある木が炭になっていてびっくりした。自分の予想だと、熱はまず上の方に行くから、ドラム缶の奥の下の方は熱がうまく回りきらなかったと思う。焚き口の近くは火にも近いので炭になりやすいのだと思う」

⑵ 子どもをつき動かしているもの
「くらし」があること

2年智組の子どもたちは、毎朝、ヤギ小屋にやってくる。ランドセルをかついだままの子も大勢いる。業間休みもほぼ全員がヤギ小屋のまわりで過ごす。小屋の柵によじ登って頭上の青々茂った桜の葉を手繰り寄せてはヤギたちに食べさせる子もいれば、倒木に腰をおろして友だちとの手遊びや土遊びを楽しむ子もいる。

以前に生まれた子ヤギ2頭と新しく生まれた子ヤギ2頭、その母ヤギつきちゃんの5頭は、子ヤギたちの成長やつきちゃんの再度の発情を迎え、最近はとくに互いに激しく頭突きを繰り返す姿を見せるようになった。「親子なんだから」「家族なんだから」子どもたちの心は、ヤギさんたちに仲良く暮らしてほしいと願うゆえの切なさに揺り動かされる。

うんちを残さず掃き集めて、地面をぴかぴかにしている子ども。うんちの色や固さからヤギの健康状態を見極めている子ども。そこにヤギさんたちとのくらしがあるからこそ小屋に散らばったうんちから、5頭のヤギそれぞれの夜間の暮らしぶりを思い描くことができるのである。

目には見えていないヤギの姿が子どもたちには見えてくる。

ともにある教師の存在

　ドラム缶を使う以前に秋組の子どもたちは、まず空き缶を、次いで一斗缶を使った炭焼きを成功させてきた。その一斗缶の炭焼き前に、教師は教材研究として一斗缶炭焼きを試みた。5時間程かけて取り組んだものの、炭はまったくできなかった。自身がその活動の困難さを、身をもって感じていた教師は、子どもたちの一斗缶炭焼きを見守りながら、どの班も炭ができないであろうことが予測できた。結果を見とおしている自身と、絶対成功できる、成功したいと取り組んでいる子どもたちの想いとのずれのなかで、教師はどのように子どもたちとかかわればよいのかを大いに思い悩む。結果、やはり子どもたちは全く炭ができなかった。その子たちの落胆ぶりを見ながら、教師は本当にこれでよかったのかという思いに迫られる。「失敗を糧に学ぶことは大きいと分かってはいたが、いざその落胆ぶりを目の当たりにすると、これまでの子どもたちのがんばりを知っているからこそ、このことが本当につらかった」と語った。

　しかし、子どもたちは翌日には、炭ができるための条件を調べてきたり、火力をもっと強くするための方法を調べ始めたりと、2回めの一斗缶炭焼きに向けて再び準備を始めていくのである。教師は、自身も一人の学び手として子どもたちとともに学びを深めたい、ともに炭づくりを楽しみたいとあらためて願う。真摯に、ひたむきに寄り添うそんな教師がともにあることにより、子どもは困難さを受け入れながらも再び立ち上がり、ものやことの真理をつき詰めようと動き始めるのだろう。そして、この一斗缶炭焼きの困難さを乗り越えた経験を総動員して、ドラム缶内で起きている、外からは見ることのできない「燃焼」の道理を見極めようとしていく。

(3) まことの理解

2年生と5年生。発達の段階はもちろん、学習材も出会う事象もまったく異なる子ども。しかしながら、子どもたちは、目には見えていないものやことの真理を、それまでのくらしや経験を手掛かりとして懸命に読み解こうと専心している。

信州教育の礎を築かれた淀川茂重先生は、その著書『教育は国民の生活とともにある―途上―』（信濃教育会出版部）において、「あらゆる感覚が鋭くなると、うつりゆくあたりの様も、かわりゆく幾多のものも、すべてが興味を惹いて児童をとらえます。とらえられた児童は、あたりの様子・あたりの物と渾一になり、見るさえ心地よいまで親炙（しんしゃ・感化を受けること）するようになります。親しんでこそ理解は完全に行われるものなのではありますまいか」と、記されている。

わたしたちは、このような子どもとともにある今を心からいとおしみながら、子どもに、そして取りまく自然や命に「畏敬」の念を抱きつつ、日々を送らせていただいている。

二　学校の概要

伊那小学校は、長野県の南部、伊那谷のほぼ中央に位置する伊那市の中心の高台にある。東側には仙丈ヶ岳を中心とする南アルプスを学校の前庭から一望でき、眼下には天竜川がゆったりと流れている。また、学校の周りには、樹齢八十年を越える桜の木が一〇〇本以上も植えられ、時期になると桜の花が一斉に咲きほこる。このように市街地にありながら自然に恵まれた地にある。

○児童数　六〇〇名
○学級数　二十六（うち特別支援学級八）学級
○職員数　六十二名

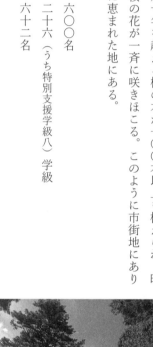

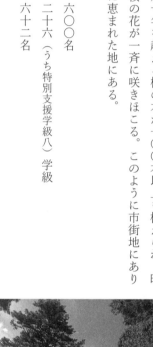

教育目標

「眞事」「真言」「誠」（まこと）

○「眞事」は「事」にある。「事」を攻め立てて、具体的に事が何かはっきりさせることが、眞事への第一歩である。

○「眞言」は「ことば」である。教師と子ども、子ども同士に虚言がなく真実のことば、おもいやりのことばをもって接することが第一歩である。

○「誠」とは、「ことば」が成り遂ぐる義であるから言行一致が「誠」の具現の第一歩である。

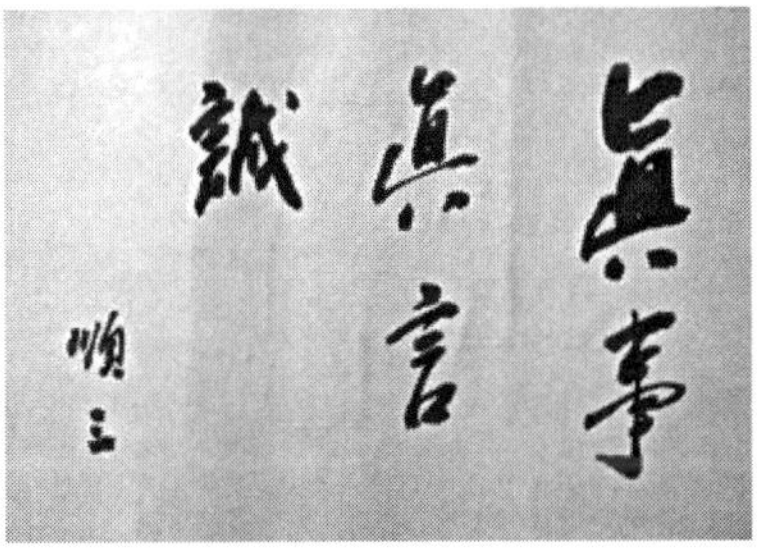

三　低学年の実践　～ポニーのガリバーと仁組の子どもたち～

(1)「ガリバーともっとなかよくなろう」のあゆみ

1年生の12月、仁組の子どもたちは蓼科の牧ポニー牧場からガリバーを迎えた。ガリバーは、元気な3歳の雄であり、子どもたちは「甘えん坊ガリバーじゃなくて、暴れん坊ガリバーだね」と言った。ガリバーを間近で見ようと、教室の横にある春庭へガリバーを放すと、子どもたちは窓からガリバーの姿を見て歓声をあげたり、手を伸ばし人参をあげたりした。やがて、少しずつガリバーに近づく子どもが出てきた。ガリバーは大きな音を出すと驚き、暴れることがあるので、子どもたちの多くはガリバーを教室の窓から見ていた。「ガリバーをもっと知りたい」「ガリバーともっとなかよくなりたい」「いつかはガリバーにのってみたい」という願いをもちながら、ガリバーにリードをつけて学校の周りを散歩するようになった。

(2) 莉穂のあゆみ

2年生の5月、莉穂は小屋掃除をしていると、ガリバーに背中をかまれた。それ以来、小屋の中に入ることができず、柵の中を自由に歩いているガリバーにも近づけなくなった。

3年生に進級すると、子どもたちは小屋掃除やガリバーとの散歩、休み時間などに、ガリバーと過ごす時間があと1年しかないと話すようになった。そこで教師が、子どもたちに今年1年間でガリバーとやりたいことを尋ねると、

子どもたちは「クローバー畑を作って、ガリバーにお腹いっぱいクローバーを食べさせてあげたい」（友美）「お散歩の先頭（ガリバーに最も近いリードの位置）を何回も挑戦したい」（将生）「今はまだ、リードを持つところが後ろだけど、一人で先頭を持ちたい。乗ったり、もっと仲良くなりたい。乗ってお散歩したい」（莉穂）などと言った。

次に指導案を記し、授業の実際について述べる。

先頭を握ると、瑠美は「莉穂ちゃん大丈夫。怖くなったら放してもいいからね」と言うと、莉穂は「久しぶりに先頭を持った。大丈夫だと思う」と言った。莉穂はその後「ガリバー、暴れないでね」「いい子だからね」とガリバーの方を向きながら言い、歩き続けた。

18日、子どもたちはガリバーと南庭に向かって散歩した。莉穂はともがき広場に着くと、リードを用意して、みんなが来ることを待っていた。全員が集合し散歩に行こうとすると、莉穂はリードの先頭を握った。ガリバーたちが歩き始めると、莉穂は「ちょっとガリバー早いぞ」「次はガリバー暴れやすいポイント①だあ」と言いながら歩いた。ともがき広場に戻り、莉穂と教師がガリバーを見ていると、莉穂は「最近、先頭を持っているんだよね。ガリバーと仲良くなるためには、リードの先頭を持とうかなって思ったの。ブラシがけしたり、撫でたりもしたけど、先頭を持つときにガリバーを見たり『(暴れちゃ) ダメだよ』って教えられるから、リードの先頭を持とうって思ったんだよ」と言った。

11月20日、この日も子どもたちは坂下配水池へ向かって散歩した。莉穂はリードを準備し、小屋を出る時から先頭を握った。ガリバーは小屋から出ると、とてもゆっくり歩き、子どもたちは「もうリード軽い」「ガリバーがガリバーじゃないみたい」「こんな散歩ができるなんて夢みたい。最高に楽しい」と言った。莉穂はガリバーの方を向き「ガリバー、なんでこんなゆっくりなの」と笑顔で言った。またしばらく歩くと、莉穂は「なんかガリバーいつもよりもペースが遅いから、ガリバーの足並みにそろえにくい」と言った。リードを握る人の入れ替えを行うと、莉穂はガリバーの前の位置を歩き「今日のガリバーと歩いていたら、首の所を触りながら歩けた。なんか『ガリバー歩くよ』って言ったら『うん』って言ってる感じがして、気持ちが通じ合ったみたいだったよ」と笑顔で言った。

ともがき広場への帰り道で、子どもたちは「今日乗る練習したら、みんな乗れるんじゃないの」(斗真)「やってみる。ヘルメット持ってこようか」(武司) と言った。そこで、ともがき広場に戻ると乗る練習をした。莉穂は「今日は乗ってみたい」と言い、ガリバーの背中に乗り降りする場所の近くに来た。莉穂は数名が乗っている様子や乗った架純が「今日のガリバー、揺られて気持ちいい」と言った様子を見ていた。莉穂の順番になり、ガリバーの背中に乗ると、リードを引いてもガリバーが動かなかった。乗る子どもたちを支えていた美鈴や教師が「もうちょっと前、ガリバーの背中の白い所に乗るといいよ」と言ったため、莉穂が乗る場所を微調整すると、ガリバーはゆっくりと歩き始めた。ガリバーが歩き始めると、莉穂は「おお、動いてる」「おお、こわい」と言った。ガリバーが数十歩歩くと、莉穂が滑り落ちそうになったため、ガリバーの歩みを止めた。莉穂はガリバーから降りると「ガリバー、ありがとね」と言い、背中を両手でわしゃわしゃと撫でた。乗る練習を終え、教師がガリバーを眺めていると莉穂は「ガリバーに乗れた。毛がふわふわで、足の所に手が当たってたんだけど、あったかくて、気持ちよかった。音楽会の歌でゆりかごみたいって言うのがあったけど、ブランコでもあるんじゃないかなって思った。あとさ、乗る位置も関係あるんじゃないかなって思った。翔平くんとか真央ちゃん

※60〜63頁は、見開きで左から右に読んで下さい。

総合活動指導案

1　題材名　「ガリバーを感じて乗ろう」
　　　　　〜いい感じの乗る場所でガリバーの気持ちを感じよう〜
2　授業学級　３年仁組
3　授業者　　西沢　真衣
4　助言者　　平野　朝久先生（東京学芸大学　名誉教授）
5　学習場　　ともがき広場　（学校近くの畑、南庭など）

1　学習の始まりとあゆみ

11月4日、教師は、数名の子どもたちの「ガリバーに乗りたい」という願いを受け、クラスで考える時間を取った。すると子どもたちは「ちょっとずつ練習をしていけば、乗れるかもしれないから、私はちょっとずつ練習して乗ってみたい」（芽郁）「ガリバーに乗れるってことは、ガリバーが信頼してくれたってことだから、ガリバーに乗れるようになると、ガリバーともっと仲良くなれるんじゃないかな」（若菜）「最初から諦めるんじゃなくて、ガリバーに乗れる練習を続けていって、乗れるようになれればいいけど、乗れなくてもいい」（翔平）と言った。多くの子どもたちが「乗る練習をしていきたい」と言うなか、莉穂は「乗りたくない」「乗らない方がいいんじゃないの」と呟いたり、首をかしげたりしながらみんなの意見を聞いたりしていた。架純が「私は乗らなくてもいいんだけど、みんなが乗る練習をしていくなら、それでもいいよ」と言うと、莉穂は「私も乗りたくないけど、みんながしていく分にはいいかな」と言った。

15日、この日のガリバーの様子から、ガリバーの背中に子どもたちが覆いかぶさった状態で乗る練習をした。（以下「乗る」とは、ガリバーの背に覆いかぶさって乗ることである。）リードを引く子どもたちが「せえの」と言い歩き始めると、ガリバーは、重い足取りでゆっくりと動き出した。真央は乗り終わった後に「最初は、ガリバーが動いて怖かったんだけど、どんどん乗っているうちに楽しくなってきて『もう終わっちゃうの』っていう感じだった」と言った。また、瑠美は「ガリバーの近くでリードを握っていたんだけど、ガリバーはみんなが乗っている時に（暴れないように）我慢している様子だった」と話した。莉穂は、乗る練習が始まると、小屋近くのブランコを漕ぎ始めた。みんなが教室に戻り始めると、莉穂は教師の元に近寄り「みんなが乗る練習していたじゃん、みんなが乗っているところ見たくもなかった。ガリバーが嫌がっているのに、なんだかいじめみたいでかわいそうだった。見たくもないし、私は乗りたくない」と強く言った。

17日、子どもたちはガリバーと坂下配水池に向かって散歩した。莉穂は、小屋を出る時からリードの端を持っていた。この日はリードを握りたい人が多くいたため、何度も歩みを止め、リードを握る人の入れ替えを行ったが、莉穂は端から真ん中、先頭（ガリバーに一番近い場所）と場所を変え、連続してリードを握った。莉穂が

(3)本時の流れ

子どもの 意識の深まり	○予想される子どもの動き　◇教師のかかわり ☆感じ・味わうこと　◎やりそうなこと・考えそうなこと	時間
今日のガリバー、のんびりしているな。落ち着いていているっぽいね。 ガリバー、○○ちゃんが乗っても、ゆっくり歩いているね。今日のガリバーなら、乗れそう。私も乗りたい。	1　ガリバーと散歩をして、今日のガリバーの様子を感じる。 ○リードを持つ人の入れ替えながら歩いたり、ガリバーの前や後ろに分かれて歩いたりする。 ☆ガリバーの歩み、息遣いなどから、今日のガリバーの気持ちを感じる。 ☆ゆっくり歩くガリバーの姿から、一緒に歩く心地よさを感じる。 ◇近くにいる子どもたちやすでにリードを持った子どもたちと対話をしながら、今日のガリバーの様子を感じる。	15
ガリバーがね「行くよ」「もう乗ってもいいよ」って言って、信頼してくれた感じがした。今日のガリバー、超楽しかった。ガリバーありがとう。	2　ガリバーの背に覆いかぶさり、乗る練習を行う。 ☆乗る練習を行うことで、からだ全体でガリバーの息遣いや様子からガリバーの気持ちとガリバーに乗っている自分自身の気持ちを感じる。 ○ガリバーに乗って感じたことや周りでガリバーの様子を見ていて感じたことを、友だちと話す。 ◇ガリバーの近くでリードを握りながら、乗る子どもを支えることで、ガリバーも子どもたちも安心して活動できるようにする。 ◎乗る前にはガリバーへ信頼する気持ちを、降りる時には感謝の気持ちを言葉や行動で伝える。	20
	3　ガリバーを自由に放す。 ○自分の好きな場所で見たり、遊んだりしてすごす。	10

(4)本時の学習材

【坂下配水池へ向かって歩く場面】

散歩をしているときのガリバーの様子

【乗る練習を行う場面】

子どもが乗った時のガリバーが歩む様子とリードの引き具合と乗った人の気持ち

(5)本時子どもを見る視点

○子どもたちがガリバーとすごすなかで、ガリバーとの時間をたのしもうとする姿やガリバーともっと仲良くなろうとする姿はどのような言葉や姿に表れていたか。

はガリバーの背中の前の方の骨の所に乗ってたら、ガリバー落ち着いていたから、あの白い所に乗った方がいいと思った」と教師に話した。教師が乗った理由を聞いてみると、莉穂は「今日のガリバーなら乗ってもいいんじゃないかなって思ったの。乗ったらさ、ガリバーの動きとかもっと触れるからさ、ガリバーのことが知れて、仲良くなれるかもって思ったんだよ」と話した。

26日、この日もガリバーに乗る練習をした。何度も乗っている真央がガリバーの背に乗ると、横で支えている美鈴や友美は「真央ちゃんは上手なんだよ」と言い、リードを引く子どもたちも「なんだかガリバーがゆっくりになって落ち着いている」と言った。その後、芽郁が乗るとガリバーは歩き始めても歩みを止めることが多くなった。すると芽郁は「ガリバーにも乗る人の気持ちが伝わるんじゃないの。私は『怖いな』って気持ちがあったから、それがガリバーにも伝わってたんだけど、真央ちゃんは、もうたくさん乗って、ガリバーの事を信頼してるから、ガリバーも安心して歩いてくれたんじゃないのかな」と言った。

2　本時に寄せる教師の願い

子どもたちは「ガリバーと仲良くなってきたけど、もっと仲良くなりたい」と願っている。子どもたちが言う「仲良くなる」ということは、きっとその子にしか分からないガリバーと気持ちが通じ合った場面を経験することだと思う。本題材では、散歩でリードを持つことや日々のかかわりのなかで、ガリバーと気持ちが通じ合った場面を経験している子どもたちであるが、ガリバーに乗ることによって、ガリバーの体温、息遣い、鼓動などをからだ全体で感じ、ガリバーの気持ちと自分の気持ちを照らし合わせ、より気持ちが通じ合った経験を味わってほしい。

本時では、子どもたちが、ガリバーの背に覆いかぶさり（以下、乗る）ガリバーと一緒に歩くことで、ガリバーの息遣いや鼓動から、ガリバーの気持ちを感じ、ガリバーのことをもっと知ってほしい。さらに、初めて乗った人や複数回乗った人で感じ方が違うことにも着目し、散歩の時と同様に、何度も繰り返すことで、ガリバーの気持ちが分かり、ガリバーの気持ちと自分自身の気持ちを照らし合わせ、ガリバーと気持ちが通じ合った経験ができることにも気づいてほしい。また、本時ではガリバーに乗らない子どもや、リードを引く子どももいる。ガリバーの様子や乗った様子を見ることで、その子なりのガリバーを感じてほしい。

3　学習の内容

⑴本時のめあて

ガリバーと「もっと仲良くなりたい」と考えている子どもたちが、ガリバーと一緒に歩いたり背に覆いかぶさったりすることで、ガリバーの気持ちを感じ、受け止め、ガリバーの気持ちと自分自身の気持ちを照らし合わせながら、ガリバーと気持ちを通じ合わせようとする。

⑵本時の位置　全20時間中　第6時

前時　ガリバーと坂下配水池や南庭へ向かって歩く。

次時　ガリバーと歩いたことや乗ったことの振り返りを行う。

【本時における莉穂の動き】

○ガリバーがゆっくりと1周歩き最初の場所に戻って来ると、ピョンピョンと飛び跳ね、身を乗り出してガリバーの顔をのぞき込む。

○跨がる一人目の子が、身支度を整えガリバーに近づくと、口を閉ざしてじっと見続ける。その子が跨がろうとし始めると、身を乗り出して列から飛び出し、近づいて様子を見る。

○ガリバーが歩き始めようとすると、右手を突き上げて「ゴー、ゴー」と大きく叫ぶ。

○跨がる子を乗せて歩くガリバーを見て、両手をたたき合わせながら「すごーい」と口にする。

○自分がガリバーに跨がると、体をほとんど動かさなくなる。ずれたヘルメットも直さない。

○跨がる莉穂を乗せたままガリバーが半周ほど歩くと、「楽しい」「いつもお腹につけて乗ってる時は視線が低

いんだけどね。こうやって乗ると視線が高いから、本当にガリバーに乗ってるって思うと、信じられない」「わたしの中で本当に夢が叶った」と、ガリバーから降りるまでずっと話し続ける。

○ガリバーから降りるとガリバーの首を撫で、ヘルメットを脱ぎながら「私、嬉しい」と話す。

○友だちから自分の紅白帽子を受け取ると、両手を上下に揺さぶったり、後ろの柵を乗り越え小屋に近づいたり、ちょうど戻ってきたガリバーにすぐに駆け寄ったりと動き回る。

○「すごいよ。だってこれ、跨がって乗るの多分四人目ぐらいでしょ」と声を張り上げ、跨がる四人目の子が、ガリバーに乗ろうとするのを見続ける。

○ガリバーが首を左右に振ろうとすると、「ガリバー、大丈夫だよ」と声をかける。

○跨がる子を乗せてガリバーが歩き始めたのを見ていたが、柵を乗り越え足早にガリバーに近づく。そして、ガリバーの進む方向へ誘導するように、右手を大きく進行方向へ向けて振る。

【莉穂の姿から】

莉穂は、乗る練習を行うと決まり、ある子が踏み台を持ってくると、走り出してスキップしながらその子の後ろに並んだ。その後、列から絶対に外れることなくその場を動かずに、ガリ

バーの様子を時折見ながらも、前後に並ぶ子とおしゃべりをしていた。一方で、跨がって乗るための準備が始まると、莉穂は、身を乗り出し列からはみ出たり、体を動かしたりと落ち着きがなくなった。この日の莉穂は「跨がって乗りたい」と強く願い、前時の話し合いからそれを叶えられるかもしれないという期待感が大きくなっていたのではないだろうか。

莉穂はガリバーに跨がると、最初こそ緊張から強張った様子でいたが、途中から、ガリバーに乗りながら「楽しい」「信じられない」「夢が叶った」とつぶやきが止まらなくなった。また、ガリバーから降りた後、柵を乗り越えて駆け回った。莉穂は、ついに自分の夢が叶った興奮を抑えきれなかったのだろう。

ガリバーに『跨がって乗る』という夢は、莉穂にとっての夢でありながら、仁組にとっての夢でもあった。莉穂自身、叶えたいと願いながらも、到底叶えられないのではないかと、クラス全員で一緒に揺れ動きながら目指してきた夢なのだろう。そんな莉穂は、その夢が叶ったという大きな喜びを味わうと、自然と「みんなにもこの喜びを味わって欲しい」と願ったのではないだろうか。だから莉穂は、四人目の子が跨がった時に少し落ち着かない様子だったガリバーを見て、歩き出したガリバーに近づき、無事に最後まで歩き切れるようにと、大きく手を振ってガリバーを誘導しようとしたのだろう。

五　高学年の実践　～秋組　林のくらしをつくろう～

1　「もっと本格的な炭づくりをしたい」のあゆみ

4年生の頃から秋組の子どもたちは、林で家をつくったり、クワの実でジャムをつくったり、花を育てたり、野鳥のために巣箱をつくったりしながら林でのくらしを楽しんできた。5年生になってからも「家をもっと改良して快適な楽しい家にしたい」（翔太）「4年生の頃、みんなでカレーをつくって食べて楽しかったから、今年はみんなでバーベキューをしたい」（亮太）「バーベキューで使う炭をつくってみたい」（翔太）など、自分たちのやりたいことを語り合った。翔太は「この休校中に炭のつくり方を調べてくる」と笑顔で言った。

2　翔太のあゆみ

炭のことがだんだんわかってきた

5月7日、翔太は炭づくりの様々な方法をインターネットで調べてきた。そこには、空き缶や一斗缶、ドラム缶を使う方法が書かれていた。晶子は、翔太の調べた方法を聞きながら「空き缶でやる方法は簡単だとお母さんが言ってたよ」と言った。それを聞いていた友子は「何でそんな面倒くさいことをするの。普通に燃やしたら炭になるんじゃないの」と言うと「それは炭じゃなくて灰だよ」と子どもたちは口々に言った。教師は、友子のように炭とはどんなものか、わかっていない子も多いだろうと思い、6年生の理科の単元「ものの燃え方と空気」の学習をすることにした。

翔太はものが燃えるには空気中の酸素が関係していることや、二酸化炭素や窒素はものを燃やす働きがないことを知っているようだった。しかし実験のなかで、酸素を入れたビンの中に火のついたろうそくを入れてみると激しく燃えたことや、二酸化炭素や窒素を入れたビンの中に火のついたろうそくを入れてみると、今度は入れた瞬間にパッと消えたことに驚きの表情を見せた。考察では『二酸化炭素と窒素を入れたビンに火のついたろうそくを入れると、火が消えるとは知っていたけど、一瞬で消えるとは思っていませんでした』と書いた。教師は、翔太は知っていることと

実際に自分で確かめてみることの違いの面白さを感じているように思った。炭づくりについてもインターネットで様々なことを調べている翔太だが、実際につくるなかで自分のからだで様々なことを感じたり確かめたりしながら、自分の実感から様々なことを考えてほしいと思った。

28日、子どもたちは、調べてきたなかで一番簡単と思われる空き缶を利用した方法で炭づくりを行った。空き缶に細い木の枝を入れて、そこにアルミホイルのふたをかぶせてカセットコンロの火にかけた。しばらくするとアルミホイルのふたに小さく開けた穴からたくさんの煙が出てきて、それを見た子どもたちは驚きの声をあげた。翔太は缶の中にぎっしりとたくさんの細い小枝を詰めていた。他の班の缶からは煙が出なくなり炭ができてきたが、翔太の班の缶からは1時間経っても煙が止まる気配がなかった。待ちきれなくなった翔太は、少しだけ中の様子を見ようとアルミホイルのふたを開けた。すると缶の底の方は炭になっていたが、上の方はまだ炭になっていなかった。そしてもう一度アルミホイルをかぶせて火にかけた。やがて煙が出てこなくなって中を見ると、今度は炭が勢いよく燃えていた。翔太はそれを見て「さっき缶

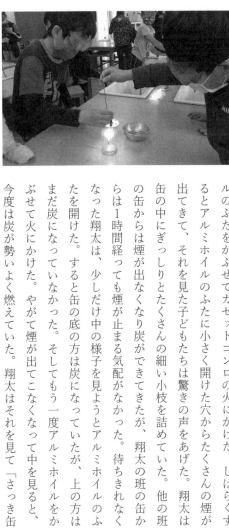

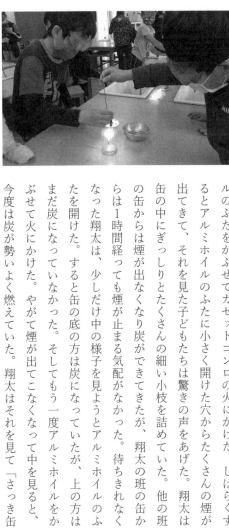

を開けたときに酸素が入ってしまったんだ」と言った。そして、翔太はその炭を鉄製の皿に出し、炭が燃えて白くなっていく様子をじっと見ていた。しばらくして炭を入れた皿を触って「あつっ」と大きな声を上げた。皿を持ち上げてみると皿を置いてあったところが少し焦げていた。その炭の熱さにさらに驚いているようだった。翔太はふり返りに『今日は失敗したけど、炭のことでいいことがわかってよかったです。今日みたいなことにならないように失敗をふまえて次もやりたいです』と書いた。

6月11日、2回目の炭づくりを行った。子どもたちは前回の炭づくりでつくった細い木の枝、松ぼっくり以外にも、クルミ、クワの実、ヘビイチゴ、草、葉、ミカンの皮、鉛筆、石など様々なものを炭にしようと取り組んだ。そして、石以外の全てのものが炭になったことに驚いた。翔太も、様々なものを缶に入れながらそれらが炭になる様子を楽しみにしていたが「失敗したら困るので、鉛筆は別の缶に入れてつくりたい」と、鉛筆は細い木の枝とは別の缶に入れて火にかけた。教師は今回は前回の失敗をふまえ、慎重に炭づくりに取り組んでいることを感じた。しかし、翔太の班は煙を出す穴が大きかったため、そこから空気が入り今回も炭に火がついてしまった。翔太は残念そうに「穴がちょっと大きかったかな。酸素が入ってしまった。次はもっと小さくしよう」と言いながら燃えている炭を見ていた。燃えている炭を見ながら、翔太はその炭を使って、缶に水を入れてお湯になるかどうかを試していた。翔太は缶の様子をじっと

見つめながら水が80℃近くまで温度が上がったことに驚き、細い木の炭だったが、炭が出す熱の強さを感じているようだった。また、水の温度が80℃から上がらないことに「もっと温度が上がらないかな」と少し残念そうにつぶやいていた。

18日、3回目の炭づくりを行った。今回は林で見つけた前回に比べ少し太い木の枝で炭をつくることにした。カセットコンロの火にかけて燃やしてみると、これまでと比べて、倍以上のたくさんの煙が出てきた。煙が止まって缶のふたを開け取り出すと、中から真っ黒い炭が出てきた。翔太はその炭を見て「やっと炭ができた」とホッとしたように笑顔で話した。

次の日、できた炭を燃やしてみた。火がついた炭は、これまでよりももっと高い熱を出して燃え広がっていった。その熱さに、翔太は「これなら、今度は１００℃までお湯の温度が上がりそう」とうれしそうに言った。「今度は、もっと大きなもので本格的な炭焼きをしたい」と信也が笑顔で話すと、翔太も「もう、一斗缶でもできるんじゃないかな」と笑顔で話した。

一本も完全に炭になっているものがない

7月13日、今度は一斗缶やペール缶等のこれまでよりも大きな缶を使っての炭づくりを行った。翔太の班は2つのペール缶を用意して、一方には林で拾ってきた木を、もう一方には角材をたくさん入れた。空き缶での炭づくりでも、翔太は林で拾った細い木の枝と、鉛筆を分けて缶に入れて炭ができるかを試していたが、今回の炭づくりでも翔太のそんな慎重さが伝わってきた。この日の朝、翔太は一番に教室に入ってきて一人で炭づくりの準備をするために下庭に向かった。一人で穴を掘って簡単なかまどをつくり火が逃げないようにした。火がついてある程度の大きさになってから2つのペール缶を置いた。他の班に比べて火は大きかったが翔太は「まだ火力が全然足りない。もっと強くしないと」と言いながら薪を足してあおいだ。教師は、最初から翔太は火力に対する意識がとても高いと感じた。また、他の班の子どもたちも、私が教材研究で初めて行ったときよりもはるかに火力への意識が高いと感じた。子どもたちはこれまでの炭づくりの経験から様々なことをつなげて考えているのだと思わず感心した。翔太はそれからも火から離れようとせず、火力を強いままに保とうとダンボールであおいで風を送りながら、ずっと火の近くで火の番をした。翔太の顔が熱さで赤くなっていた。教師が「時々替わってもらったら。ずっと火の近くにいると気分が悪くなるかもしれないよ」と言うと、翔太は「大丈夫。僕、結構暑さに強いんで」とにこにこしながら答えた。自分たちの力で炭をつくりたい、成功したいという翔太の強い思いが伝わってきた。翔太の班のペール缶からは勢いよく煙が吹き出していた。火力も強い。1回目でうまく炭ができるかもしれないと教師も感じるくらいとてもいい感じで進んでいた。4時間ほどで1つのペール缶（林の木を入れた方）からは煙が出なくなり火から下ろして冷まし始めた。もう1つのペール缶からは相変わらず勢いよく煙が吹き出していた。そして6時間ほど経ち、缶から出る煙の量も少なくなってきたので火から下ろして子どもたちは5時間目の音楽の授業に行った。5時間目が終わり、翔太はうれしそうに一番に下庭へ走ってきた。早く缶のふたを開けたい様子だった。班の全員がそろいふたを開けると、中に入れた木は全く炭になっていなかった。その様子を見た翔太は「ええ、まじ。こんなにできてないなんて」と思わず落胆の声を発した。翔太は木を1本1本取り出して、木の黒くなっている部分をしっかりと丁寧に確認した。先ほどまでの笑顔が翔太から消えていた。いつもよりも口数がはるかに少なかった。この日のふり返りでは『1本も完全に炭になっているものがありませんでした。僕は次は、かまをつくってやったほうがいいと思いました。かまの方が火力は強くなるし、それくらいしないときっと僕たちがめざす炭にはならないと思いました』と書いた。そのふり返りからも翔太の悔しい気持ちが伝わってきた。翔太は「もっと炭について家で調べてくる」と言って教室を後にした。教師は自身の教材研究から「1回目の炭づくりではきっとどの班も炭にはならないだろう」と思っていた。その時間をどのように子どもたちとかかわるとよいのか、どんな声がけをすればよいのか、結果をある程度予想できている自分が、絶対成功できる、したいと確信しながら取り組んでいる子どもたちと正直、どのようにかかわればよいのか迷っている自分がいた。しかし、いざ始まってみると、子どもたちの炭づくりへの意識の高さ、特に火力に関しての意識の高さに驚いた。また、6時間近くもずっとダンボールであおぎながら火が小さくならないように一生懸命、風を送っている子どもたちの姿にも心を打たれていた。「いくつかの班は成功するかもしれない、成功してほしい」そう感じながら、気がつくと子どもたちのことを応援している自分がいた。「子どもたちと一緒にふたを開けるのが楽しみだ」と思いながら音楽の授業から戻ってくる子どもたちを待った。子どもたちと一緒にふたを開けてみると全く炭ができていない。自分のときと同じだ。6時間近くも、とても長い時間がんばった子どもたちの落胆ぶりを目の当たりにすると、なぜかどっと疲れが出てきた。翔太の落胆ぶりを見ながら、本当にこれでよかったのかという思いにもなった。失敗という言葉を使ってよいのかわからな

い。失敗を糧に学ぶことは大きいとわかってはいたが、いざ自分の学級の子どもたちの落胆ぶりを目の当たりにすると、子どもたちががんばってきたことを知っているので、一層何だかとてもつらく感じた。これから子どもたちはどのように歩み出すのだろうかと不安にも思った。しかし、次の日には、翔太は早速、炭ができるための条件について調べてきた。『炭になる温度は、４００℃から７００℃。これくらいの火力を保つにはもっと火を強くしないといけない』と書いていた。また、火力をもっと強くするための工夫についても翔太はしっかりと調べていた。翔太は前日の落胆ぶりとは打って変わり、成功へ向けてのさらなる自分なりの追究を始めていた。そんな翔太からたくましさを感じた。

できた炭はすごく軽い

２学期が始まった8月26日、一斗缶やペール缶を使った2回目の炭づくりを行った。翔太は最初から火力を強くしようとたくさんの薪を詰め込んでいた。また空気をしっかりと送りながらどんどん火を強くしていた。前回よりもペール缶の穴から勢いよく出る煙や缶を囲むように燃える火に手応えを感じながら翔太は取り組んでいた。この日は30℃を超えるほどの暑い日だったが、翔太は火から離れなかった。教師が「少しは休んだら」と声をかけたが「大丈夫です」と言いながら翔太はずっと火のそばにいて薪をどんどん入れていた。そして、翔太は今度はこまめに温度計で缶の中の温度を測りながら取り組んでいた。「今２３０℃だ。もっと木を追加しないといけないな」「400℃以上いったぞ。これなら大丈夫だ。この火を弱めるな」と言いながら、具体的に科学的な数値を意識して炭づくりに取り組んでいた。教師は翔太や子どもたちの夢中になって取り組んでいる姿に圧倒されるようだった。今度こそ成功したいという思いが伝わってきた。翔太はそうして約4時間ほど燃やし続けて、缶の穴から出る煙が透明になってきたところで缶を火から出して冷ましていた。そして、その缶を持ったときに翔太は思わず「軽い」とびっくりしたように叫んだ。教師もそれを持ってみたがその軽さにびっくりした。もうここで炭ができていることを翔太は確信したようだった。約1時間後、缶が冷めて缶を空けたときに翔太は声を上げなかった。できた炭を1つ1つ確認しながら何かホッとしたような表情を浮かべていた。翔太はその日のふり返りでは『5時間目に缶を開けてみました。全部炭になっていました。しかも、形もしっかりと残っていたし、できた炭はとても軽かったです。炭ができて本当によかったなあと思いました。今度、このできた炭を燃やすのがとても楽しみです。』と書いた。そこからも翔太のホッと

した気持ちが伝わってきた。

9月10日にはこの炭を使ってバーベキューを行った。翔太は炭に火をつける担当をしていた。バーベキューの台に少しずつ炭を入れて火をつけていく翔太を見ながら、晶子が「もっと一気にたくさん炭を入れて燃やさないと火が強くならないよ」と言うと、翔太は「僕には僕のやり方があるんです」とニコニコしながら答えていた。慎重に楽しみながら炭に火をつけている翔太の姿がそこにあった。翔太はバーベキューが終わって、これからの活動をどうするか話し合ったときに「もっと本格的な炭づくりをしたい」とうれしそうに話した。

題材に寄せる教師の想い

これまでの「炭づくり」の活動をふり返りながら、子どもたちが様々な体験を通して学ぶことの意味を感じた。翔太はこれまでの学校生活のなかでも自分の思いが強いあまりにきつい言葉が出てしまうことも多く、そのことで友だちとトラブルになることがあり、翔太のことをよく思っていない子もいた。しかし、活動を重ねるなかで、自分のやりたいことに向かって様々なことを考えながら追究を深めていく楽しさを翔太は感じるようになってきた。そして、多くの体験を通して友だちと様々なことを考えるなかで、翔太は友だちと共に考えることの楽しさ、友だちと折り合いをつけながら決めだしていくことの大切さ、そして、自分の追究を応援してくれている友の存在のありがたさなど様々なことを学んでいることを感じた。昨年の４年生の４月の頃のような何か苛立ちながら学校生活を送っている翔太の姿はもうそこにはなかった。

５年生になってのある日、晶子がふと次のようなことをつぶやいた。「翔太はうざいところもあるけど、翔太と一緒にやってると何か面白いんだよな」と。これまでお互い対立することの多かった二人だったが、こんな形で翔太のことを認めている晶子がいた。そう言えば、晶子も４年生の４月には翔太と同じように新しい学級での生活になかなかなじめずに悩んでいたことを思い出した。晶子からも翔太のように友だちと学ぶ楽しさを感じながら学校生活を送っていることを感じる。様々な体験を通しながら、この子が学校生活のなかで自分なりの楽しみや思いをもち学ぶことの意味を感じる。この子のよさが十分に発揮され「この子がこの子らしく居られるということ」、そのことが何よりもうれしく思う。そして私自身が子どもたちとそうかかわっていたいと思う。

子どもたちの思いを感じながら、教師も一人の学び手として子どもたちと共に学びを深めていきたいと思う。

六　おわりに　～受け継がれる「不易たるもの」～

この春、本校にお迎えした先生が、授業での子どもの姿について、生き生きと目を輝かせて同僚に語る姿を見せている。授業前の予想とはまるで異なる子どもの姿に出会い、嬉々としてそのことを同僚に話し、その子をそうさせているものやことを探ろうとしている。子どもが教師の思いや、はからいのとおりに動くことを「よい授業」としてとらえていた、かつての姿はそこにはない。

本校が全国から参会者を募る公開学習指導研究会を開催して40余年、「内から育つ」を研究テーマに据えて30余年。それは子どもの学びの道すじの探究であるとともに、教師自身が学び育つ営みであったことを確信する。

(1)　立ち返るよりどころの共有

本校では、「子どもは自ら求め、自ら決め出し、自ら動き出す力をもっている存在である」という子ども観に立ち、子どもの求めや願いに沿って活動を展開することにより、子ども自身に学ぶ力が育ち、主体的な学習が創造できると考えている。そこで、体験的に総合的に学んでいくことができる「総合学習」「総合活動」を中心に教育課程を構成している。

新年度開始とともに複数回の職員研修が設けられ、研究係から新任職員に、伊那小学校が「総合」をとおして大切にしてきたことがらが伝えられる。それは、授業記録や映像から抜き出した子どもの育ちの姿であったり、自己の迷いや行き詰まりを省みる飾りのない教師の語りであったりする。また、先輩教師を招いての講話であったりもする。

そこにあるのは、「こうでなければならない」というとらわれをもって子どもの前に立ち、子どもの求めと教師としての自己の思いとのずれにさえ気づくことなく、行く先を見失ってしまったときに立ち返るよりどころとなる、脈々と受け継がれるメッセージである。

⑵　研究実践の『母体』としての学年会

本校の研究は、「学年研究を中心とした協働研究」であるといえよう。それは、切磋琢磨の場、憩いの場としての「学年室」から生まれる。ここで学年会や学年研究、教材研究や情報交換が連日行われる。ときに厳しい研鑽の場となるが、一方で何でも話題にできる憩いの場ともなっている。研究会で分からなかったことは分からないと愚痴りもするし、納得できないことにはときに不平不満も口にし合う。同じ部屋には、研究係や本校勤務経験を重ねた者がいるので、疑問や不満に共感しつつも自己の体験を重ねて自分の言葉でかみくだいて語ってくれる。

授業研究会に向けては、授業者とともに授業場面を決めだし、学習指導案を書いては検討し、修正しては検討することを繰り返している。特に素材研究は学年会で子どもの立場に立って実際にやってみたり、現場に行って調べたり、地域の方や文献等からの情報収集を心がけたりしている。

学習指導案や研究紀要の執筆だけではなく、「総合」の進め方や子どもの見とり方、教科学習の進め方、年間活動計画の考え方など、子どもたちがより豊かな学びを展開できるように考え合う場、そして何より同僚性を培う場が、そこにはある。

(3) 授業を拓く・子どもを拓く

本校には多くの皆様が年間をとおして全国各地よりはるばる来校くださり、授業を参観しご示唆くださる。参観希望者は基本的にすべて受け入れさせていただいている。「授業を拓く」ことが教師にとって意味が大きいと考えるからである。ともすると参観者の前で授業者がちょっぴり構えて普段と違うことをしてみても、子どもたちはそれを受け入れない。「なんか、いつもとちがうよ、先生」と声が上がる。やがて、いつであってもどこであっても変わることなく、子どもの姿で問う教師のあり様が日常となっていく。

授業参観された方が、総合の内容について目の前の子に声をかけてみたところ、尋ねられたその子が自分の活動にかかわることや、今に至るいきさつを実に生き生きと語り始めて驚いた、というお話をよくお聞きする。また、自分たちの総合を進めるなかで、困難に出会った子どもたちは、自分たちの力だけでは解決できそうもないとなると、そのことに詳しい方、専門家を訪ねて教えを乞おうとする。地域には伊那小の子どもたちのためならば喜んで力を貸そうという方、ほんものと出会わせてくださる方がおられるので、その方をとおして総合にかかわる知識や技能ばかりか、そのひとの生き様までも感じ取り、学び取っていることを感じる。こういった出会いをとおして、子どもたちは自分を取り巻く人びとを信頼し、子ども自身も「拓かれて」いくのではないかと考える。

(4) 授業と研鑽は一

本校では、ともすると子どもの姿を盾に身勝手な教師論に陥りがちなわたしたちを戒めるために、郷土の教育評論家「唐木順三先生の著作の『読み合わせ』」を行っている。また、自らの制作を展示し合う「職員展」や自己の内面を見つめる「職員文集」、更には夏休みの初日に地域のお寺に出向いて、新任職員の新鮮な感覚を頼りに伊那小学校のあり様について疑問や課題について忌憚なく語り合う「伊那小を考え合う会」を催す。各々の人生観や教育観が語り合わされ、表出されることによって、豊かな授業をつくり出していく背景としての職員研修を大切にしたいからである。

(5) 子どもの事実から得る実感

春に新任職員に伝えられたことがらは、時間は要するものの、子どもの学びや育ちの事実をとおして実感できるようになる。いかにしたら子どもの願いに寄り添うことができるかと迷い、もがきながらともにくらすなかで、教師の「内」に芽生えてくる何ものかがあるのであろう。翌春、自分が新任職員を迎える側になったとき、その何ものかについて熱く語る伊那小の教師が、また生まれていく。

こうして教育の本質にかかわる何ものか、「不易たるもの」は、時間や手間をかけられながら脈々と継承されていく。

(6) おわりに

本校において通知票が廃止されたのは昭和31年のことである。その背景にあるのは、保護者に子どもの育ちをお伝えするのに、従来の通知票が果たして十分にその責を果たすのかという疑問、子どもの事実を語ることにより保護者に直にお伝えするしかない、という教師の切なる思いである。

伊那小学校における教育改革は決して急激にもたらされたものではなく、脈々と受け継がれてきた実践の中で徐々に行われてきたことである。

これからの学校は、世情の急激な変化に応じて、更なる対応を求められることとなるだろう。しかし、教育における「不易たるもの」を見失うことなく、子どもとともにあることが、わたしたちに求められている。

【伊那小学校　公開学習指導研究会のご案内】

子どもの具体の姿や学習指導の実際から、ご参会される皆様方とともに教育のあり方を探っていくことを目的とするものです。

○期日　二月の第一土曜日開催予定
○研究テーマ　「内から育つ」
○日程及び内容　・自由参観授業　・開会行事　・研究発表
　・共同参観授業　・研究協議　・学習発表　・講演会
○お知らせ　令和二・三年度はオンラインによる開催となりました。詳細につきましては、伊那小学校ＨＰよりご案内申し上げます。

第二章　子どもが育つ授業づくり

～「はじめに子どもありき」の理念に立つ学習活動の展開～

一、かかわりを求めたけれど

平成十二年に私が勤務していた天童市立長岡小学校では、総合的な学習の時間や生活科を窓口に「自分づくり・仲間づくりができる子の育成」に取り組んでいた。授業にペア学習・ゲストティーチャー・縦割り班などかかわりを大切にする学習形態を取り入れ、豊かな人間関係を子どもの間に育もうとしたのである。

一年担任だった私は、かかわりを求めて、授業にペア学習を取り入れ、二年生と「仲よしペア」を作った。校庭の木を「マイツリー」として割り当て、仲よしペアの活動を仕組んだ。しかし、子ども達に変容は見られなかった。

私達は、伝えたい時、必要がある時、自然にかかわりを求め、人間関係を作り上げる。子どもだって同じだ。本当に学び、学びを伝えたい時、自然にかかわりは生まれ、その中で人間関係は豊かになることを置き去りにした取り組みだった。

二、子どもが求める活動へ

1 「はじめに子どもありき」との出会い

鳥取県湯梨浜町立泊小学校の実践の中に「子どもは本来、知りたい、できるようになりたいと思い、学ぶ喜びを求め、向上心にあふれている」という言葉があった。これが私の「はじめに子どもありき」の本との出会いである。

前書きの「伸ばそうとして引っこ抜いてしまう」教師の話。私のことだ。やっと食べた半分の食事をさらに勧める話。これも私だ。私は、落ち着いて話を聞くことができない子どもに、何度も「手を動かさないで聞いてね。」と繰り返していた。言われた子どもは「一生懸命聞いているよ。がんばっているよ。」と、訴えているのに。私の言葉で子どもはやる気を失ってしまう。子どもを伸ばすことは、引っ張ることでも満点をめざすことでもない。寄り添い、共感し、小さな伸びを見逃さないことなのだ。「はじめに子どもありき」との出会いで一番大切なことを忘れていた自分に気づいた。子どもは自分で伸びるのだ。

子どもはいつでも担任が好きで、認めてほしいと願っている。出会いのときから、先生の話を聞こうとしてくれる。子どもと教師は対等ではない。だからこそ、教師は、子どもに立ち返り、子どもの思考で子どもの目線で考えなければならない。ゴールで待つのではなく、一緒にスタートに立ち、伸びていこう。

「はじめに子どもありき」の読書会を通じて、私はそのことに気づくことができたのである。

2　子どもを見取る

平野朝久先生が長岡小学校に来てくださった。私は、平野先生の後ろで三年生の総合の授業を参観した。

子ども達は「キャンプ」をテーマに活動していた。と、ひとり仲間に入れず、何もしていない子どもがいる。「ほら、これやってごらん。」と促したい。何かに取り組ませたい。歯がゆい気持ちで、私は子どもを見ていた。イライラしている私の前で、平野先生は穏やかな顔で黙々とノートに書き込んでいる。事後研究会で、平野先生は、その子どもの細かな表情の変化や仕草を丹念に記録していたことがわかった。私には何もしていないように見えた子どもが、平野先生の見取りの中では、心の中でさまざまな葛藤を持ち、学びたいと願っていた。子どもを丁寧に見取り、心の動きに寄り添う。内なる願いを知る。そこに支援の必要性とタイミングが見えてくることをまざまざと学んだ日だった。

子どもの「育ち」を「待つ」ことができるのは、確かな見取りを通して感じ取った事実があるからだ。教師には子どもを見取る力が必要だ。確かな見取りが必要な支援につながる。伸びるタイミングに合わせた支援が、指導なのである。確かな見取りのために大切なことは、「子どもに寄り添う」こと。平野先生の背中が教えてくださった。

3　子どもに寄り添う

しかし、子どもは、本当に自分で課題を見つけ、学習しようとするのだろうか。私は子どもを見取り、学ぼうとする事実を見つけられるのだろうか。恐る恐る、とりあえず子どもの手に学習を委ねる。そして、子どもの心の動きを記録する。子どもの気持ちを想像してみる。寄り添ってみる。学級の子どもが選んだのは「探検」。指示が通らず、勝手な行動も多かった子ども達が、やりたいことを自分で見つけ、次々に進めていく。私の指示はいらなかった。子どもは自分で決定し、学習活動は主体的になった。子どもが決定権を持つことがとても大切なことだった。

やりたい気持ちが集団をまとめ、集団の中にはルールが作られた。活動を十分楽しむと、子ども達は次のステップを目指す。やりたい気持ちが学びたい気持ちに変わり、いつの間にか子ども達を変えていた。

三、子どもが育つ授業の条件

資料１

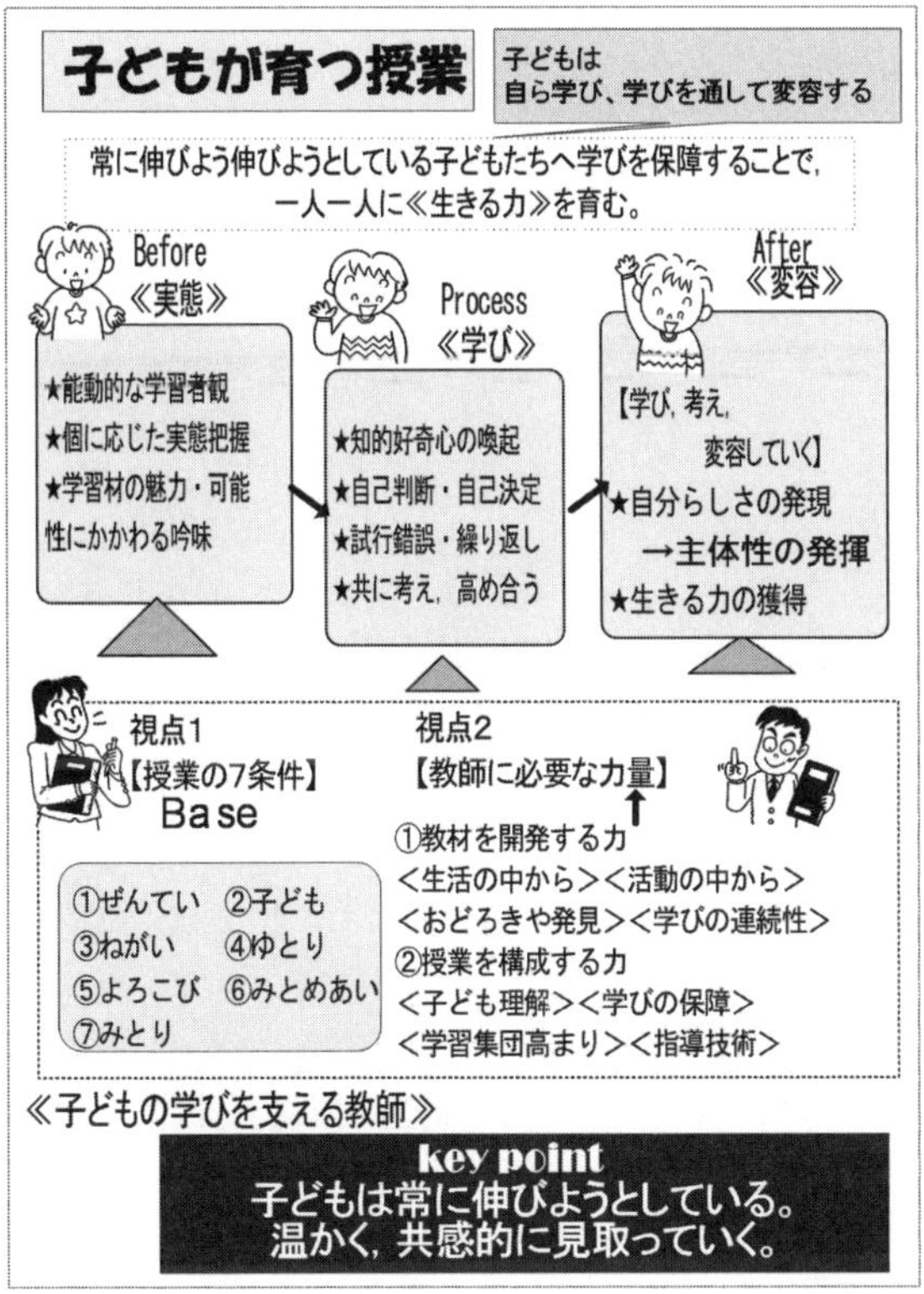

平成18年度　天童市立長岡小学校「子どもが育つ授業の条件」

長岡小の取り組みをまとめたものが（資料1）である。子どもを信じ、子どもに寄り添う。そこに見取りは欠かせない。教師は、子ども一人一人が学び、考え、生きる力を獲得できるよう、子どもの学びを支えていく。

1　学級作り

自分の意見を持ち、友達の考えを聴き合い、深めていく。それには学級作りが欠かせない。聴き合いを通して、自分理解・友達理解が進み、子どもは新たな自分を見つけていた。子どもが安心して試行錯誤し、自分で学習を創っていくための環境作りが学級作りであり、学級作りは、教師の役割である。

2　生活に根ざすテーマ

学級の子どもみんなが熱中できるテーマは、子どもの生活の中にこそ見つけることができる。そこで身の回りの事象に関心を持ち、進んで活動に取り組み、体験を広げていくようにした。学習したことや学び方を振り返り、次の学習やその後の生活に生かすことは、これからの生き方につながっていくだろう。生活に根ざすテーマは、自主・自立の基本と重なっていくと思う。

3　共に学ぶ

教師は、子どもを見取るだけではない。子どもと共に学ばなければならない。共に学ぶことで見取った子どもの考えとのずれを知る。そこから共に学習計画を作る。教師は子どもと同じ立場で学ばなければならない。

四、指導の実際

【1】子どもの願いを知る　総合的な学習から　（天童市立長岡小学校三年一組三十三名）

（1）単元名　めざせ！　土遊び名人　80時間

（2）目標

①名人をめざして土で遊びながら、土の感触を味わい、自分の立つ大地を大切にしようとする。（出会い）

②土と触れ合い、土の不思議について追求する中で、自分の意見を持つことができる。（追究する力）

③見通しを持って活動の計画を立て、活動し、活動を振り返り、まとめることができる。（表現する力）

④土と遊んでわかったことをわかりやすく伝え、友達のよいところに気づきながら、お互いに協力し合って活動を続けることができる。（互いに認め合い共に生きる力）

（3）テーマ決定までの経過

テーマが、授業の方向性や子どもの取り組み方を決定する。子どもの力でテーマを決めることができれば、活動は自然な形で流れ、子どもは自分で課題を追究する。教師は、子どもの普段の言動やテーマを話し合う様子を丁寧に見取り、記録し、子どもの中の願いを感じ取ることに注力する。この単元では、10時間をかけて何度も話し合った。

5月2日　何がしたい？

これから総合で何をするか話し合いで決めていくことを告げ、子どもは自分がしたいことを考える。

5月13日　自分達がしたいこと

子ども達の話し合いからその場の思いつきで話している様子がうかがえる。上級生の総合のテーマのなぞりが多い。自分自身の視点で始める総合的な学習になるように、切実にやりたい気持ちが高まるまで待とうと思う。

5月24日　聴き合いを記録で残す

テーマとやりたい理由の話し合いをした。聴き合いで進める。話し合い活動は、「聴き合い」とし、指名なし、司会なしで、お互いの意見を聴きながら進める。教師は記録に徹する。子どもの言葉はそのまま記録する。意見と発言者の名前を大判用紙に記録することで、意見を大事に受け止めたというメッセージを伝えたいと思う。記録の大判用紙（速く書き取るために横書き）を掲示しておいた。大判用紙の掲示は自然に考え直しや振り返りを促すようだ。

聴き合う中で、一人一人の思いが見えてきた。生き物を育てたいというテーマを出した子どもに、兄が学級で動物を飼い、休みの度に家庭で預かっていた子どもは、「休みの日はどうするのか。」「アレルギーのある人はいないのか。（化学物質過敏症への配慮）最後まで世話できるのか。」と冷静に質問している。「魚や虫をつかまえて育てては？」「粘土を掘ってお茶碗を作る。」「砂鉄で鉄を作る。」などさまざまな意見が出た。なかなか聴き合いが進まない。いろいろな意見が出ては消えていく。「活動の時間がなくなる。」という切実な焦りの声が、子どもの日記などにも綴られていた。子どもだけでなく教師も焦っている。

6月14日　違う方向から考えよう

「立谷川に行って川を調べたい。魚調べや虫探しもしたい。」とB男が提案した。しかし、テーマが立谷川に決まれば、A子の参加は難しい。A子は骨形成不全症で、体を使う活動には無理がある。教師としては、A子も参加できる総合のテーマにしたい。「川原は危なくて歩けないよ。転んだら骨が折れちゃうよ。」「A子も一緒にできる総合がいいよ。」という声も上がる。その時「ぼく達がしたくても、いつもできないことばっかり。Aちゃんがいるから……。」とB男が涙ぐんだ。一年生の時からA子と同じ組のB男は、今までこの思いを心の中に押し込んできたのに違いない。B男はとても優しい子だ。ここで教師が介入すれば、きっと立谷川行きは断念してくれるだろう。でも、我慢する。子ども達に自分達で解決の道を探してほしい。

やがて、ずっとだまっていたA子が口を開いた。「立谷川での活動は私にはできないことばかりだ。みんな助けてくれるけれど、手助けしてもらうのはつらい。自分でできることがいい。」A子の本音を聴いて、子ども達は静まり返った。C男が沈黙を破った。「やりたいB君達の気持ちはわかるよ。ぼくも行きたい。でもAちゃんはつらいんじゃない？」C男の言葉に、子ども達もB男もうなずいた。A子を仲間として初めて意識した瞬間だった。特別な存在の子どもではない。それを機会に、みんなでできて自分達も楽しい活動のための聴き合いが進んだ。

B男はこだわりを捨て、「どんなことが考えられるか？」と聞いてきた。悩みぬいた後のこの質問には教師として応えたい。「作るのもあるよね。」とだけ、提案した。そこから話が進み、とりあえずお試しで土を掘ってテーマを考えることとなった。手で感触を味わえる土という素材に子ども達は可能性を感じ始めていたようだ。

お試し

粘土掘りから広がるいろいろな活動をまず試してみる。立谷川行きを望んでいた子どもも、どろだんご作りや砂鉄集めの活動を始めると夢中になった。「おもしろい。もっとやりたい。」と目を輝かせている。活動を通して、「学級全員でできる総合がいい。」と本音で言えるようになった。活動を通して、子どもの意見に変化が見られた。自分の体験をどんどん広げようとしている姿が見えた。テーマを自分のこととして考えているのがわかる。

お試し期間に、教師は、テーマの可能性や問題点などを洗い出しておいた。

土の感触を手で味わい、何度でもやり直せるどろだんご。トンネル作り。野菜作り。砂鉄集め。話し合いの中で「土」の可能性への期待が高まり、子ども達のテーマが「土遊び名人」に決まった。子ども達の力でまとめた単元計画ができあがった。

(4) 単元計画　【計画作りは子どもと共に】

①　第一次単元計画

土遊びをテーマに子ども達の生活に密着した「3つの活動」＋「まとめ2」という5つの小単元にした。ひとつの活動は5～30時間。活動に軽重をつけ、小単元では他教科と関連付けた。学習を広めたり、深めたりするのに、時間的な余裕を大切にした。

・学級カリキュラムは変更に対応しやすい。
・生活に根ざした休験は、具体的な見通しを持った計画につながる。
・発達段階に合わせて小さいステップで進む。
・活動にふさわしい季節を考慮する。
・土の感触を十分に楽しむ。

②　単元計画の変更【子どもを見取り、計画を変更　資料2】

変更から学習が広がる

天候不順が続いた。子どもからはまだまだ活動に取り組みたい様子が見取れる。計画の変更が必要である。子ども達と相談し、子ども達の納得の行く形で活動の数を減らし、変更することにした。

どろだんごに夢中になり、誰かに教えたいという気持ちを持った子ども達。来年入学してくる年長児に教えたいと気持ちを優先することとした。幼稚園との交流の中で、立場の違う相手への思いやりが生まれ、学習が深まり、心構えが変わってきた。どろだんごを素材にした絵本やどろだんごのプレゼントなど、一人一人の準備に相手意識が生まれてきたことが感じられた。

計画変更の話し合いを通して、子ども達の視点が拡がってきた。年度当初に子どもが興味を示した砂鉄集めは、磁石の学習を通して理科と結びついた。土の中に鉄がある不思議や大地のぬくもり、季節の移り変わりを砂鉄集めをしながら感じ取っていた。

(5) 子どもの変容

幼稚園に教えに行く時、小さい体を笑われないかと心配していた

どろだんごの作り方

ピカピカどろだんご

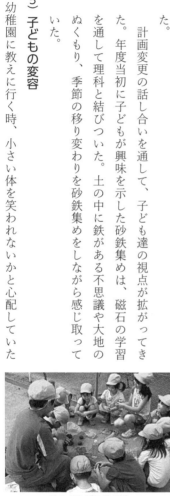

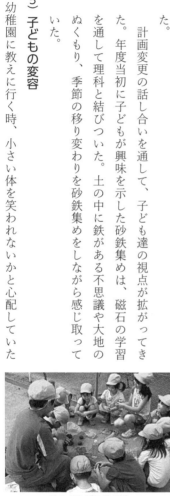

資料２

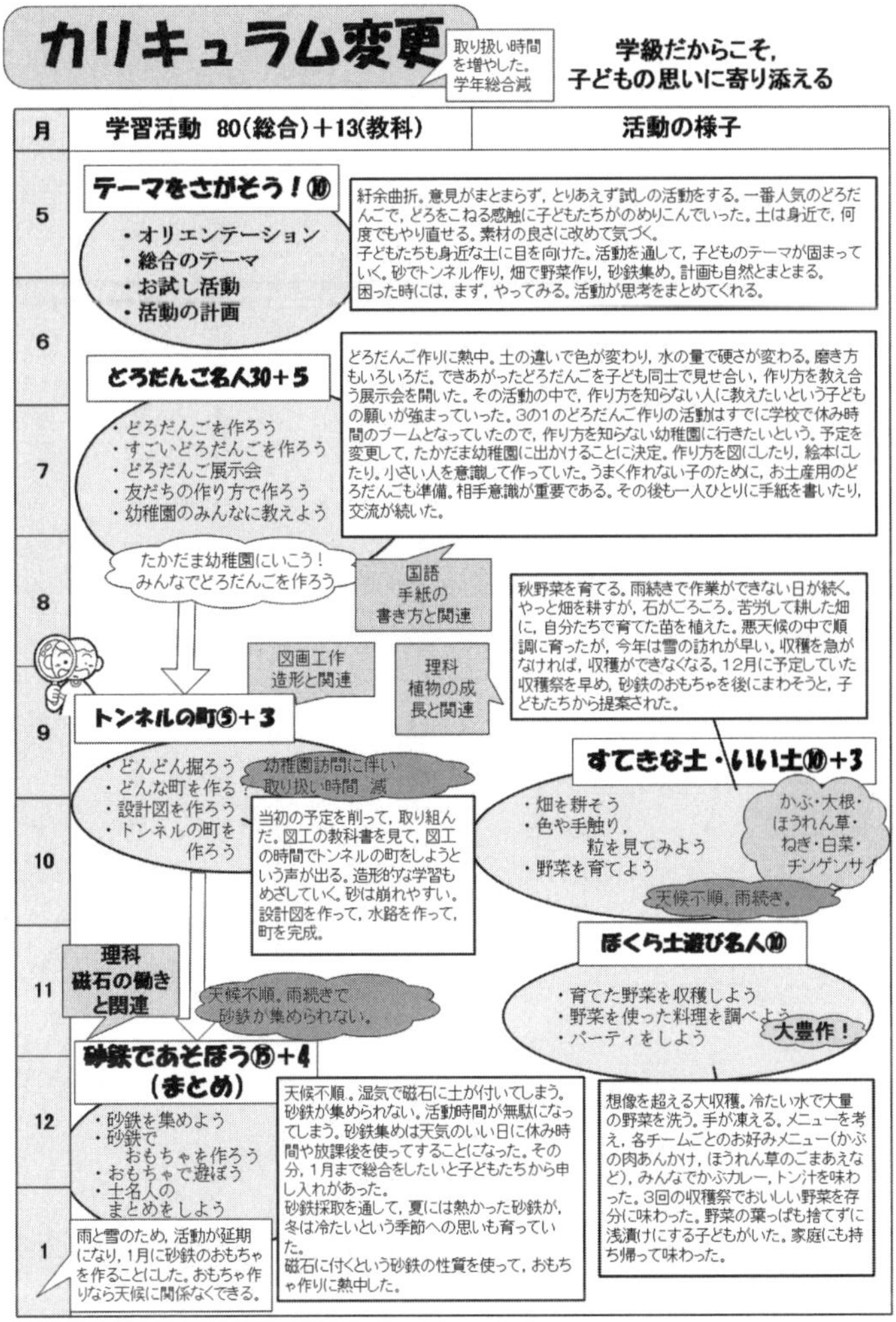
カリキュラム変更
取り扱い時間
を増やした。
学年総合減
学級だからこそ，
子どもの思いに寄り添える
月
学習活動　80(総合)＋13(教科)
活動の様子
5
6
7
8
9
10
11
12
1
テーマをさがそう！⑩
・オリエンテーション
・総合のテーマ
・お試し活動
・活動の計画
紆余曲折。意見がまとまらず，とりあえず試しの活動をする。一番人気のどろだんごで，どろをこねる感触に子どもたちがのめりこんでいった。土は身近で，何度でもやり直せる。素材の良さに改めて気づく。

子どもたちも身近な土に目を向けた。活動を通して，子どものテーマが固まっていく。砂でトンネル作り，畑で野菜作り，砂鉄集め。計画も自然とまとまる。

困った時には，まず，やってみる。活動が思考をまとめてくれる。

どろだんご名人30＋5
・どろだんごを作ろう
・すごいどろだんごを作ろう
・どろだんご展示会
・友だちの作り方で作ろう
・幼稚園のみんなに教えよう
どろだんご作りに熱中。土の違いで色が変わり，水の量で硬さが変わる。磨き方もいろいろだ。できあがったどろだんごを子ども同士で見せ合い，作り方を教え合う展示会を開いた。その活動の中で，作り方を知らない人に教えたいという子どもの願いが強まっていった。3の1のどろだんご作りの活動はすでに学校で休み時間のブームとなっていたので，作り方を知らない幼稚園に行きたいという。予定を変更して，たかだま幼稚園に出かけることに決定。作り方を図にしたり，絵本にしたり。小さい人を意識して作っていた。うまく作れない子のために，お土産用のどろだんごも準備。相手意識が重要である。その後も一人ひとりに手紙を書いたり，交流が続いた。
たかだま幼稚園にいこう！
みんなでどろだんごを作ろう
国語
手紙の
書き方と関連
秋野菜を育てる。雨続きで作業ができない日が続く。やっと畑を耕すが，石がごろごろ。苦労して耕した畑に，自分たちで育てた苗を植えた。悪天候の中で順調に育ったが，今年は雪の訪れが早い。収穫を急がなければ，収穫ができなくなる。12月に予定していた収穫祭を早め，砂鉄のおもちゃを後にまわそうと，子どもたちから提案された。
図画工作
造形と関連
理科
植物の成
長と関連
トンネルの町⑤＋3
・どんどん掘ろう
・どんな町を作る？
・設計図を作ろう
・トンネルの町を
作ろう
幼稚園訪問に伴い
取り扱い時間　減
当初の予定を削って，取り組んだ。図工の教科書を見て，図工の時間でトンネルの町をしようという声が出る。造形的な学習もめざしていく。砂は崩れやすい。設計図を作って，水路を作って，町を完成。
すてきな土・いい土⑩＋3
・畑を耕そう
・色や手触り，
粒を見てみよう
・野菜を育てよう
かぶ・大根・
ほうれん草・
ねぎ・白菜・
チンゲンサイ
天候不順。雨続き。
ぼくら土遊び名人⑩
・育てた野菜を収穫しよう
・野菜を使った料理を調べよう
・パーティをしよう
大豊作！
理科
磁石の働き
と関連
天候不順。雨続きで
砂鉄が集められない。
砂鉄であそぼう⑮＋4
（まとめ）
・砂鉄を集めよう
・砂鉄で
おもちゃを作ろう
・おもちゃで遊ぼう
・土名人の
まとめをしよう
天候不順。湿気で磁石に土が付いてしまう。砂鉄が集められない。活動時間が無駄になってしまう。砂鉄集めは天気のいい日に休み時間や放課後を使ってすることになった。その分，1月まで総合をしたいと子どもたちから申し入れがあった。

砂鉄採取を通して，夏には熱かった砂鉄が，冬は冷たいという季節への思いも育っていた。

磁石に付くという砂鉄の性質を使って，おもちゃ作りに熱中した。

想像を超える大収穫。冷たい水で大量の野菜を洗う。手が凍える。メニューを考え，各チームごとのお好みメニュー（かぶの肉あんかけ，ほうれん草のごまあえなど），みんなでかぶカレー，トン汁を味わった。3回の収穫祭でおいしい野菜を存分に味わった。野菜の葉っぱも捨てずに浅漬けにする子どもがいた。家庭にも持ち帰って味わった。

雨と雪のため，活動が延期になり，1月に砂鉄のおもちゃを作ることにした。おもちゃ作りなら天候に関係なくできる。

天童市立長岡小学校　3年1組 総合的な学習の時間「土遊び名人」第2次計画

A子。ところが園児たちは、A子の説明にじっと聞き入り、A子の教えた通りにどろだんごを作っていた。A子の顔が紅潮していた。教える喜びがあふれていた。A子の振り返りには、「体の大きさじゃない。私は心を大きくする。」と書かれていた。

【2】子どもの事実をとらえる（国語科の学習から）

（天童市立天童南部小学校　六年二組　二十六名）

「はじめに子どもありき」の理念を生かす機会は、学校生活の中に無数にある。子どもを信じ、子どもに寄り添いながら、子どもと共に授業を創ろうとすることが、「はじめに子どもありき」だと思う。教科の中でもそれは変わらない。子どもが学ぶ必要感を持つ授業を考えていく。日々の授業の中に、子どもが求め自ら追究していく活動を中心に据えることを意識しなければ、と自分に言い聞かせている。教師がそう意識するだけでも、授業は変わる。子どもが主体的に学習に取り組む環境作りを意識すれば、教育課程を変えなくとも、毎日の普通の授業の中で十分対応できる。「はじめに子どもありき」の理念を生かすことができるかどうかは、教師の意識の持ち方の問題だ。

（1）単元名　言葉のひびきを味わおう〈教育出版　短歌と俳句〉

（2）目標

①短歌や俳句の言葉の響きやリズム、優れた描写を通して、日本語の響きを味わい、文語の調子に親しもうとする。
②短歌や俳句を読み、情景や心情について描写を味わいながら、イメージを豊かに読み取る。
③読み取ったイメージについて友達の考えを聞いたり、自分の考えを話したりしながら、それぞれの作品について自分の言葉で表現する。
④文語調のリズムや響きを味わいながら音読する。

（3）共に授業を考える

①　子どもと共に創る・ゆとりのある計画を立てる　単元計画

子どもの生活の実態を考え、扱う短歌や俳句を選定し、教材文を作成した。選定の基準は、私達が住む山形県にかかわりがあるもの（齋藤茂吉・奥の細道の句）、子どもの現在の生活経験で情景や心情が想像できるものである。子どもの実態を考え、取り扱う短歌や俳句の数を減らし、じっくり読み味わう時間を確保した。

教科の学習だが、計画は子ども達と作った。学習の主体は子どもである。見通しを持つことは、学習の第一歩となる。「短歌と俳句の本にしようよ。表紙には自分の句をつけたいな。」

「表紙は自分の句にして絵もつけようよ。」意見が次々出てきた。作者や時代背景などを調べるなど進んで取り組む様子が見られた。

学習が進むと、子ども達は想像して書く解説作文に夢中になった。集中して取り組む。それぞれのいろいろな体験が作文の中に表れており、書いた文を読み合うのも楽しいようだ。「友達の句の解説作文も作ってみたい。」「ぼくの句で解説作文を書いてほしいな。」という声が上がった。「自分の句の解説作文も友達に作ってもらおう。」

単元計画には、変更できるゆとりが必要だ。子ども達と共に修正しながら学習を進めていこう。

②　共に考える

（教師も同じ学習者として取り組む）

五月雨《さみだれ》の晴れ間にいでて眺《なが》むれば青田《あおた》すずしく風わたるなり　良寛

好きな言葉を見つける　繰り返し読む

1. 作者になってみる　どこにいる？
　家から出て、田んぼのそばの田んぼをながめている。
2. 空は
　雲のすきまに青空が見える
3. 景色は
　①雨が止んだあと
　②稲が大きく育ってきた
　③一面田んのぼ
　④風に稲の葉っぱがゆれている
4. 風の音は
　さわさわさわ
　しゃー　そよそよ
5. どんな気持ちになったかな
　何だか明るい気持ちになった。シャワーを浴びたみたいにさわやか
6. わたしも
　去年、育てていた稲を見に行った時、風の音を聞いたよ。

梅雨で毎日雨ばかり降っていました。やっと雨がやみました。まだ、雲は空に残っていますが、青い空が雲のすきまから見えてきました。お日様の光が雲の間から差してきました。ずっと雨ばかり続き、家の中にいたので、田んぼの稲が心配になって見に行きました。田んぼでは、この間、植えた稲が大きく青々と育っていました。雨でおおきくなったのでしょうか？

風が吹いてきました。すずしくてとてもいい気持ちです。風が田んぼの上を渡ります。さわさわさわと稲が歌っていました。風が吹くたび音が変わって、とてもさわやかな気持ちになりました。シャワーを浴びた後のように稲が光っていました。

去年、稲を育てた時も田んぼの上を渡る風の音を聞いたことを思い出しました。

資料3

短歌や俳句を繰り返し声に出して読みながら、言葉を手がかりに想像を広げ、言語化していくために、子どもの思考の手がかりとなるようにワークシートを考えた。

私もワークシートに取り組む。教師も学習者として、作成したワークシートに取り組んだが、なかなか言葉を選べない。「どんどん書きましょう。」という言葉を安易に使っているが、『書く』ことは、自己決定の連続であり、思考力が不可欠だった。悩みながら気になる言葉を拾い、イメージを広げる。言葉が決まるとイメージが湧いてきた。浮かんできた情景を書き留め、それを文にする。シートに書き込んだ言葉やメモを見ながら、文を組み立てる。この作業で何度も自分の中で風景を思い浮かべてきたので、ここからはどんどん進む。読み取ったイメージが形になっていく。ワークシートを書いてみて、支援のポイントがわかった。情景を想像して言語化する。自分のこだわりの言葉を見つけることができるかを子どもの様子から見取る。ここがポイントである。

書いた文を読み返す。（資料3）文の中に私の生活経験が表れていた。豊かに想像して書くために必要なのは、豊かな体験である。私は、良寛の句の解説作文を書く時、前年度総合的な学習で稲を育てた時に聞こえた風の音や風景を思い出していた。書いてみて、子どもと私の育った環境や年代の違いにも気付くことができた。私が書いた解説作文は、補助資料として教材文の後ろにつけた。教師が書いた文が、子どもの支援になるかもしれない。

③　課題分析　ワークシート

一人一人の学びの成立が授業の条件である。教科学習の中では、集団指導の場面も多くなるため、個別への対応の仕方も考えていく。この単元では、情景を言語化する視点決定が子どもの学習のポイントだ。そこで、子どもがワークシート（学習の足跡）を手がかりに自分で思考できるように、第二教時では読み取りの視点を教師が提示し、第三教時では集団の話し合いで決める。第四教時からは自分でと、視点決定を小さいステップで進めた。早い段階から視点を見つける子ども、第四教時になっても見つけられない子どもなど個人差がある。しかし、どの子にも自分の学習の跡をたどり、自分の力で解決しようとする姿が見られた。フィードバックしやすいよう、ワークシートにはすぐに目を通し、すぐに返すことを心がけた。ワークシートに赤ペンは入れない。豊かな表現だと感じたところには、付箋紙を付けた。わかりにくいところには、「？」、飛躍した表現には「どの言葉から？」と付箋紙を付けた。

④　子どもの事実に立つ
ゴールフリーで評価する

第六教時は自分の好きな短歌や俳句を読み、解説作文を書く時

解説作文楽しい！

間だった。

妹を泣かせて上がる絵双六　黛　まどか

この句を選んだ子どもは三人いた。子どもは自分の選んだポイントとその理由を聴き合った後、どんどん自分のこだわりの言葉を見つけてイメージを広げ、十五分ほどで書き上げた。

D君は以下の作文を書いた。（資料4）

季語は「双六」であり、季節は正月である。D君を含めた子ども達の聴き合いの中では、「双六はお正月の季語だよね。」「でも、ぼくはもみじが赤くなって旅行に行っているところが浮かぶんだよ。」D君は答えた。辞書を引いて確かめた　人にD君は、「でも、

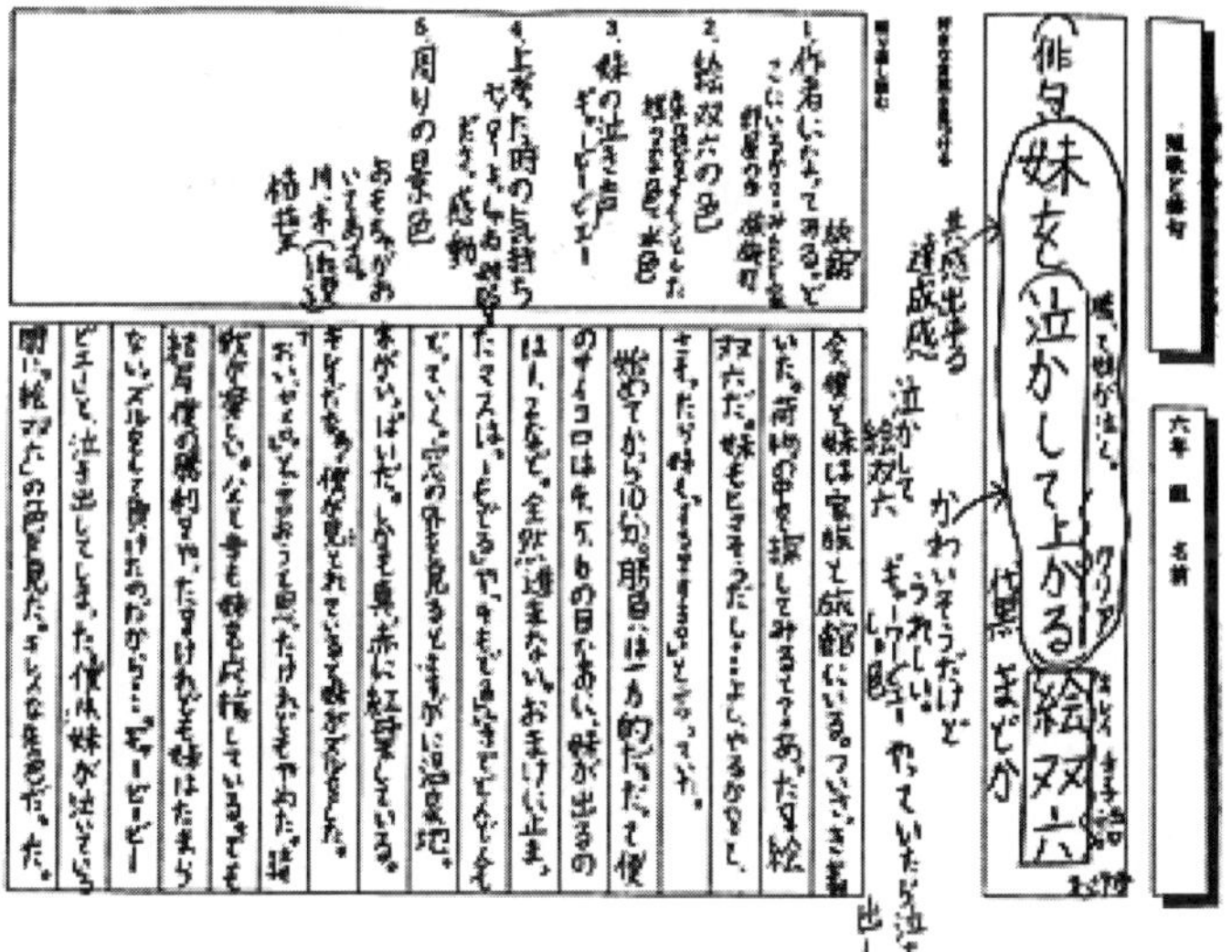

資料4

感じるんだよ。」二人は「そうか。それなら、いいんじゃない？D君の解説作文が一番豊かに読み取っていると思う。」と返していた。

　自分が思っていることを素直に出せる場所があり、それがこの教室の中だということが嬉しかった。D君の感じたことを否定せずに受け止めてくれる関係が子ども達の中にできていることも嬉しい。

　正しく教えることは大切だ。参観した先生から「季語の正しい使い方をいつ教えるのか。」という質問があった。でも、教える必要があるだろうか。双六が正月の季語であるとD君は知識としては知っている。納得していないだけだ。いろいろな体験を通して、いつか納得できると思う。ゴールは今日ではない。

　D君にこの句を選んだ理由を聞いてみた。「この句を読んだら家族っていいなと思ったんだ。」D君の家庭は、父親が長く首都圏に単身赴任している。年の離れた二人の姉は、進学で家を離れているD君は家で一人っ子状態。「ぼくは、この句を読んで、けんかも楽しそうって思ったんだ。家族っていいよね。」D君は、自分の体験をそのままに解説作文を書いていたのである。D君には、秋に家族で楽しく旅行した記憶があるのかもしれない。

　子どもの事実を丸ごととらえる。今D君が感じているもみじを大切することが、次の学習に生きるのではないだろうか。子どものわかり方を教師が理解できるよう、子どもの追究を見取れる教師になりたい。

【3】学び続ける子ども「ジャガラモガラへ出発！」（地域に学ぶ）

（天童市立津山小学校六年　二十名）四年間

ジャガラモガラは、津山小学校から8㎞ほど離れた雨呼山の山頂近くにある窪地である。地区の信仰を集めているジャガラモガラには、さまざまな伝説が伝えられている。ジャガラモガラには不思議な風穴が点在し、きわめて狭小な窪地に多彩な植物が生育している。

子ども達三年生。六月。ジャガラモガラを目指してみんなで山道を登った。途中、冷たい湧き水に手を入れ、龍神伝説や姥捨伝説を聞いた。汗だくでたどり着いたジャガラモガラ。標高は555ｍしかないのに、高山植物のコキンバイが群生していた。風穴から冷風が吹き、汗だくの体を冷やしてくれた。風穴の周りに散在する流紋岩はキンキンに冷えている。石を頬にあて涼を取りながら風穴を覗くと……。氷の塊だ！

「あっ。」石をひっくり返していた子どもが、同行してくれた天童市野草の会の会長の佐藤定四郎さんに駆け寄った。「これは何ですか？」手のひらにはカタツムリのような貝が乗っていた。

後日、これがウスカワマイマイということが判明する。ウスカワマイマイは、陸生ボタルの

ジャガラモガラに出発！

ヒメボタルの餌となり、この発見でヒメボタルの生息が確認されたのである。怖がられていたジャガラモガラの鬼火は、希少な「ヒメボタル」の光だった。子ども達の発見でそれが証明できたのだ。

発見をした子ども達の願いは「ヒメボタルの光を見てみたい」だった。その願いに、「津山の自然を守る会」の皆さんが応えてくれた。ヒメボタルの鑑賞会を開いてくれたのである。暗闇の中で身をひそめてホタルを待つ。浮かびあがった緑の蛍光色の光の点滅。オスとメスが呼び合っていた。ヒメボタルの光に息を飲んだ。

子ども達四年生・五年生。折に触れてジャガラモガラを探検した。子ども達は、ますますその不思議に心を奪われた。

子ども達六年生。最後にジャガラモガラの不思議をじっくり調べたいと子ども達の思いは一致していた。継続的にジャガラモガラを調査したいという。教師もそれに応えたいが、問題は山積だ。探検時間、往復手段、更には安全確保。学校行事と兼ね合いもある。しかし、子ども達が解決の糸口を見つけ、自ら交渉することで問題を乗り越えることができた。

まずは、自分達の活動を見直すこと。「緑の少年団活動」にジャガラモガラ探検を位置付けて、市バスの利用を申請することを思いついたのである。活動として認められれば、無料でバスを手配できる。市バス利用で問題は一つ解決した。毎月一・二回の訪問を年間で計画し、継続して調査するのは、小規模校の最高学年として活動をする子ども達には難題だった。最高学年の子ども達は多忙なのである。しかし、「調べたい」という強い思いは、それを乗り越えるエネルギーとなった。

教師はその子どもの思いに応えなければならない。総合学習の一年間の学習の中心に据え、行事や学習の予定を調整した。教科のつながり、じっくり取り組むことができるカリキュラムを考えた。

4月　ジャガラモガラ桜回廊ウオーキングに参加
6月　ジャガラモガラ地形調べ
　　　ジャガラモガラの研究発表（学習参観）
7月　ジャガラモガラの地形調べ・風穴調査
　　　ジャガラモガラ龍神伝説の龍神太鼓演奏
8月　ジャガラモガラの地形調べ・風穴調査
9月　ジャガラモガラの地形調べ・風穴調査
10月　ジャガラモガラの地形調べ・風穴調査
　　　調査結果をパネル・劇で発表

　　龍神太鼓演奏（湯の上学習発表会）
11月　ふるさとYamagata探究コンテスト
　　四テーマで参加・発表
　　龍神太鼓演奏
　　ジャガラモガラの地形調べ・風穴調査

【年間を通して風穴の温度・植生・地層を調査】

①　不思議を追求する

風穴・植物・生物……。ジャガラモガラは不思議であふれている。一年間の継続調査で、数えきれない不思議を体験し、追究することができた。

　子ども達の追究は様々な広がりを見せた。ウスカワマイマイを調べ、ヒメボタル、津山地区のホタルの分布状況、ホタルの違い、流れる川の水質調査と広がった。風穴を調べ、真夏に零下の温度になる理由を考え、ジャガラモガラの地形、地層、名前の由来、伝説の由来を考察するようになった。追究の広がり、深まりが生まれた。調べれば調べるほど、津山の魅力を感じることができた。調べたいという思いは、「どんなふうに調べるか」に変わった。訪問回数の限定は、見通しを持つことの大切さを教えてくれた。見通しを持って追究する様子が、子ども達

ウスカワマイマイ

の中に根付いていった。

ジャガラモガラの風穴は調査の結果38個確認された。子ども達は生い茂る草をかき分け、毎回一つ一つ確認し、温度を計測している。風穴の周りで線香の煙を使った空気の流れの実験もした。夏と冬では、線香の煙の向きが変わるのだ。大雨でジャガラモガラ行きを危ぶまれた時でも、ジャガラモガラには水たまりもなく、土が湿っていないことを体験した。驚いて持ち帰ったジャガラモガラの土と校庭の土を比較する活動も見られ、子ども達の追究はどんどん地層への関心へと広がっていった。

② 体験・活動を大切に（活動に周囲の協力は不可欠）

学習の一番の問題は、ジャガラモガラ行きが一日がかりの調査となってしまうことだった。ジャガラモガラにはクマやイノシシも出没する。解決の糸口の市バス利用は子どものアイデアだが、周囲の協力をいただくためには、教師の発信力が重要である。子どもの熱意を伝えることで、天童市役所が市バス運行を無償で提供してくれた。緑の少年団活動の推進ということで、農林課職員も同行してくれた。野草の会の佐藤定四郎先生と天童市役所農林課職員の方の協力で、安全確保の問題も解決したのである。

ジャガラモガラ調査

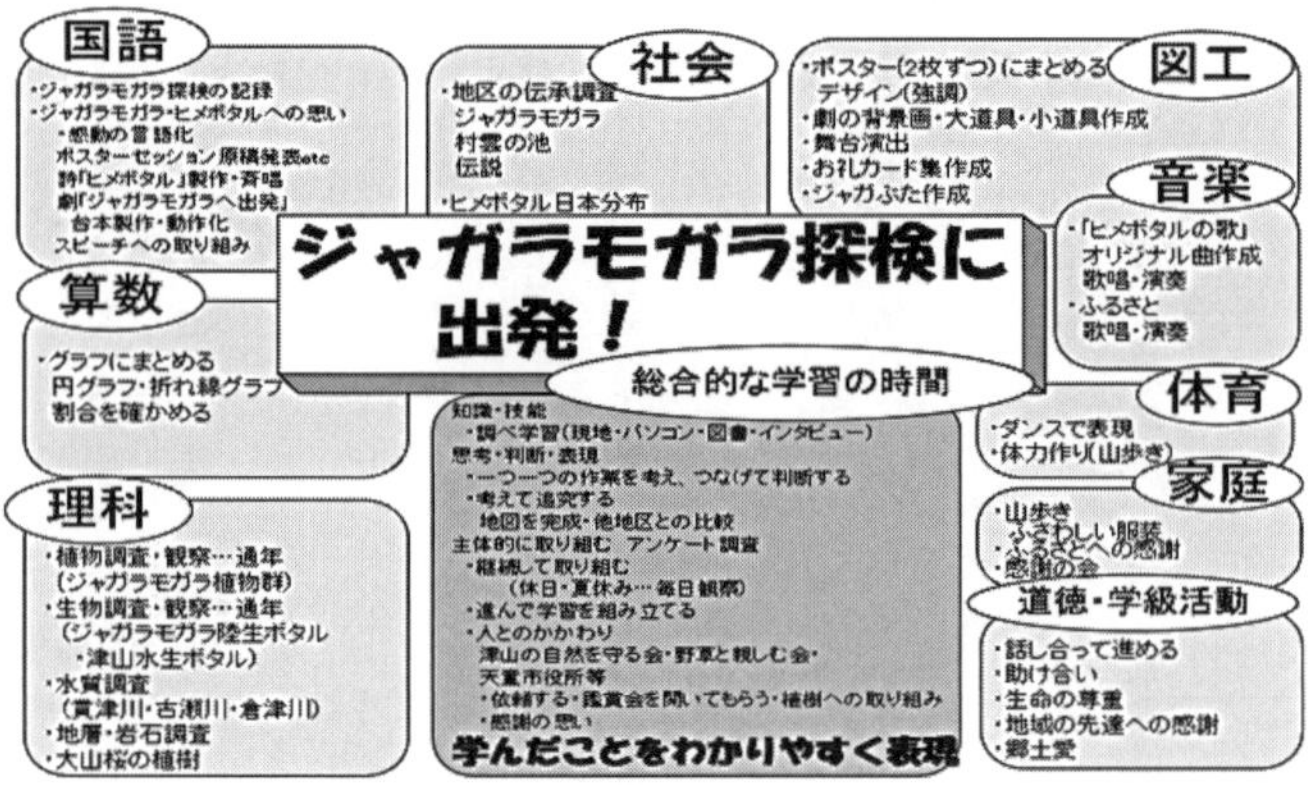

協力をいただき、ジャガラモガラを毎月探検調査し、季節の移り変わりを自分の目で肌で感じ取った。行く度にジャガラモガラは色を変えた。コキンバイの黄色、レンゲツツジのオレンジ、イチヤクソウのピンク、ヤナギランの紫……。行く度に新しい発見と驚きがあった。ジャガラモガラのすばらしさを伝えたい。体験をまとめたポスターを作製し、掲示し、驚きを伝える劇を創った。子ども達の体験は、強い思いを生み、それを伝えるために表現の工夫や深まりを見取ることができたのである。四つのテーマでまとめた劇は、四部形式のミュージカルとなった。夜のジャガラモガラ探検を音楽でつなぐ劇に私は感動し、子どもの感性の豊かさを引き出した活動に感謝した。

③　協働が必要な学習を核にする

一つのものを作り上げようという思いは、協働につながる。「ジャガラモガラ探検」は決して一人ではできない。必要が協働を生む。お互いの得意を生かし、友達と力を合わせて進める姿を見ることができた。強い思いは、最後までゴールを目指す原動力だった。「ジャガラモガラ探検」は、子ども達に自然な協働を促していた。

④ 自分なりの仮説を持つ

子ども達は「自分なりの仮説を持つ」ことができるようになった。「うわあ、龍の赤ちゃん！」と、サンショウウオを捕まえて育てた子どもは、「サンショウウオを昔の人は龍神の子どもと考えたのではないか、だからここに龍神伝説が生まれたのでは」という仮説を立てた。土砂降りでも濡れないジャガラモガラの地面を指さし、「ざくざくの石の様子はジャガジャガモガモガに見えて、『ジャガラモガラ』の地名となったのではないか」と考える。子どもなりの論理だが、見つけたことを紡いで、自分なりの考えを持つ姿勢が見られた。

ジャガラモガラの名前の由来やジャガラモガラの地形を調べたことで、子ども達は地区の人々のジャガラモガラへの畏敬の念に気づいた。ジャガラモガラまでの山道に、たくさんの龍神伝説・姥捨伝説の名残を見つけたのである。自分たちが演奏している龍神太鼓は、この伝説に基づいていたことを理解するこ

オオヤマザクラの植樹

とができたのである。ジャガラモガラは今も地域の信仰の山なのだ。

⑤ 学び続ける

ジャガラモガラの魅力を発信しようと、ふるさとYamagata探究コンテストに応募することになった。切り口が違う四つのテーマで応募した。二チームが予選を通過し、本選に進出。ポスターセッションで行われたコンテストでは、「伝える」ための表現に磨きがかかり、「ふるさと探究大賞」「優秀賞」を受賞することができた。自分達のジャガラモガラ調査の発表経験は、引っ込み思案な小規模校の子ども達の自尊感情を高めてくれたのである。

東日本大震災後に急激に温度を下げた風穴の様子から、地下の万年氷の存在、風穴の構造を調べたいという子どもがいる。希少なジャガラモガラを自分達が守っていかなければという思いも強まってきた。

卒業を前に、今ジャガラモガラにできることの話し合いが行われた。出た意見は、山桜の植樹だった。ソメイヨシノが虫害等

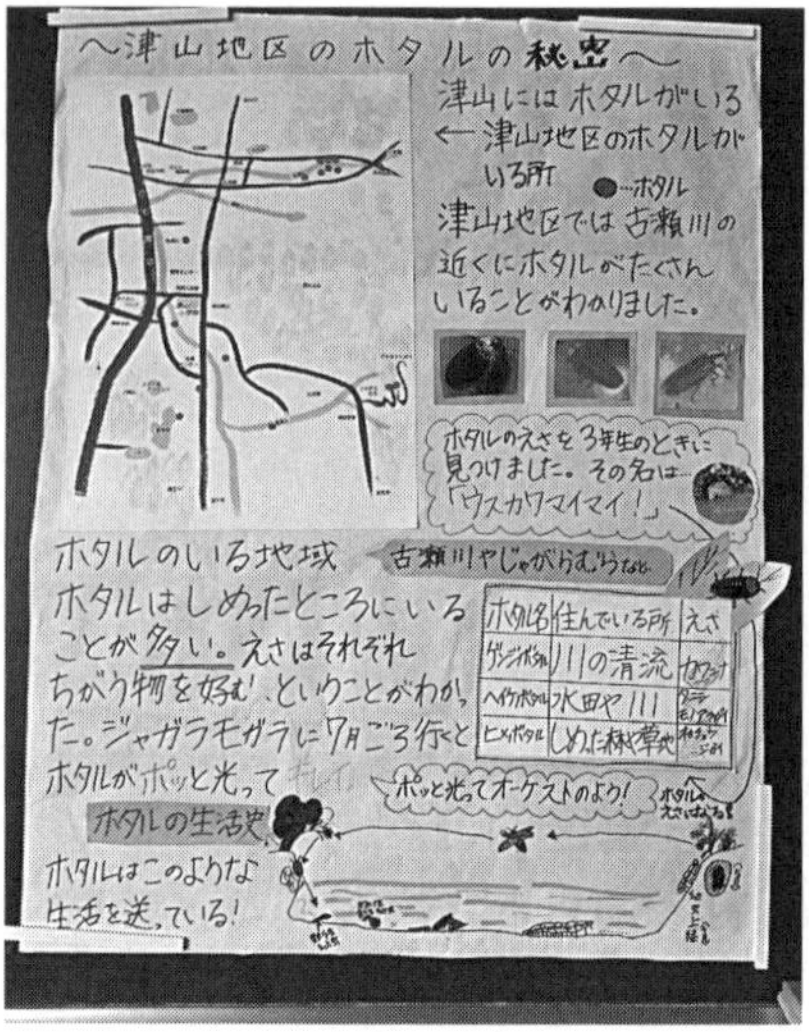

ジャガラモガラのホタル

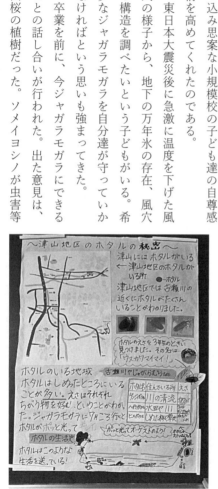

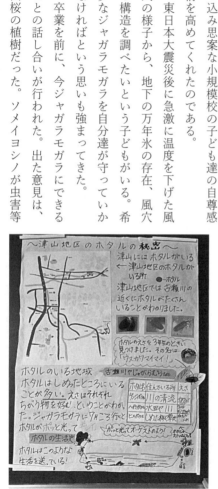

で何本も倒木しているのを見ていたからである。「ソメイヨシノは山に根付かない。木は場所を選ぶ。」という話を覚えていたのだ。話し合いの結果、植樹の費用は、昨年度、全て子ども達の手作業で育て収穫し販売した「タンポポ米」の売上金で賄う。木はオオヤマザクラとし、みんなで雨呼山に植林した。これからも雨呼山やジャガラモガラを愛し、守っていくという子ども達の決意の表れだったと思う。

五、子どもと共に歩む

教室にはたくさんの子どもがいる。家庭的に問題を抱えた子ども、体に問題を抱えた子ども。化学物質過敏症の子ども、骨形成不全症の子ども、ＡＤＨＤの子ども、広汎性発達障害の子ども……。どの子どももみな同じく、学びたい、伸びたいと強く願っていた。子どもを見取り、子どもの心に寄り添おうとする時、子どもは必ず教師に応えてくれた。

高機能自閉症と精神疾患を併せ持つ子どもと、何度か精神科の医師を訪れたことがある。音や集団が苦手で、しばしばパニックを起こしてしまう子どもに、穏やかな声で医師がこう問いかけた。「パニックを起こした時のことを覚えている？」「覚えている時といない時がある。」子どもの返答に、医師は保護者と私を振り返り、こう言った。「この子の表情をよく見ていてください。我慢できないかどうか、我慢できた時はどうしてできたのか。様子などを丁寧に記録しておくことが、この子が自分で折り合いをつけて生きていくために必要なことです。この障がいには一生付き合っていかなければならないのです。乗り越えられる方法を子どもと共に手探りで探してあげてください。」

子どものちょっとした仕草を観察し、表情の変化を見逃さず、そこから子どもの心を想像し、寄り添っていけば、子どもがこれから学ぶ道、生きていく道を探すことができる。それは、「はじめに子どもありき」理念のもとの見取りに他ならない。その子は、障がいに苦しみながらも、学びたいと強く願っていた。できないときの挫折感に苦しみながらも、学校を休もうとはしなかった。子どもにとって、学校とはそんなにも魅力的な場所なのである。

教師が子どもを見つめる目を磨き、子どもと共に学びを追究し、子どもの変容への明確な願いを持つこと、それが「はじめに子どもありき」だと思う。一人一人を大切に見取り、支援していくことが大切なのだ。

《参考文献》

・平野朝久　『はじめに子どもありき―教育実践の基本―』　学芸図書　平成六年
・平野朝久編著　『子どもが求め、追究する総合学習』　学芸図書　平成七年
・平野朝久　「目標にとらわれない評価」　教職研修　一月増刊号　平成十四年
・大村はま　『新編教えるということ』　筑摩書房　平成八年
・大村はま　『日本の教師に伝えたいこと』　筑摩書房　平成十六年
・天童市立長岡小学校研修集録　第二十三号
・天童市立長岡小学校　「子どもが育つ授業づくり」　初等教育資料　No.８１２
・佐藤定四郎　『ジャガラモガラの植物』　文生書院　平成一三年
・天童市野草と親しむ会　ジャガラモガラの不思議

第三章　子どもと共に創る授業の創造　～輝く子どもを願って～

(1) 子どもと共に創る生活科の授業～「アサガオ栽培」の実践から学んだこと～

若かった頃、私は、何の迷いもなく、アサガオ栽培セットを使って、子どもたちとアサガオを育てていた。みんな、同じ鉢、同じ土を使い、失敗することなくアサガオを育てていくことに、何の違和感ももたなかった。そもそも栽培活動として、題材選定もしっかりと行わず、一年生はアサガオを育てることが当たり前のように感じていた。子どもたちにアサガオの種を観

察させ、蒔く場所、蒔く数も、教師が決めた。アサガオの芽が出てくると、教師側で本数を決めて、子どもたちに間引かせた。蔓が伸びてくれば、セットについてきた支柱を立てさせた。花が咲くと、花を摘んで、色水遊びやたたき染めなどをさせた。いよいよ種もなくなってくると、アサガオの蔓を使ってリースを作らせた。このように子どもたちのアサガオを育てるという課題に対して、良かれと思って、土足で踏み入っていた自分がいた。[1]

子どもの事実を見つめ直す

教師として数年が経ったころ、長野市の信濃教育会生活科教育研究委員会に所属すると、これまで以上に、授業参観や研修会でアサガオの実践を見聞きすることになった。先生方の実践は、私とは全く違ったもので、子どもの意識に沿った実践であった。私は、自分の実践を思い出し、反省、申し訳なさが込み上げてきた。

〝自分のやってきたことは、子どもたちにアサガオを育てさせたものだった〟

〝アサガオの芽を間引く時悲しそうな表情をしていたな。本当は間引きたくなかったんだろうな〟

〝柱を立てた時は不思議そうな顔をしていたな。子どもは蔓だなんて思っていなかったんだから〟

〝自分の花を摘みたがらず、花壇で育てていたアサガオの花を摘もうとしていたな。そりゃそうだよなあ。せっかく大事に育ててきて、花を咲かせてくれたのに、その花を摘みたくはないよな〟

〝「リースを作ろう」と言った時、「ええー」って言われたな。だって、まだ枯れたわけではないのに、今まで大事に命を育ててきたのに、根元から切っちゃうんだから。命を絶っちゃうんだから。残酷なことをさせちゃったな〟

等々、次々に当時の子どもたちの様々な事実が思い浮かんできて、自省の念に駆られた。

〝もし今度一年生の担任をすることになったら、子どもの事実を謙虚に受け止め、アサガオの実践をしたい〟と強く思った。[2]

子どもと共に創る授業の実際

ここからは、「子どもと共に創る授業の創造」を目指してアサガオ栽培を実践する中で、自分自身が学んだことを述べていきたい。

(1) くらしをつくるという学び

生活科ではよく「くらしをつくる」という言い方をする。「くらしをつくる」とはどういうことなのか。「くらしをつくる」、ちょっと大袈裟なように聞こえるかもしれないが、子どもの姿をみていると、どうしてもそう感じざるを得ない場面に出会うことがある。

> アサガオの種を蒔いて以来、子どもたちの生活スタイルに変化が起こり始めた。どういうことかと言うと、アサガオを中心に一日の生活が構成されてきているということである。
> これまでなら、朝の準備を終えると、「遊びに行ってきま～す!」「図書館へ行ってきます!」などのように、自分のやりたいことが中心の生活であった。今は、暇さえあれば、テラスに出て

行って、アサガオに水やりをしたり、友達のアサガオの様子をとても気にして見たりしている。晴れていようが、雨が降っていようが、天候には関係なく、子どもたちは水やりをしている。

私の楽しみは、そんなアサガオと関わる子どもたちや、アサガオのことで友達とやり取りする子どもたちに出会うことである。

皇雅くんは、もうかなり水をあげているのに、

「もう一杯飲むか?!」

とアサガオに話しかけて、水やりをしている。まるでアサガオと晩酌をしているようである。

美月さんは、水をあげながら、

「大きくなってね!」

と優しく話しかけ、いろいろな角度からアサガオを見つめている。

朝の読み聞かせの時間になっても水やりをしているので、「ねぇ、始まるよ～!」と、友達に声をかけられることもしばしば。

そんな子どもたちの姿を見守りながら、〝いつからそんな風になってきたんだろう。子どもたちは、アサガオに思いを寄せて関わることが当たり前になってきてるんだなあ〟と感慨深く思った。

大きくなってね!

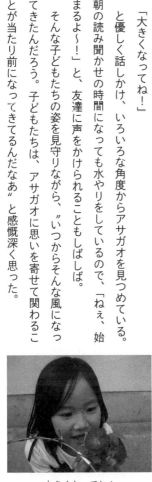

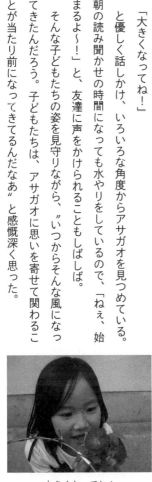

子どもは、授業とか教科とかいう枠を超えた世界で、絶えず対象と向き合おうとしている。まさにくらしそのものになっているのである。そうすることが当たり前になって、教師に促されなくても、自ら関わりを求めている。相手の声を聴き、それに応えることに専心する連続的な日常こそが「くらしをつくる」ことであり、くらしの中にあるからこそ、題材として位置付き、問題として見出していけるのである。子どもにとってのくらしとはそのようなものであり、その中で子どもは、様々な場面において自らのくらしと照合しながら、自分に引き寄せて考えることで様々な知を見出していくわけである。そうやって、子どもたちは、自らの生き方を切り拓いていくのである。[3]

（2）発見的なまなざし

具体的な活動を中心にする生活科では、子どもは実に多様な姿を見せる。一方で私たち教師は何らかのねらいをもって活動を進めている。その中では教師のねらいや思惑と子どもの動きとがズレるということは往々にして起こる。そういった事態をどのように捉えていくべきか。教師の思い通りにならない子に対してマイナスの評価をしたところで、果たして、その子の育ちや自立につながるのだろうか。その子の動きには、その子なりの「わけ」があるはずだ。

いよいよアサガオの種を蒔く時がきた。子どもたちは、思い思いに鉢の底に小石を並べたり、土や腐葉土などを入れたりして、アサガオの種を蒔くための土作りをしている。そんな中、晃勇くんと凜成くんは、鉢をそのままにした状態で、中庭の草の生えている所へ行ってしまった。そして、二人は、草をむしり始めたのである。

〝アサガオの種を蒔くための土を作る時間なのに、どうして草むしりなんかしているんだろう。土作りに飽きちゃったのかな〟

私は、自分の思惑と異なる動きをしている晃勇くんと凜成くんをどのように捉えたらよいのか迷った。見方は、即ち評価である。この姿に対して、どんな見方をするのかで、必然的に言葉がけも変わってくる。

「何やってるの。ちゃんと土作りやりなよ。」

という言葉がけもできた。でも、私は、そのような言葉がけはせずに、しばらく二人の様子を遠くから見守ることにした。それは、二人が、草の生えている場所まで、駆け足で行く姿を見ていたからである。そして、二人が夢中になって草をむしっていたからである。

〝なぜ草をむしっているんだろう。むしった草をどうするんだろう〟

私は、二人が今何を考え、どのようなことをしようとしているのか、二人の目線に立って、感じよう、分かろうとしたので、安易に、

土に草を混ぜ込む晃勇くん

「何しているの？」と尋ねることはしなかった。

それは、教師の言葉がけで夢中になって何かに取り組んでいる子どもの活動を止めさせてしまうのは、子どもに対して申し訳ないと思ったからである。私は、じっと二人のやり様を見守っていた。

二人は、むしった草を両手に握ると、また駆け足で、自分の鉢のある場所へ戻ってきた。そして、二人は、その草を土の中に混ぜ込んでいった。

〝土の栄養にするために入れているのかな〟

と、私は二人の姿から、その願いを想像していた。思い思いに種蒔きを終えた子どもたち。私は、それでも、どうしても晃勇くんと凜成くんの本心が聞きたくなり、

「どうして土の中に草を入れたの？」

と尋ねてみた。すると、晃勇くんと凜成くんから聞かれた言葉は、私の想像を遥かに超えるものであった。

「お友達だよ。」

と笑顔で答える晃勇くん。その言葉に付け足すように凜成くんは、

「アサガオさん、一人ぼっちじゃ、淋しいでしょ。」

と言った。私は、活動に飽きたとか、土作りのためにと考えた自分が恥ずかしくなった。子ど

> もたちは、これから鉢の中で育っていくアサガオの種が寂しくないようにと、アサガオの種に思いを寄せて草を混ぜ込んでいたのであった。私は、教師のねらいや思惑を超える子どもたちを誇りに思った。また、私を超えていく子どもたちに心地よい敗北感を味わった。同時に、もしかしたらこれまでの私は、子どもが教師を超えていくことを奪っていたかもしれないと危機感をもった。

子どもの動きには、その子なりの「わけ」がある。それが一見教師のねらいや思惑から離れたものであるように感じられた時、一度立ち止まってその姿を見守り、子どもの側に立って〝どうしてそのようにしているんだろう〟というように、「よさ」として、発見的にその「わけ」を探り、それを分かろうとしたい。仮にその「わけ」が教師側からみたときに望ましいものでないとするなら、今のその子を取り巻く状況や関係が、その子にとって存分に活動できないものであろう[4]。

（3）子どもと共に歩み続ける教師

子どもとは、〝よくなろうよくなろうとしている存在である〟〝自ら伸びよう伸びようとしている存在である〟と捉えているとしたら、自ずと教師の関わり方も変わってくるように思う。

このような『子ども観』に立った教師とは、如何なるものなのだろうか。

一年生の担任をするチャンスが巡ってきた私は、子どもが今願っていることに寄り添いながら、子どもと共にアサガオを育てていくことに努めた。私は、子どもと共に創り上げたかけがえのないアサガオとの生活を、子どもたちと一緒に味わい直したいと考え、アサガオの種を見て、「ダイヤモンドみたいだ。」と言った優空さんの呟きをタイトルに詩をつくった。

「子どもを観察し、評価する」といった教師では、どこまでいっても子どもは教師の枠組みの中でしか見えてこない。自身のあり様や、仕組んでいる学習のあり方を問い直すという営みは極めて起こりにくく、教師の枠組みは問わずしていかに子どもを変えていくかということになる。特に低学年の子どもたちは、教師の言うことをよく聞き、何か

ダイヤモンドみたい

ダイヤモンド

入学してすぐにぼくらは　アサガオの種をもらった
お兄さん、お姉さんが育てた　アサガオの種をもらった

ぼくらはその種を　育ててみたいと思った
初めてだったけど　育ててみたいと思った

スイカみたいな種を　手のひらにのせてみた
友達のひとりが　ダイヤモンドみたいと言った

ダイヤモンド　ワクワクドキドキする　その響き
宝物がたくさん詰まっているのかな　アサガオの種が輝いて見えた

ぼくらは一人ひとり　植木鉢を用意した
種が寂しくないように　草も土に混ぜた

「いっぱいお水を飲んでね」と　毎日水をあげた
晴れの日も　雨の日も　毎日　水をあげた

一週間くらいして　かわいい芽が出た
うれしかったけれど　種のことが心配になった

ダイヤモンド　ワクワクドキドキする　その響き
宝物がたくさん詰まっているのかな　アサガオの芽が輝いて見えた

双葉の間から　新しい芽が見えた
だから　前よりも　いっぱい　水をあげた

蔓はどんどん伸びて　地面を這うようになった
踏まれたらかわいそうだと　支柱を立てることにした

アサガオは元気に　生長していった
ある朝　見に行くと　瑠璃色の花を咲かせた

ダイヤモンド　ワクワクドキドキする　その響き
宝物がたくさん詰まっているのかな　アサガオの花が輝いて見えた

夏休み　アサガオを　家へ連れていった
家族にぼくが育てた　アサガオを自慢した

アサガオは　毎日　きれいな花を咲かせた
水もたくさん飲んで　お日様を向いていた

この頃　アサガオが　花を咲かせなくなった
その代わりに　アサガオは　種を咲かせてくれた

どうしてだろう　ダイヤモンドがダイヤモンドを生んだ
ダイヤモンドはお母さんになったの　アサガオの種は赤ちゃんかな

最近　アサガオは　元気がなくなってきた
「具合が悪いの？」と聞いたら　「うん」と小さく答えた
アサガオの　葉や蔓が　茶色くなってきた
水はちゃんとあげてるのに　硬くなっていった

「枯れちゃったんだよ」と　友達が言うけど
ぼくは信じていた　生きていることを

寒いある日の朝　最期の花を咲かせた
根元の方からは　新しい芽も出ていた

ぼくを悲しませないように　ぼくを裏切らないように
ぼくを喜ばせようと　命の限り　最期の花を咲かせてくれたんだね

今なら言えるよ　アサガオさん　ぼくのアサガオさん
たくさんの宝物をありがとう
アサガオさんは　やっぱりダイヤモンドだった
小さな命から　たくさんの輝きを与えてくれたよね
ぼくも　アサガオさんのように　ぼくのダイヤモンドを輝かせていくよ

これから寒い季節が　やって来るけれども
今の命と新しい命を　守り続けたいな

子どもの呟きからつくった詩

とその期待に応えようとしている。そして、「よくできたね。」と認めてもらうことで、また次の期待に応えようとしていく。それが、子どもの自己実現の場として位置付いているのであればいいのだが、教師の意図を感じ、そこに自分を合わせてしまうことがよくある。教師の側も自らの枠組みを問わずして子どもに変容を迫っていることが少なくないのではないか。

しかし、子どもの意識に沿った学習を大切にする生活科では「子どもが教師に合わせる」のではなく、「教師が子どもに合わせる」ことが求められる。そのためには、子どもと共に活動することを重ね、〝子どもの感じていることが分かる教師〟になっていく必要がある。子どもの学びややっていることの意味が見えてきて、子どもに即して活動を展開することが可能になるわけである。そういった点で教師は「観察者」というより、願いを共有し、共に活動し、その子どもが今感じていることや、やっていることの楽しさを確かな実感として分かる「共同探求者」でありたい。

このように、子どもと一緒に遊べる教師、子どもと一緒に感動し合える教師、子どものやっていることを分かろうとする教師、心のどこかにいつまでも「子ども心」をもち続けているような教師は、子どもと共に歩むことができ、本当の意味で子どもたちから受け入れられるのだろう。(5)

文献

(1) 上原博光「子どもと教師が創る生活科の授業～はじめに子どもありきに根ざした生活科『アサガオ栽培』の実践から学んだこと～」日本生活科・総合的学習教育学会『生活科・総合の実践ブックレット第13号』八頁
(2) 上原博光　前掲論文　一〇頁
(3) 上原博光　前掲論文　一一～一二頁
(4) 上原博光　前掲論文　一二～一四頁
(5) 上原博光　前掲論文　一五～一六頁

(2) 生活科と子どもの学び

平野先生は、生活科という教科について、次のように述べている。「生活科の教育理念は、『はじめに子どもありき』である。生活科において子どもの思いや願いを大事にするのも『はじめに子どもありき』だからである。[1]」この章では、生活科における子どもの学びという切り口で、子どもの具体の姿から、その本質について考えてみたい。

「専心」とその「連続」を考える

「専心」とその「連続」。信教版生活科教科書初版本から、ずっと大切にしてきている「子どもの願う姿」である。「専心」とその「連続」がどうして子どもの学びとして大切にされてきているか。今改めて考えてみたい。

私のクラスでは、一年生の頃より、母ヤギのメリー、子ヤギのサクラ、ポコと共に生活をしていた。生き物を育てる、つまり、「命」あるものとの営みにおいては、日々、子どもたちに必要感と切実感を伴った出来事が起こる。

「メリーは、散歩の時にしか外に出られなくてかわいそう。」

「もっとメリーが自由に遊べる庭を作ってあげたい。」

そんな願いから、みんなで力を合わせて『メリーランド』（メリーの遊び場）を作った。

完成した喜びもつかの間、メリーが、メリーランドの柵から出てしまうという新たな問題が発生した。それもそのはず、柵には横棒はなくて、縦棒しかなかったからである。メリーは、棒と棒の間に体を捻り入れて、難なく脱走に成功した。時には、遊び場につくった展望台の上から、時には時計台の上から、また時には体を屈めて、入り口の隙間から……。子どもたちとメリーとの知恵比べが始まった。メリーが脱走する度に、子どもたちは、脱走した箇所に横棒を打ち付けていった。子どもたちは、〝メリーランドで遊んでほしい〟という自分たちの願いをひたすら叶えていこうとした。

しばらくメリーは、メリーランドから脱走することはなかったが、ある日、メリーがまた脱走をしていたのだった。そこで、浩平くんから衝撃的な事実がみんなに伝えられた。

「横棒に歯型があったから、あそこ（メリーランドの入り口）しか逃げる場所はない。足跡もあったし、棒も外れていた。」

浩平くんの報告は、子どもたちの〝メリーは、どうしてメリーランドから脱走しちゃうんだろう?〟という共通の問題意識につながっていった。

「お腹が空いていたのかな?」

「もっと広い場所で遊びたかったんじゃないかな。」

「メリーは、メリーランドで一人ぼっちでしょ、だから、寂しくて出たんじゃないかな。」

「メリーは、私たちが入り口の棒を開けるのを見ていて、真似したかったんだと思うな。」

それぞれのこれまでのメリーとの関わりから、獲得してきたその子

どもなりの理を元に、メリーの気持ちに寄り添って考えていった。また、伶さんは、

「人間も病気のときは食欲があんまりないとかあったでしょ。メリーも前、病気になった時、一緒だったよね。A君がよく教室を出て行っちゃうけど、遊びに行きたいから出たいんであって、メリーもA君と同じように出ていきたかったんじゃないかな。」

と、自分たちとメリーとを重ね合わせて考えた。

本当に自分で入り口の横棒を開けて出たのか確かめようと子どもたちは、メリーランドの周りの茂みに隠れ、メリーを観察した。メリーは子どもたちの目の前で、横棒に突進をして、見事に入り口の棒を外してしまった。

この事実の目の当たりにした子どもたちは、ショックを隠し切れなかった。それは、自分たちがメリーのためにと思って一生懸命作ったメリーランドが、メリーに受け入れられなかったことを認めざるを得ない局面に対峙したからであった。

「こんなに何度も何度も脱走するなんて、メリー、この遊び場が気に入らないんだよ。」

「せっかくメリーのために作ったのにさ。」

「……。」

しばらく子どもたちの沈黙が続いた。意を決したように、悠樹くんが、みんなに向かって訴えた。

「みんな、聞いて。ぼくたち、メリーが一番大事でしょ。これまでだって、メリーのために、みんなで頑張ってきたじゃん。だから、悲しいけれど、やっぱりメリーランドは壊そう。」

こうして子どもたちは、メリーのために作ったメリーランドを、メリーのために壊すことにした。

子どもたちは、ヤギとのくらしの中で、ヤギの姿に感じ〝もっとこうしてあげたい〟〝もっとこうだったらいいのになあ〟などといった願いや期待を膨らめながらヤギに関わり、そのことに心を専らにし、ヤギとの生活をよりよいものにしていこうとしていた。対象への思いが高まり、関わりが深まるくらしの連続的な展開の中で、ヤギとのくらしが自分事として、自分との関わりが深め広げられていったわけである。このように、子どもが思いをかけ、思いを込める相手を内にして生きる（専心）とき、思いがけなさに出会う。その思いがけなさにより自らのあり方の問い直しを迫られ、「自分本位」なところから「相手と共に生きる」ことへ徐々に転回していく。それは、相手の声を聴き、それに応えることに専心する連続的な子どもの育ちの過程として見ることができるのではないか。また子どもが「自分自身を育てる→自立（自律）」へと向かっていく道程であるようにも思える。[2]

自ら振り返りたくなる時

私たち教師は、一時間の授業の終わりや単元の終末などに、振り返りの場を設けている。振り返るということは、その時間の自分を見つめ直す大事なことだとは思うが、本当に子どもにとって意味のあるものになっているだろうか。子ども自身が自ら振り返りたくなる時とは、どんな時なのだろう。またその行為を教師がどのように捉えていったらいいのだろう。

メリーと子どもたち

端午の節句の学習を進めていく中で、子どもたちは「鯉のぼりにもなった鯉のすごさを感じたい。」と願うようになった。そこで、私は、より鯉の力強さを感じることができるようにと、小プールで鯉と遊ぶ場面を設けた。

子どもたちは、鯉が3匹で群れて悠々と泳いでいる姿をしばらく眺めていたが、まず華さんがプールに勢いよく飛び込んでいった。華さんに続くように、子どもたちはどんどんプールの中に入っていった。鯉は、子どもたちに捕まえられないように逃げ回った。鯉を追いかけながら、なかなか捕まらない事実に、〝やっぱり鯉ってすごいなあ〟と感じているようにも思えた。けれども、〝鯉に触りたい〟〝鯉を捕まえたい〟〝鯉を抱きかかえたい〟などといった子どもたちの強い願いは、更に鯉を追い続けることになる。そして、「鯉に触れた！」「ぬるぬるしてた！」あちらこちらで、子どもたちが鯉に触ることができた喜びの声が上がるようになってきた。そして、今度は、「つるつるしてる！」と言う声が聞こえてくるようになってきた。

ついには、鯉たちも疲れてきたようで、とうとう捕まってしまった。「捕まえたぁ～！！！」あのすごい鯉を捕まえられた子どもたちは誇らしげにしている。「私も触りたい。」「いいよ。」といったように、まだ鯉を触れなかったり、持てなかったりする友達の願いに寄り添っていく姿も見られた。

「何か鯉の泳ぎが遅くなっている。」「鯉が弱ってきたんじゃない。」「触っちゃダメ。」「一緒に泳ぐのならいいよ。」などと、鯉の動きの変化や働きかけられる感じから、鯉の変化を感じ取り、鯉との関わり方を考えていく子どもの姿があった。

授業の終末、私は、子どもたちを集めて振り返りをした。しかし、いざ発表の場面になると、子どもたちが発表することを何か躊躇しているように感じた。〝あんなに楽しそうに遊んでいたのにどうしてなんだろう？〟と悩んでしまった。

その後、私は、同僚の千絵美先生と、振り返りの場面の子どもたちの姿について、語り合った。千絵美先生は、

「感動が大きければ大きい程、表現するのは難しいなあ。私だって、本当に感動した時は、『素敵』とか『凄い』とか、言葉がシンプルになっている気がします。それに、『何が?』とか問われると、ちょっと困っちゃうなって感じちゃいます。表現したい気持ちはあるのだけれども、何か旨い言葉が見つからないというか、もう少し温めておきたいというか。」

と、苦笑していた。

「ああ、なるほどねぇ。そういうことってあるよね。それに、その感動が強ければ強い程、感じたことをより正確に表現したいって思うってことはないかな。何か言えば、それは自分が感じたことを正確に表現していないように思われて躊躇するかもしれないよね。」

私がそう答えると、千絵美先生は閃いたような表情を浮かべ、

「まあ。でも、感動したことは、いずれ表現したくなりますよ。じわじわとその感動を表すような言葉が出てきて、より具体的に確かな言葉として表したくなる、伝えたくなる。言葉を選びながら、その都度、感じ直したり、味わい直したりしているような。」

とニコニコしながら言うのであった。納得した私は、

「うん、分かる分かる。じゃあ、子どもたちだって、自ら振り返りた

くなる時というものがきっとあるよね？」

と、子どもたちの方へ話を移した。すると、千絵美先生は、

「きっとあると思いますよ。それがいつなのかは分かりませんが、その時は必ずやって来ると思います。私も是非その時に出会ってみたいです。」

と、力強く答えるのであった。

翌日の朝の子どもたちは、いつもの子どもたちとは違っていた。いつもなら「おはようございます。」と言って教室に入ってくるのに、「おはようございます。」も言わずに、「昨日は楽しかったねえ。」と言って入ってくるのであった。それは、一人や二人ではなく、大勢の子どもたちが、まるで口裏を合わせたかのように、同じ言葉を発していた。

子どもたちがそう伝えてくる度に、「うん。楽しかったねえ。」と答えていた私だったが、そのことを繰り返している内に、ハッと気付いた。子どもたちの言葉は、「昨日は楽しかった。」ではなく、「昨日は楽しかったね。」であった。『ね』には、伝えたくなる相手がいることを感じたからである。

子どもたちが、〝『自ら振り返りたくなる時』は今だ！〟と感じた私は、改めて振り返りの場を設けた。授業の写真を映し始めると、

「ぬるぬるしていたよねえ。」

「違うよ。つるつるしていたよ。」

「鯉は泳ぐのが上手だったよねえ。全然追いつかなかったもん。」

「みんなで力を合わせて捕まえられてうれしかったなあ。」

「鯉が元気なくなっちゃったら、みんなで休ませてあげたんだよね。そしたら、また元気になってよかったよね。」


子どもたちは、それはそれは生き生きと、その時のことを、自然なかたちで伝え合いながら、自分たちの活動を主体的に意味付けていた。

私は、〝子どもたちが振り返りたくなる瞬間ってあるんだなあ。自ら振り返りたくなる時に、こうやって振り返ると、こんなにも子どもたちが生き生き伸び伸びと自分のことを語り出すんだ〟と、改めて振り返るということについて、子どもたちから教えられたのであった。

なぜ子どもたちは「昨日は楽しかったねえ。」と、思わず伝えたくなってしまったのだろう。そこには、『その時、そこで、そのものにふれたり、浸ったりした感動体験』があるからである。その素敵な体験を、同じように『その時、そこで、そのものにふれたり、浸り込んだりした人』と、もう一度、味わい直したくなるのではないか。そのように、『その時、そこで、その

ものにふれ、共に浸り込んだ』人と、味わい直すことで、その体験の意味を深く心に刻み込んでいく。こういった振り返りの中で子どもが発する言葉の意味を、教師自身が問い直したい。

教師は、子どもが自ら活動や対象を意味付けようとしているタイミングを捉え、こういった振り返りの場を設けていく必要がある。また、繰り返し振り返ることを子どもが求め、それによりその活動の意味がより深く子どもの内に刻まれていくこともあるのではないか。その活動がより充実していたり、感動的なものであったりすればするほど、子どもたちは、自ら振り返り、感じ直し、味わい直したくなる。一度振り返れば終わりというものではない。(3)

文献

(1) 平野朝久「生活科における『「はじめに子どもありき』の具現化」日本生活科・総合的学習教育学会『生活科・総合の実践ブックレット第13号』二二頁

(2) 上原博光『せいかつ教師用指導書 ①総説』(信州教育出版社) 一八~二〇頁

(3) 上原博光『せいかつ教師用指導書 ①総説』(信州教育出版社) 三九~四一頁

(3) 子どもと共に創る授業の創造~教科学習編~

子どもと共に創る授業の創造を教科学習でも実現したいという思いが年々高まっている。これまで私が夢中になって実践してきた生活科や総合的な学習の時間は、その教科性自体が経験単元であるので、自ずと子どもたちの思いや願いに寄り添っていかなければ授業として成立しない。しかし、算数科や国語科などは、教科単元であるので、学ぶべきねらいや内容が先にある。「はじめに内容ありき」である。いかにして学ぶ側の論理に立って、授業を共に創ることができるのか。

さて、これから私が挑戦した教科学習での授業を四つ紹介したい。これから紹介する実践は、こうすればいいといったような方法論的なことではない。寧ろ、子どもと共に創る授業を行う上で大事にしたことや、子どもから学んだことについて述べていくことになる。平野先生が「授業というのは、この私が目の前のこの子どもとともに創っていくものである[1]（傍線部筆者）」と述べているように、たとえ同じ内容を学ぶにしても、教師と子どもが変われば、その歩み方も当然変わるものである。だからこそ、授業というものは面白い。

① 子どもの思いや願いを大切にする

生活科や総合的な学習の時間においては、子どもの思いや願いを大切にするが、教科学習ではどうであろうか。子どもは常にまるごと対象や課題にぶつかっている。教科の枠組みという狭い範囲で捉えているのは教師であって、子どもにとってはそんなことはあまり関係がないように感じる。そうなってしまうのも、教科学習は教える内容が決まっているからであろう。教師は、どう内容を教えていくのかに躍起になる。子どもの願いは取り上げられない。そんなことが普段の授業ではないだろうか。ここで考えたいのは、子どもは、教科学習においても思いや願いをもっているということである。

一年生の国語科の『くじらぐも』を教材とした授業では、子どもたちは「本物のくじらぐもに会ってみたい。」「くじらぐものお話みたいにやってみたい。」と願っていた。そこで、『くじらぐも』の内容と同じように、四時間目に校庭へ出てみることにした。子どもたちは、校庭に出ると体操を始めた。すると、本当に空に大きなくじらが現れた。

「見て！くじらぐもだぁ〜！」

「本当だ。すごい、すごい！」

「ねぇ、みんなで『くじらぐも』のお話を読もうよ。」

なつのさんが提案すると、子どもたちは、

「うん。いいね。楽しそう。」

と、提案を受け止めて音読をし始めた。教室での音読とは違

校庭での『くじらぐも』の朗読

って、本当に生き生きとした音読だった。私も一緒に読みながら、くじらぐものセリフのところは、私が声色を変えて読んでみた。子どもたちは微笑みながら、音読を続けていった。そして、この『くじらぐも』の話の一番楽しい場面に入った。子どもたちがくじらぐもに飛び乗る場面である。

「みんな、手をつないで丸くなるよ！」

侑和くんが、みんなに呼びかけた。子どもたちは、呼応するように手をつないで大きな輪をつくった。

「天まで届け、一、二、三！」

子どもたちがジャンプする度に、くじらぐもの声も大きくしていった。そして、とうとう雲のくじらに乗ることができた。実際に乗っていないが、子どもたちは、十分乗っている気分になっていた。

「くじらぐもは、ジャングルジムの上に、みんなを降ろしました。」

と読み終わると、誰ということもなく一斉にジャングルジムがある方へ走り出した。そして、子どもたちはジャングルジムの上に乗ると、「さようなら。」と言って、雲のくじらに手を振った。ちょうどその時に、本当に四時間目の終わりのチャイムが鳴った。

その日の昼休み、校庭にくじらぐもを探しに行く子どもたちも多く見られた。また、このことをきっかけに、「『くじらぐも』のお話の続きを考えたい。」と願って、自ら自由帳に物語の続きを書く姿も見られた。その後、保護者からも次のような連絡帳のコメントが届いた。

> 学校からの帰り道に「1年2組でくじらぐも本当にやったんだよ。ジャングルジムも登ったし、4時間目の終わりのチャイムも聞こえたよ。」「本当のくじらぐもに会えたんだよ!!」「本当にチャイムが鳴り出したんだよ!!」と目をまん丸にして大興奮（笑）。お友達が「どうしよう！本の世界に入っちゃった!?」と言ったんですって！何て素敵な体験だろう、この時の楽しかった記憶がずっとずっと残るといいなと思いました。

くじらぐもの世界を追体験した子どもたちの感動は、家族にも伝えたくなるような出来事となった。教科学習においても、子どもの思いや願いを大切にすることは、その子どもなりの主体的な学びを大切にすることにもなり、その子どもの学びをより豊かにすることにつながるのであろう。

② 学び合いのある授業を目指して

次に紹介するのは、『学び合いのある授業を目指して』という全校研究テーマで授業を公開した五年生算数科『面積』の事例である。学び合いのある授業ということで、友との関わりに視点を当ててはいるものの、基本的には、子どもと共に創る授業を土台としている。この授業を行う上で五つの点について大事にしたいと考えた。特に個性的な追究を保障することを意識した。

（1）個の学びを保障する

学び合いのある授業には、友と関わりたくなるような必然性が必要である。そのためには、自分がどのような考え方をしているのかという個の学びが不可欠である。個の学びがしっかり確立されていると、友達はどんな考え方をしているのだろうかと、友と関わる必然性が生まれてくるであろう。どうしても日々の授業の中では、時間も限られているので、個の学びが曖昧なまま、共同追究になってしまっていることが多い。すべての時間に個の学びの時間を保障することは難しいことかもしれないが、まず個の学びがしっかりと確立することができるように支援したい。また、毎時間、個の学びを座席表にまとめて、個性的な追究を把握し、個への支援や個と個をつなぐグルーピングにつなげたい。

（2）単元の見通し

子どもの学びを主体的にしたいという願いがある。教師が単元を構想することはもちろんなのだが、単元を子どもと共に創ることはできないだろうか。そうすることで、子どもたちは、単元を見通すことができる。子どもたちが単元を見通すことができると、ゴールが見えているので、その時間その時間、そのゴールに向けて何をクリアしていったらいいのかも見えてくる。与えられる課題ではなく、自ら求めていく課題となり、子どもたちのより主体的な学びが期待できる。

本単元では、『立ち上がれ、緑の勇者たち〜エリア王からの挑戦状〜』という単元名を子どもたちと考えた。また、単元がストーリー仕立てになっている。緑の勇者たち（5年3組の子どもたち）へエリア王からの挑戦状が届き、子どもたちは、エリア王からの挑戦を受けて立つ。挑戦状には、地図も添付されており、その地図を見ると、単元全体を見通すことができるようにしておく。各ステージをクリアすると、子どもたちは経験値を獲得していく。この

子どもが考えた単元展開

経験値は、あくまでも子どもたちの自己評価に委ねる。そうすることで、子どもたちは、単元を通して、意欲的に学習できるのではないかと思われる。

(3) 子どもに寄り添った教材研究

教師として、子どもと同じ共同追究者でありたいと願っている。教師は、本単元の学習内容も分かっているし、すでに自分自身が本単元についてもすでに学んだ者である。なので、どうしても学んだ者の論理で、物事をより効率よく、能率よく解決しがちである。しかし、子どもたちは、本単元について初めて学ぶ者である。教師は、学ぶ者の論理に立ち、子どもの紆余曲折を大事にしながら共に歩みたい。共に歩む教師とは、子どもよりも半歩先を歩いたり、時には半歩後ろを歩いたりするなど、子どもをいつも感じることができる立ち位置でいることが大事である。従って、教材研究においても、教師自身が、〝この子だったら、こう考えるんじゃないかな〟〝この子は、こんなところで困るんじゃないかな〟など、子どもの学びの道筋を考えながら行いたい。

(4) 学習形態の工夫

個の学びを広めたり、深めたりするために、ペア追究、グループ追究、全体追究など、学習形態を工夫したい。新学習指導要領でも「対話的な学び」を大事にしている。ただ「対話的な学び」の大前提としては、友達に見方・考え方を伝えたい、友達の見方・考え方を聴きたいといった必要感が大切であると考える。そのためにも、先述したように、個の学びをしっかりと確立することが必要である。また、ペア追究、グループ追究、全体追究では、思考ツールを用いて、互いの見方・考え方が視覚的にも分かるような工夫をしたい。グルーピングについては、個性的な追究を把握した上で流動的に組んでいくようにする。

(5) 振り返りの工夫

子どもの学びを自分のものとするために、振り返りの場面を大事にしたい。算数においては、一般化も大事な振り返り場面だと捉えたい。そのような意味で、一般化の練習問題では、自分の考え方なのか、友達の考え方なのかを明確にしてから、練習問題に挑戦するようにしたい。また、毎時間の振り返りの学習カードへは、GETS(子どもたちと決めた言葉。本時自分が獲得したことを、自分の言葉で表す)、経験値、感想を書けるようにする。

グループ追究の時間

以下は、この単元を終えた時のある子どもの振り返りである。

私は、算数が嫌いで、最初はできないと思っていました。けれど、だんだん楽しくなってきて、やる気も知識も友達とのつながりも嬉しさも、最初に比べてすごく良くなって、すべてが分かる人になっている気分になっているほどの心や知識です。この『エリア王からの挑戦状』は、すべてを良くする宝物だと思っています。

③ 子どもにとっての必然性や必要感、切実感

教科学習でどうしても陥りやすいのは、「はじめに内容ありき」の感覚である。これでは、ますます子どもたちは受動的な学習者となり、主体性を失っていく。子どもと共に創る授業においては、子どもを能動的な学習者として尊重する。その中で、大事にしていることは、子どもたちにとっての必然性や必要感・切実感が生まれるような教材との出会い方や場面設定の工夫である。つまり、〝学ぶ必要がある〟〝どうしても学びたい〟といったように、子ども自身が学ぶ価値があると認め、追究したいと願うことである。次に紹介するのは、六年生理科『月と太陽』の単元の実践である。以下は、この単元を通して大事にしたことを述べる。

(1) グルーピング

今回、月に対する生活経験が様々な子どもたちなので、一人になって追究していくことは、な

かなか厳しい場面も多いのではないかと思われる。しかし、友達と力を合わせれば、乗り越えていけることも多いので、4名のグループを組み、共同追究していく。そうすることで、今回の学習で不安を抱いている子どもも安心して臨むことができるであろう。また、3～4人だからこそできる追究の仕方にも期待したい。また、グループに名前を付けて、グループへの思いが高まるようにした。

(2) お月様豆知識の提供

〝お月様をより身近に感じてほしい〟、〝くらしの中にあってほしい〟という教師の願いもあり、単元名も「わたしの月と太陽」とした。理科の授業で科学的に月を理解していくと同時に、子どもたちの月への疑問や知りたいことを取り上げたり、人々のくらしと月という視点で、月に関する情報を提供していくことは、子どもたちが月について教科書的な知識を超えて理解していくことにつながっていくだろう。

(3) 教師の役割

教師のスタンスとしてあくまでも共同追究者として、子どもたちと共に学び合っていきたい。ただ毎回行うお月様豆知識のコーナーでは『ヒーロー博士』ということで、博士に扮して教師という立場とは役割を代えていきたい。

（4）「持ち込む」という文化

モデル実験では、子どもたちは、予想をもとに、モデル実験で必要なものを準備する。もちろん学校にあるものを使ってもいいし、家から持ち込んでもいいことを奨励する。一番は、子どもたちが、『やりたいことをやりたいようにやり切る』ことを大事にしたい。

（5）環境作り

月に興味関心をもてるように、環境を整えていく。図書館から、月に関する本を用意して、子どもたちがいつでも読めるようにしておく。学級通信は、4月から毎日発行しているが、必ず『今日のお月様』ということで、その日の月齢（月の満ち欠け）をイラスト付きで掲載している。今年度の担任の所信表明では、三日月（crescent）と例に挙げて語った。また、学級通信のサブタイトルにcrescentと名付け、crescentという歌も作り、今、子どもたちと歌っている。お月様豆知識コーナーで扱った内容については、模造紙に貼って掲示している。

④ 自立学習のススメ

新型コロナウイルス感染症の感染拡大に伴い、臨時休業や分散登校などが実施された。各校では、子どもの学びを保障するためにオンライン授業や自主学習などが求められるようになった。ここでは、敢えて表題に『自主学習のススメ』ではなく、『自立学習のススメ』という言葉を使っている。それは、諏訪市立高島小学校の白紙単元学習の創始者である篠原菊彌先生が、白紙単元学習の創設時に願った学習こそが『自立学習』だからである。篠原先生は、自立学習に関わって、次のようなことを語っている。

「自ら学ぶ意欲と事もなげに言っても、そんなに簡単に養成できる訳のものではありません。どうしても主体的な学習の積み重ねが阿必要なのです。学習が自発性に支えられて出発し、自己責任性の下に経過し、創造的に自己を更新して、成就した喜びを噛み締める学習、そんな学習を、私たちは『自立学習』と呼んでいます(1)」

「自立学習の学力は学習能力として現れると言った。それは、学習者が意欲をもって事象と取り組む時には、自分の体に蓄積してきた全ての力を動員して事に当たり、適時に適切な能力を使って目的を達成すべく努力するからである。学習によって培われた学力は、次にくる学習で使われて、構造を変えて蓄積され、更にまた次の学習に使われることになる。このようにして、学習によって自分自身を変えていく。これが自己更新の学力である(2)」

これから紹介するのは、『漢字大相撲』という取り組みの事例である。篠原先生が提案されている自立学習を家庭学習にも繋げられないものかと考えて長年実践を積み重ねている取り組みである。まずは、導入として子どもたちへのオリエンテーションでの資料を紹介したい。

1．漢字大相撲ってなあに？

(1) 上ちゃんマンが考案したオリジナル漢字習得方法。

(2) 本当に誰かと相撲を取るのではなく，漢字と相撲を取る。

(3) 前日に稽古してきた漢字と対戦する。

(4) 本当の大相撲と同様に，15日間で行われる。

(5) 本当の大相撲と同様に，年6場所開催される。
5月，7月，9月，11月，1月，3月

2．漢字大相撲の価値

(1) 誰でもがんばった分だけ，すぐに結果が表れる。

(2) 続けることの大切さを学ぶことができる。

(3) 全員で取り組むので，互いに励まし合い，認め合うことができる。

(4) 攻略方法など自分なりに学習方法を工夫することができる。

(5) やる気が出てきて，楽しみながら漢字を習得できる。

(6) 生活習慣や生活リズムを見つめ直す機会となる。

3．漢字大相撲の方法

(1) 前日に配布されたプリントの漢字を稽古してくる。

(2) 翌日に稽古してきた漢字と対戦する。(5分間)

(3) 結果を漢字大相撲カードに記録する。

(4) 以上のことを15日間繰り返す。

4．土俵に上がるための条件

(1) 前日配布されたプリントを稽古してくる。

(2) その他の宿題もすべて提出する。

(3) すべての宿題が提出されていないと土俵に上がることはできない。

(4) 8時20分までに提出されていないと，土俵に上がることはできない。

(5) たとえやってあっても忘れた場合は，土俵に上がることはできない。

5．漢字大相撲の問題と採点方法

(1) 全部で10問出題される。

(2) 空欄の文章にあう漢字を，選択肢の中から当てはめる。

(3) 選択肢はひらがなで記載されているので，回答する場合は，漢字に直して 書く。

(4) 1問10点。全問正解で100点。

(5) 当てはめる漢字があっていても，正しい漢字で書かれていない場合は×となる。

(6) 丁寧に書かれておらず，採点者が読めない場合も×となる。

6．漢字大相撲の成績と記号

(1) 勝った場合，白星『○』。

(2) 負けた場合，黒星『●』。

(3) 休んだ場合，休場『休』。休みも負けとする。

(4) 土俵に上がれない場合，不戦敗『■』。

(5) 8勝以上すると，勝ち越し『△』。

(6) 8敗すると，負け越し『▲』。

(7) やり方によっては，不戦勝『□』もあり得る。

7．漢字大相撲の流れ

(1) 机の上には，鉛筆2本，消しゴム1個を用意する。

(2) 問題用紙が配られる。裏にして回す。

(3)「心と体の準備はいいですか」「はい」

(4)「漢字大相撲○場所○日目を始めます」

(5)「はっけよい」で鉛筆を持つ。

(6)「のこった」で始める。

(7)「あと3分」「あと2分」「あと1分。名前の確認，最後の見直しをしましょう」

(8)「そこまで」ですぐに止め，鉛筆を置く。

8．漢字大相撲のルール

(1) 必ず行司の指示に従う。

(2) 不正が行われた場合，その場所はすべて休場とする。

※故意にカンニングをしたり，他人の解答を見たりすること。

※不正行為は，社会的にも非常に厳重な処分が下される。

※“勝ちたい”“点数を取りたい”という欲望に負けない。

※正々堂々と土俵に上がる。

※大切なのは過程であり，結果ではない。

(3) 問題用紙にしこ名が書かれていない場合は，0点とする。

9．漢字大相撲を楽しむために①

(1)クラスで同一の白星の得点設定を行い，設定得点をクリアした場合，白星とする。

◎全員が同じ条件　●個人差に配慮できない

(2)各自が白星の得点設定を行い、設定得点をクリアした場合，白星とする。

◎個人差に配慮できる　●得点設定が難しい

(3)対戦相手を決め，対戦相手よりも点数が多かった場合，白星とする(同得点の場合も白星とする)。

◎闘争心が増す　●競争心を煽る

9．漢字大相撲を楽しむために②

(1)賞状を授与する。

○勝ち越し賞(8勝以上)
○努力賞(勝ち越しはできなかったが，毎日土俵に上がった)

(2)称号を与える。

【横綱】14勝，15勝　【大関】12勝，13勝
【関脇】10勝，11勝　【小結】8勝，9勝

(3)番付表を作る。

東横綱，西横綱などとった番付を付ける。
先場所の成績によって番付を変動させていく。

9．漢字大相撲を楽しむために③

(1)力士としてしこ名がある。

例えば・・・
御嶽海，白鵬，千代の富士，北の湖，小錦，双葉山など

(2)自分のしこ名をお家の人と一緒に考えたい。

自分の名前もお家の人が願いを込めて一生懸命に考えてくれたもの。しこ名にも同様に願いを込めたい。

(3)自分のしこ名を考えてみよう。

※自分の名前の一文字は何か入れたい。
※例えば・・・
上ちゃんマン山，博龍，月乃光，千絵乃花など

10．漢字大相撲の鉄則

(1)丁寧に書いてみよう。

一字一字丁寧に書く。このことは，丁寧な生き方にもつながっていく。

(2)意味や使い方を調べてみよう。

点数を取ることも大事だが，それ以上に，日々の暮らしの中で生きて働くような取り組みにしたい。

(3)お家の人に問題を出してもらおう。

覚えたつもりでも，試してみないと分からないことが多い。試されると，自分の弱点や課題が見えてくる。

漢字大相撲開催中は、**図１・２**のようなプリントを前日に配布し、翌日に家庭で稽古してきた漢字と対戦するような形で進めてきた。漢字を書き込めるようなマスと何を書いてもいいように長めのマスを用意した。出題される漢字は、ひらがなを漢字に直すというようなものではなく、文章が空欄になっていて、ひらがなで書かれた選択肢から適当なものを選び、漢字に変換して当てはめていくようにした。生きて働くような漢字の習得の機会としたかったである。ただ漢字を書く練習をしていただけでは対応できないと考えた子どもたちは、いろいろな工夫をした自主学習を始めていった。例えば、**図１**のように熟語の意味を調べたり、**図２**のように

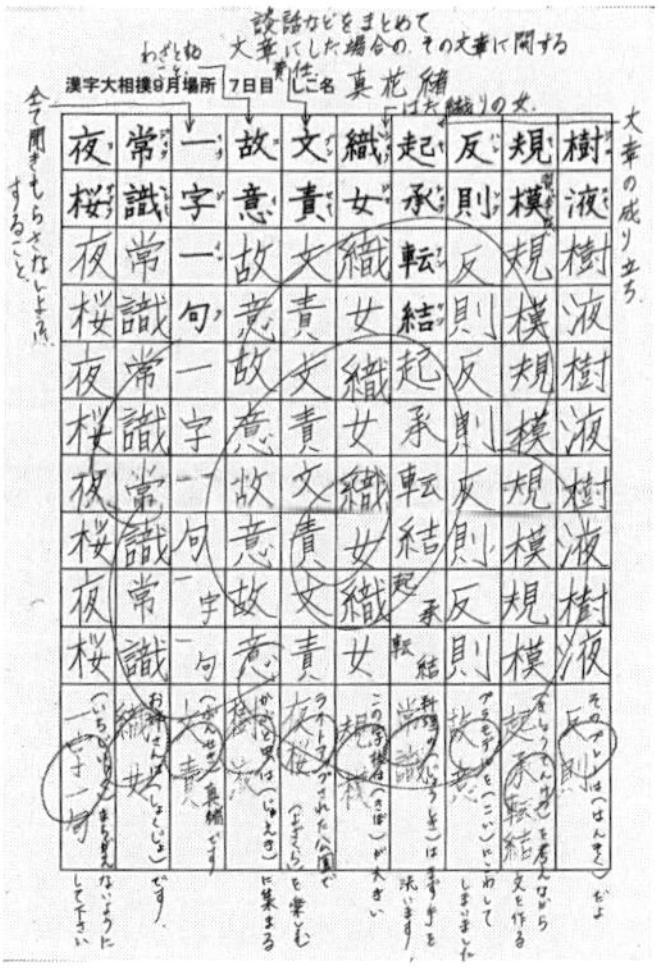

図1

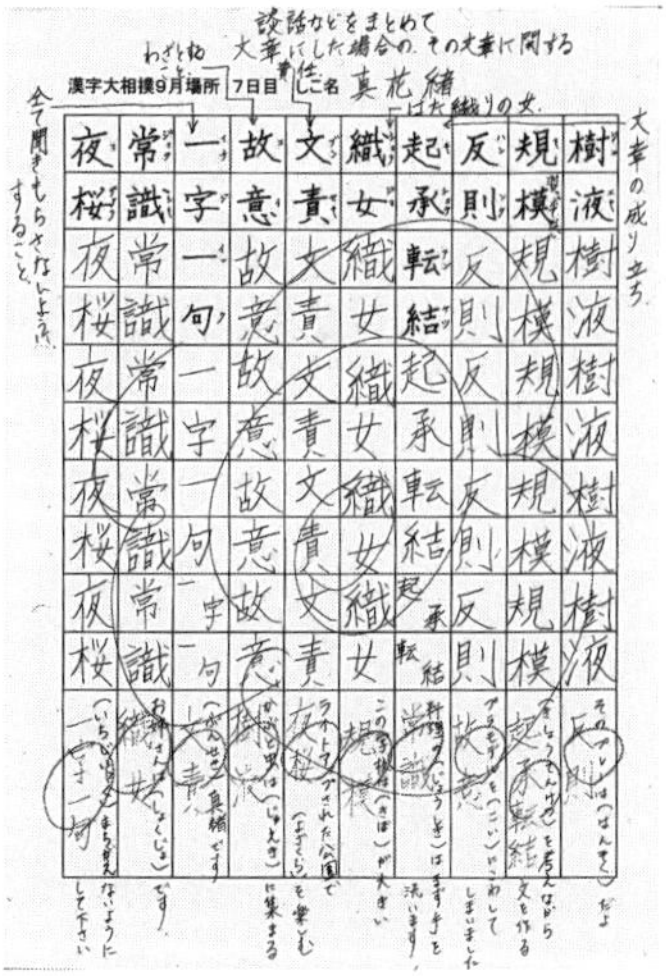

図2

熟語の使い方を考えたりする姿が見られるようになり、そんな友達の取り組みを紹介することでクラスの友達にも広がっていった。また、図3のように、漢字大相撲への傾向と対策ということで、自分で問題を作ったり、家族に問題を作ってもらったりしながら、覚えた漢字を実際に試してみるといった更なる自主学習に取り組む姿も見られていった。場所毎に振り返りの時間をとり、来場所に向けて、子どもからの願いを取り込みながら、やり方を随時修正していく形で進めていった。

このように家庭学習（宿題）においても、子どもを能動的な学習者として捉え、子どもの本来

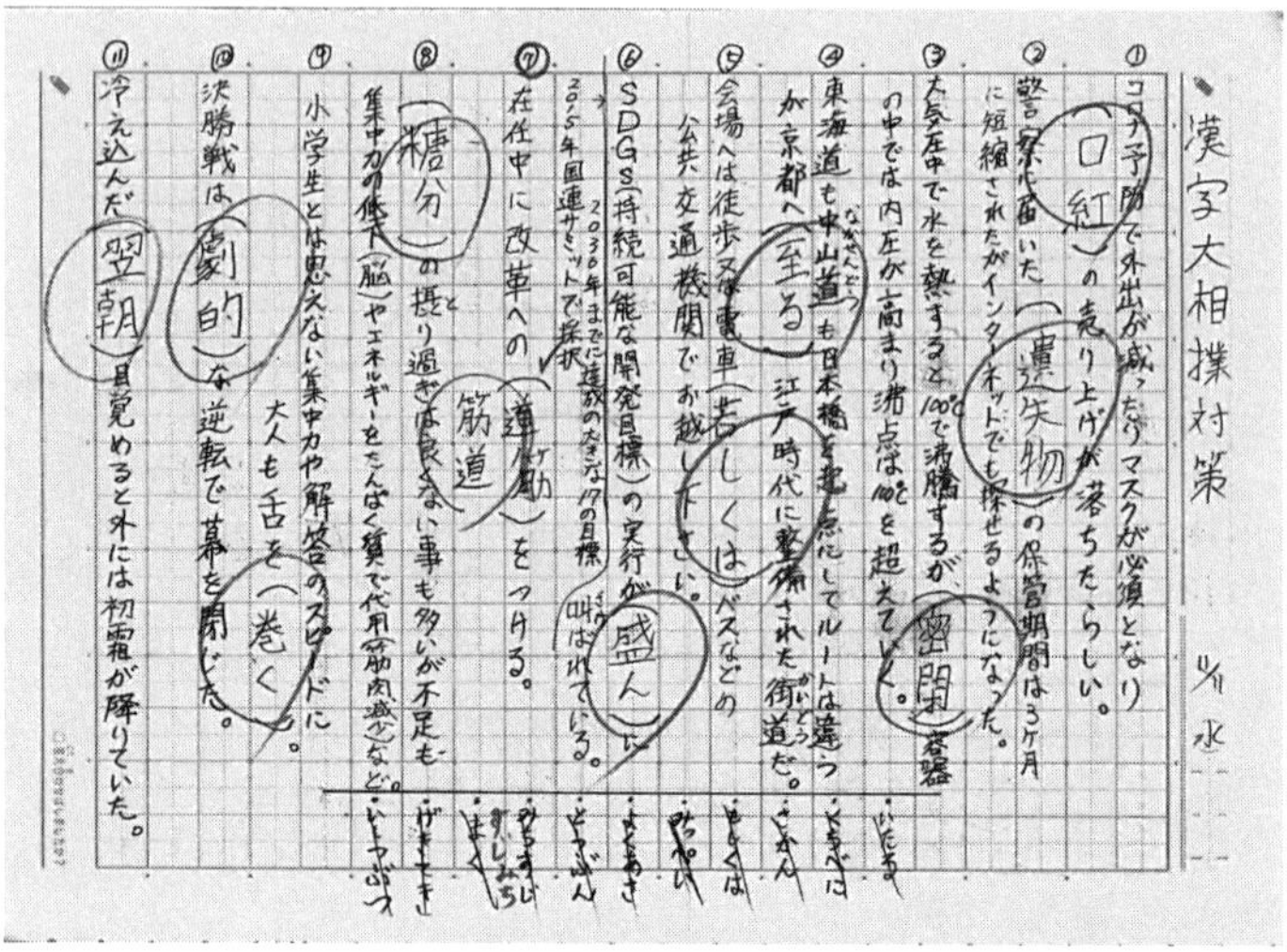

図3

性が発現するような材との出会い方や子どもの願いに寄り添った展開の修正を行うことで、子どもの主体的な自主学習を支えることにつながっていった。

【参考文献】

(1) 篠原菊彌『学習《一教師の教育提言》』七一頁
(2) 篠原菊彌『学習《一教師の教育提言》』九九頁

第四章　「自ら伸びようとする力」によって教科がつながる

「はじめに子どもありき」の考え方は全ての教科教育において取り入れることができる。もちろん、教科特性によって具現化の方法は違えども、子どもの願いや問いから学びを構成するという考え方は、どの教科においても共通であり、これからの教育に重要な視点であると考えられる。

また、カリキュラム・マネジメントという言葉が世に出て久しくなるが、教科をつなぐものはなにも内容だけではない。子どもが自ら伸びる力（生きる力）など、汎用的スキルによって教科をつなぐことも可能であり、教師としてはそうした視点も必要不可欠である。

これらのことから、本稿では教科教育である生活科と体育科（一年生）を対象にする。そして、先に生活科においてどのような汎用的スキルが育ったのかを述べる。次に、その力が体育科にどのようにつながるのか実例を通して述べる。但し、教科間で、どの汎用的スキルが活用され影響を与えたのかを明確にすることは究極的には不可能である。なぜなら、人は様々なもの、ことから影響を与えられる存在であり、そのうちの一つが要因であるとは絞り込めないからである。よって、ここでは、あくまでも私の主観で「影響を与えたであろうこと」を述べたい。

一・一年生　生活科「がっこうをはなでいっぱいにしよう」

(1) 芽が出た！でも、これからどうすればいいの？（自ら問いをもつ）

生活科において朝顔を育てることにした。朝顔は花の中でも比較的育てやすく、強い。そして、子葉から本葉、つるや花など生長が形として見えやすい教材である。さらに、「自分がお世話をしたことで、朝顔が育っている」など、子どもが行動した結果として相手（朝顔）からの何らかの反応が得やすい。私はこのような教材を「本物の教材」と呼んでいる。

早速、種まきを行うと、その日から楽しそうに水やりに行く子どもたちの姿が見られた。この段階では私からはどのくらいの水をあげるのか、どこに鉢を置けばよいのかなど、細かいことは指示しないようにした。きっと子どもの方から声がかかるだろう。教師が先回りして咲かせた朝顔ではなく、子どもが自分たちで咲かせた朝顔にしたい。そのためには、子どもの「知りたい」「困った」という必要感が現れ、「そのために、こうやってみたい」という必然が生まれてくるのを待つ。

数日経つと早速、芽が出た。いつも通り水やりをしながら、お互いに

「芽が出てきたからさ、もっとたくさん水をあげた方がいいのかな。」「いや、たくさんあげすぎると枯れちゃうってお母さんが言っていたよ。」「先生、どのくらい水ってあげればいいの。」

「え!?先生もよくわからないや。みんなで考えよう。」

教室にて早速、みんなで話し合う。そこでは水やりの仕方だけではなく、日光に当てた方がよいかどうかなども話題に上がる。

「水は小さいうちは少しだけなんじゃない？」「いや、たっぷりあげるんだよ。」「お日様に当てすぎると葉っぱがしおれちゃうんだって。」

芽が出たという大きな出来事は子どもたちの心を揺さぶる。「自分の朝顔も友達のように早く芽が出てほしい」「自分の朝顔が元気に育つためのポイントを知りたい」など、水やりや置き場所といった問題が自分事として表出した。さらに、その生長や変化を目の当たりにして「水をどうするか」など、考えたいこと（考えなければならないこと）が焦点化される。教材には、こうした子どもの思考を焦点化する役割がある。

とはいっても、子どもたちだけでは解決できず話し合いは平行線のままで限界がくる。私はここでも答えをすぐには教えないことにした。その代わり、

「じゃあ、水やりと置く場所について、家で調べてきてよ。調べてきてくれる人？」

と尋ねると、

「どうやって調べるの。」「インターネット。」「お家の人に聞く。」「図鑑とかは？」「あ！うち持っているよ。」

調べたい子にはまとめるための用紙を渡してこの日は終了した。

翌朝、元気いっぱいに教室に飛び込んで来るやいなや、

「先生！昨日の朝顔のこと調べてきたよ！」「水やりは朝と夕方、暑くない時間にたっぷりあげる。」「置き場所はお日様がよく当たるところだって。」

知りたいことがあるからこそ、自分で調べることを少しずつ体験していく。その後、

「アサちゃん（子どもは自分の朝顔に名前を付けている）、今は昼間だからお水はちょっと待ってね。」

と語りかけている子や、たくさん陽が当たる場所に鉢を移動させている子の姿が見られた。

⑵ アルバムにして残したい（文脈の中で学習内容を学び取る力）

生活科ではよく観察カードを記入する。しかし、これも教師から一方的に「観察カードをかきましょう。」では「教師の都合ありき」であり、子どもからしてみれば何のために行うのか分からない。できるだけこれまでの文脈や子どもの必然に即しながら、子どもとともに授業を創

りたいと考えている私はどうしようかと悩んでいた。そんなある日、マサオ君から、

「先生、今までの葉と色が違う葉が出てきた、これって大人になったんじゃないかな？」

と話しかけられた。このマサオ君は登校してすぐに、いつも朝顔の所に行き、水をあげていた。だからこそこの〝大発見〟につながった。早速、みんなで葉の色が違うのか見に行くと、確かにこれまでのような黄緑の葉ではなく、濃い緑の葉になっている。しかも葉の形も違うことに子どもたちは気付いた。

「赤ちゃんから変わってきた。」「大人になったんだ。」

まるで我が子を見守るような眼差しでしみじみと語る子、喜んでいる子など様々である。朝顔の生長を実感しているこのタイミングがチャンスと思い、私から

「だったらアルバムにして記録しておかないともう赤ちゃんは見られないんじゃない？みんなも赤ちゃんの頃があって、幼稚園、入学式とお家の人は記録をアルバムにとっていると思うよ。」

と伝える。すると、

「そうだね、先生、ナイスアイデア。」「アルバムを作りたい！」

全員、大賛成である。朝顔博士になったマサオ君はさらに、

「葉がざらざらしているよ。」

と、触った感触もみんなに伝える。それを聞いた他の子も

「葉っぱから毛が出ている！」「茎（この言葉は教師が教えた）の先が紫色になっている！」「ここ虫に食べられている……、葉っぱに穴が開いちゃった。」など、抽象から具体へと目が向く。触った感じ、色、長さ、観えたものなど、子どもたちから出された意見を私は一般化し、観察の観点として提示した。よく、観察カードを書くというと、教師から「色と形、その時の大きさを書きましょう。」と指示が出るが、それは「学んだ者の論理」（平野　２０１７）であって「学ぶ者の論理」ではない。子どもは今、目の前の朝顔の変化に感動し、それを書き留めておきたいという願いに至った。この「何を書き留めておくか」がそのまま観察する際の観点になる。もちろん子どもから出されない観点は教師から提示するが、最初から全て提示しなくても、子どもの中では書きたいことがきちんと決まっているのだ。

一方、読者の中には「もし、マサオ君からの声がなかったら、先生はどうするつもりだったのですか。」という疑問を抱かれる方もいるだろう。その場合、教師から葉の形や大きさの違いに子どもたちの目を向ける一言を伝えただろう。子ど

子どもたちが作成したアルバム

もだけでは気付かない新しい視点を提示することも教師の大切な役割だからである。但し、「あれ？　A君の葉って、今までの葉と形が違っているぞ。」など、あくまでも子どもと一緒に共同探究している者として、できるだけ子どもの好奇心を刺激する一言に留めておくように配慮している。

(3) 元気がなくなってきた（自分たちなりの納得解を見出す力）

子どもたちの朝顔もずいぶん葉を増やし、そろそろ間引きのタイミングである。しかし、ここでも私から一方的な指示は出さない。しばらくすると子どもから
「虫に食べられている。」「なんだか最近、僕の朝顔、元気がなくなってきたんだ。」

という話が出始めてきた。そこで、枯れてきた朝顔をどう救出するのか全体で話し合う。

「肥料をあげる。」「水をもっと増やす。」など、子どもなりの解決策を出し合う中、

「（朝顔が）混んじゃって邪魔し合うから少なくするんだよ。」

と、これまでにも朝顔を育てたことのある子が言うと、それを聞いた子が
「数が少ない方が栄養がたくさんいくってお父さんが言ってたよ。」「なるほど！元気がないのは、そういうことだったんだ！」「どのくらい少なくするのかな？」

「調べたい！家でお母さんが育てているから聞いてくるよ。」

子どもたちのやり取りを聞いて、私から、

「それもいいけれど、先生のパソコンを使って調べることもできるんだよ。」

調べ方の選択肢を子どもたちに増やすため、パソコンで調べることを紹介する。すると、間引きが必要で、五本ある朝顔を二本にしなければならないらしい。それを知ると
「えー、いやだよ。可愛そう。」「せっかく大きくなってきたのに。」

という憐れむ声。その後、間引き反対の大合唱があがった。

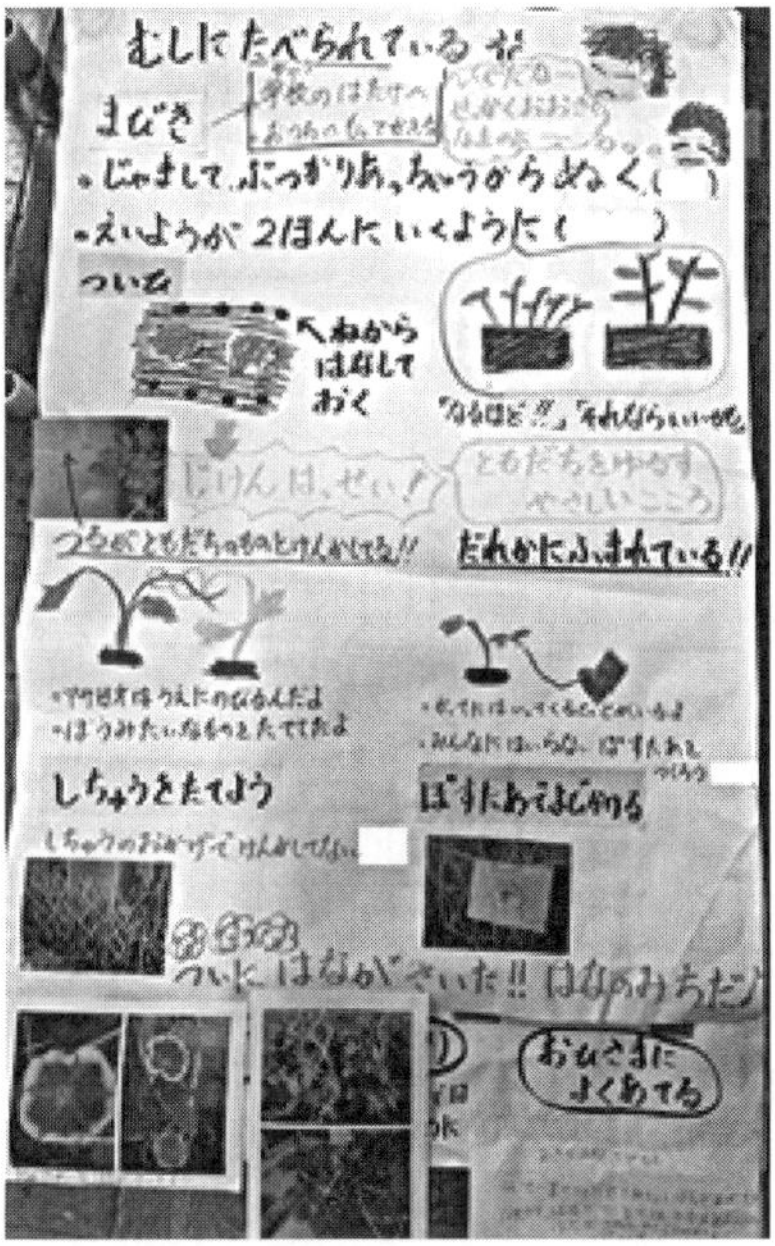

教室内に掲示している学びの物語①

「でも間引きしないと全滅するって言ってたし、間引きしたくない気持ちも分かるし……。」と、私が困っていると、子どもから、

「じゃあ、『学校を花いっぱいにしよう』なんだから、学校の花壇に植えたらどうかな。」「お家に持って帰るっていうのもいいよね。」「それもいい！」

間引き以外にも、友達のつると絡んで喧嘩していることから支柱を立てたり、

長くなったつるが通行人に踏まれることから、ポスターをかいて呼びかけたりした。困ったことがあると、みんなで話し合い、一つずつ解決していく。（写真参照）

子どもは、何か問題にぶつかると、それを何とか乗り越えようと真剣になる。しかも、それが自分の育てた朝顔であればなおさらである。自分事としての問いを持った子どもは、教師の指示などなくても、どうすればよいのか話し合い、アイデアを出し合いながら解決しようとする。しかも、与えられた条件の中で自分たちが最も納得できる形は何か模索しているのである。「子どもというものは実にたくましい存在だなあ。」と感心しながら、私は話し合いを見守っていた。翌週、約束通り間引きを行う。間引きしたものは学校の花壇に植えたり、持ち帰ったりすることにした。

(4) どちらの書き方にしようかな（根拠をもって自己選択する力）

「せんせーい！大変、大変！朝顔の花が咲いたよ！」

朝から大興奮で駆けてくる。何色なのかを尋ねると、紫色らしい。他の子にも知らせると、それを聞いた子たちの中から、

「せっかくだからさ、朝顔アルバムをもっと増やそうよ。」「いいねえ。賛成！やろうやろう。」

どうやら咲いた花と今の気持ちをアルバムに残しておきたいらしい。ここで私から

「ひらがなが書けるようになったから、それを使ってたくさん文章を書いてみるものいいよね。」「うん、言葉をたくさん書きたい。」

子どもたちは、文章を書くことにとても関心が高い。さらに、

「どんなことを書きたい？」「つるが伸びてきたこと。」「つぼみが出てきたこと（つぼみという言葉は私から教えた）。」「花が咲いたことも書きたい。」

すでに心の中には書きたいことが溢れている。それを自分がこれまでに習ったひらがなで表現できるのだから、早くやりたくて仕方がない様子。一方、私は国語の教科書に観察カードの書き方が記載されていることを知っていたので、

「実はアルバムの書き方が国語の教科書に載っているよ。」「え!?どこどこ。」「あった!!」

教科書には二つの書き方例が示されている。一つは文章で観点を落とさずに書く方法、もう一つは観点を箇条書きで書く方法である。どちらが自分にとってよいか手を挙げてもらう。ほぼ半々に分かれた。それを見た子が、

「だったらさ、どうしてそっちがよいのか同じ意見の人で話し合ってみたら？」

と言う。この頃になると、すっかり「授業とは自分たちで進めていいんだ」という意識になっている。

各グループで集合し、話し合う。文章にしたい子からは「愛情が伝わる気がする」「一つのこ

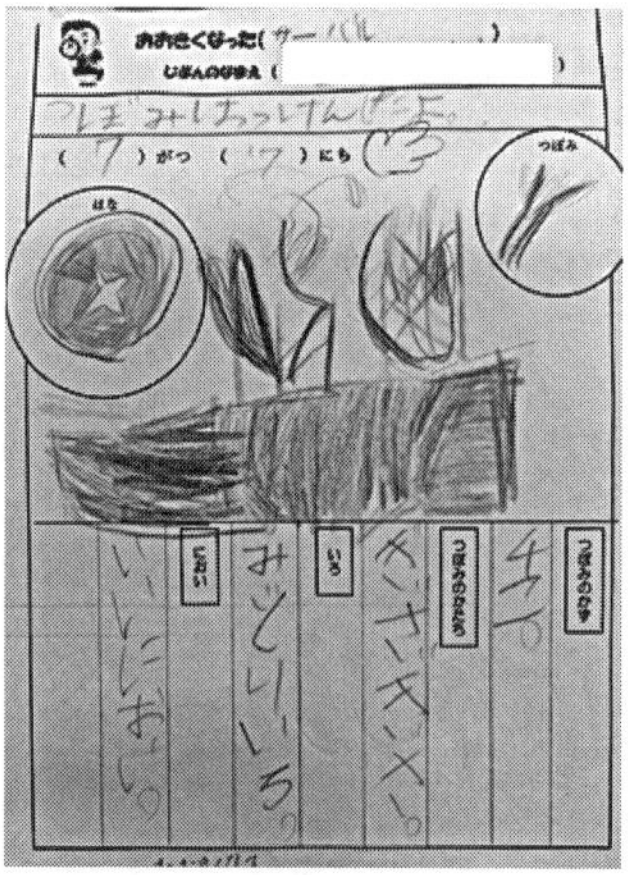

子どもたちと一緒に考えたレイアウト

とを細かく書くことができる」といった意見が出された。それに対して箇条書きにしたい人は「たくさんの特徴（この言葉は一年生から出てきた）が書ける」「いろいろなことを説明できる」といった意見が出された。

どちらで書くか選べるように観察カードは私が二種類、用意することを伝えた。また、レイアウトも子どもたちと話し合い、次回までに先生がレイアウト通りに印刷をしてくることも約束した。

自分にとって大切に育ててきた朝顔、そのアルバムを上手な文章で残しておきたい。そのためには国語の教科書にある書き方を読む必要がある。そして、二種類ある文章のうち、どちらの書き方を自分は選ぶのかという問題に辿り着いた。選ぶためにはそれぞれの書き方の良さを知らなければならない。さらに、自分だけの見方では限界があることを知った子どもたちは、友達と相談し始める。自分が選択するのだから、相手が見付けた書き方の特徴は聞いておく必要がある。自分が聞きたいことだから真剣に耳を傾ける。こうして、その子なりの根拠をもって、どちらの書き方を選ぶのか決定した。

(5) 写し絵に挑戦（友達から学ぼうとする力、協働性）

生活科の学習が始まってすぐに子どもたちと立てた計画「花が咲いたら写し絵にしよう」の話を持ち出す。

「え⁉せっかくのお花を取るなんて嫌だ。」

計画を立てていたころと反応が異なっている。計画段階では、それはまだ机上の話であり、あくまでも頭の中だけで完結していたに違いない。ところが、実際にここまで大切に育ててきた朝顔、多くの問題を一緒に乗り越えてきた朝顔である。そこには子どもたちの愛情や思いがたっぷりと詰まっている。それだけではない。育てる過程ですでに朝顔はその子にとって、かけがえのない「自分の一部」になっているのだろう。朝顔の花は「立派にお世話をした自分そのもの」なのだ。

教師は作業的に「はい、それじゃあ次は……。」とやってしまいがちである。しかも、今後の見通しもあるのでつい話を急いでしまいたくなるが、子どもは花が咲いたという今この瞬間の感動をゆっくり味わっている。だからこそ、子どもたちの「今」に寄り添いながら話を進めなくてはならない。様々話し合った結果、まずは葉で何回か練習し、その後、三つ目に咲いた花

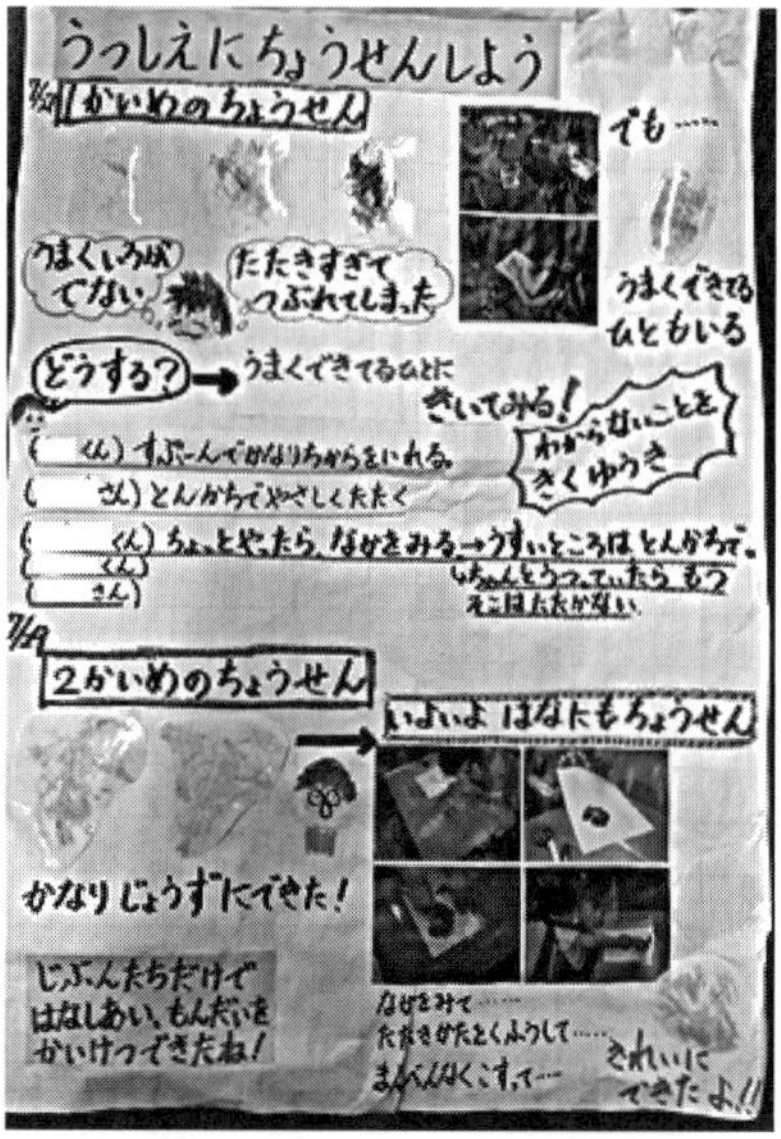

教室内に掲示している学びの物語②

で行うことに決まった。

さて、実際の作業の時間、使用する道具や作り方について動画を流す。その通りスプーンで擦るが一年生では力が上手に入らないため、思うようにできない。途中で叩き始める子が出てくる。それを見て周りの子も真似をするが、単に叩いているだけ。ほとんどの子が一部分しか色が出ていないか、全く出ていない状況だった。

一方、上手く写せている子は優しく叩いていたり、細かく叩いていたりと自分なりに工夫している。また、友達の席まで歩き、どうやって叩いているのか見ようとする子もいる。そのような中、上手くいかなくても相談できなかったり、そもそも困っていなかったりしている子は強く叩きすぎていたり、どのくらい色が紙に写ったのかチェックしたりしないため力加減がわからず、既に紙には穴が開いている。一回目、二回目と試すも、ほぼ同じ様子であった。

ここまで何となく取り組んでいる子に「どうすれば上手くいくのか」という問いを自分でも

ってほしかった私は放課後、上手くできている子も穴が開いている子も全員の紙をラミネートにかけ、作品化することにした。ラミネートすることで一つの作品としての見栄えがよくなる。単に紙に写したものとは「特別感」が全く違う。この「特別感」によって子どもたちの向上心に火をつけ、本気になることで自分事としての問いを持たせようと考えた。

翌日、ラミネートした作品を全員に渡す。「うわあ、きれい。」という声も上がるが、穴が開いている子は言葉も出ずに受け取っている。多少、きついかもしれないが自分の作品の事実を認識してもらう。

「穴が開いちゃった人は上手くいっている人から話を聞いてみない？」「うん、そうしたい。」

すると、次のように教えてくれた。

・スプーンで力を入れて擦る　・木槌は優しく叩く　・途中で紙の裏を見て、どのあたりが色が出ていないか確かめる　・もう出ているところは叩かなくてもよい。出ていないところを集中して叩く

その後、前回失敗した人はスプーンで丁寧に擦っている。途中で隣の友達の動きを見ながら進める。ある子は作業の手を止め、

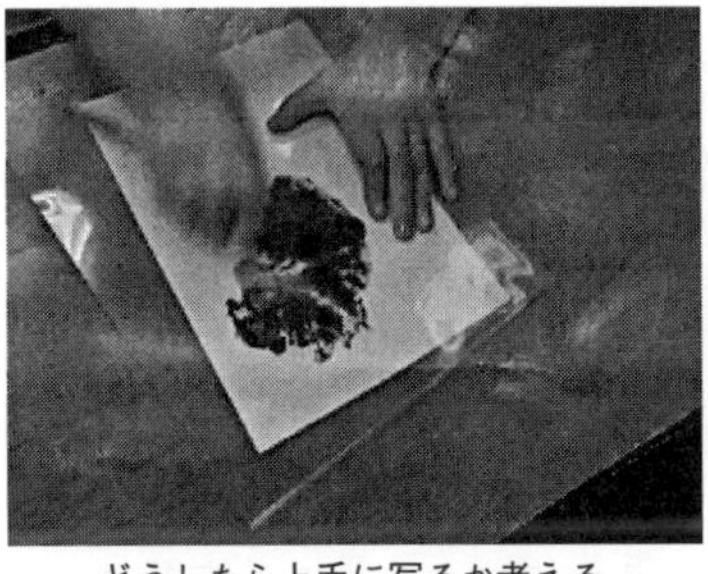

どうしたら上手に写るか考える

わざわざ友達の所へ行き、どうすればよいか尋ねている。そうして、再び自席に戻ると紙の裏を確認しては足りない部分を擦っている。結果、ほとんどの子の写し絵がこれまでにないほどきれいに破けずにできた。

　このように、友達の話に耳を傾けたり、アドバイスをもらいに自分から行動したりしたのはなぜだろうか。

　私は、その子が自分事としての願いや問いを持ったからではないかと考えている。つまり、ラミネートをすることで一つの美しい作品としてその子の目に映った。そして、友達の作品と見比べることで、自分の作品を客観的に評価できた。だからこそ、もっとよい作品にしたいという願いが生まれた。そして、「よりよい作品にするためには、どうすればよいのか」という、その子の内から発せられた問いが生まれたのであろう。単に「話を聞きなさい」「友達にアドバイスをもらいなさい」では子どもは動かない。なぜなら、自分事ではないし、聞かなくても問題ない（自分とは違う世界の話だから関係ない）。しかし、その作品の美しさに触れることで、自分もあんなふうに作ってみたい、という気持ちが生まれる。このような気持ちを膨らませることで、は

友達からのアドバイスを基に丁寧に擦る

じめて子どもは自ら願いをもち、友達を必要とし、その話を聞こうとするのである。

(6) 朝顔リースを作って飾りたい（学び方を選び、追究し続ける力）

秋を感じる季節になった。子どもたちの朝顔は既に枯れ始めている。一学期の最初に決めたリース作りを進める。まずはリースの作り方を家で調べてきたという子に発表してもらう。その子によると、根元から切って余計な枝や葉も切り、一本のつるにするらしい。みんなは早速、根元から切り、支柱から外そうとする。しかし、つるは上下左右、縦横無尽に絡まっているため、そう簡単には外れない。一年生にとっては大変な作業である。しかし、不思議なことに子どもからは文句や不満の声は出てこない。それよりも「手伝ってあげるよ。」と言いながら、友達のつるを一緒に外している。

「やっと取れた！」「すごく大きく育ったんだね。それじゃあ、次は私の朝顔をお願いしてもいい？」

というやり取りが生まれている。私からは「友達と順番を決めて取り組んでね。」「こうやって協力するんだよ。」とは一切伝えていない。友達だって自分と同じように大切に育ててきた朝顔であ

つるを支柱から外す

り、その友達の一部なのだ。口では言わないが、子どもはそれをちゃんとわかっていて、だからこそ、友達の朝顔も大切にしたい気持ちが生まれたのだろう。朝顔を通して、友達を認め、大切にしようとする心が育っている。

その後、一本のつるにするために余計な枝や葉を切る。大切な朝顔にハサミを入れる。絶対に失敗はしたくない。子どもたちの顔に緊張が走る。

「ここは切っていいのかな?」「持っているから切っていいよ。」

私が言わなくても、自分で必要とあればペアになるし、一人でできると（その子が）判断すれば個人で取り組む。そんな中、不安だったのだろうか、マサオ君は私のところに来て「やり方がよくわからない。」と言う。そこで一緒になって取り組むことにした。私が「ここを切って。」と言うと、丁寧にハサミを切り口に当てる。しかし、なかなか切らない。微妙に位置を確認したり、間違って本線を切らないかどうかを確かめているのだ。ゆっくりハサミを入れる。「ふぅ。」と一息する。集中している。その後も丁寧に葉を切っていくマサオ君。この子にとってもかけがえのないたった一つの朝顔なのだ。「先生、これが最初に枝

時間をかけ慎重にハサミを入れる

分かれした所だよ。」と指で指し示す。なんと、マサオ君は最初に枝分かれした箇所を覚えていて、そこから二本のつるが長く伸びていることを把握していた。きっと毎日、水やりをしながら、どんなふうに生長しているのかじっと観察していたのだろう。単に水をあげておしまいではなかったのだ。「アサちゃん」と名付けられたその朝顔はマサオ君にとってのパートナーであり、これまでともに成長してきた物語がそこにある。きっと他の子も同じようにじっくりと観ていたに違いない。子どもはこちらが指示しなければ学ばない存在ではなく、自ら学びとっていく存在なのだ。こちらが把握しきれていないだけで、本当は豊かな学びが成立している。その子の物語を認め、そこで起きている目まぐるしい学びの存在に目を向けることこそが、一人一人の子を大切にするということだと気付かされた。

　翌日は一本になったつるを輪の形にしてリースにする。ビデオで方法を確認すると早速、作業開始。ミニコーンにつるを巻いていくが、思うように力を入れて巻きつけることができず、ふにゃふにゃしたリースになってしまう。また、バラバラになったり力が入らなかったりするため、すぐに解ける。しかし、途中で投げ出す子は一人もいない。どうすれば上手くいくのか問いを持った子どもたちは、上手くできている子のところへ行ってアドバイスをもらったり、作業をそばでじっと観察している。また、「先生、もう一回、ビデオを見せて。」と言い、何度もビデオを再生しては、一時停止して見ている子もいる。昨日、私のところへ来たマサオ君は、今日は黙々と一人での自力解決を選んだようだ。問題に出会ったとき、一人で解決するのか、ペアで解決するのか、またはグループをつくって解決するのかは子どもが決める。「今日はペアでやりましょう。」と私からは言わない。ペアでやった方がいいかどうかは子どもが判断することだ。一人で解決する方法を選んだマサオ君は夢中になってつるを巻いている。緩くなると少し戻し、力を入れ直して再び巻き付ける。

「先生、こんな感じでどう?」「いいねえ。よく巻けていて上手だよ。」

出来上がったリースをじっと見つめるマサオ君。「これからはずっと一緒にいられるね。」そんな会話をしているように私の目には見えた。

全ての学習が終わり感想を聞いた。

・種だった朝顔が大きくなり、花が咲いて、最後はリースになっ

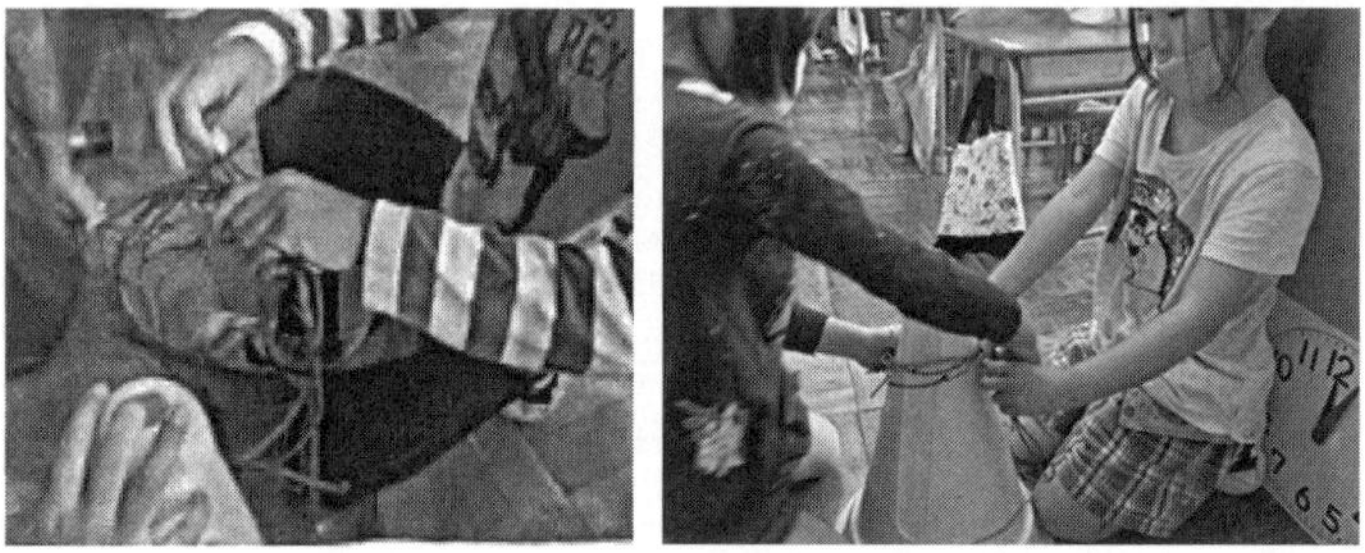

ペアで進めるなど、学び方は子どもが決める

た。いろんな形に変身して面白い。

・花や葉はなくなっちゃったけど、朝顔はリースの形になってずっと生きている。嬉しい。

・花が咲いておしまいだったら残った葉やつるは捨てられるだけだけど、こうやってリースにすることで捨てるところなんてない。

・サクラちゃんが調べてくれたおかげでリースが完成できた。それに今までも問題があるとみんなで考えたり、誰かが調べたりしてきた。そうやって完成したリースだから本当に嬉しい。

これまでの生活科だと教師から「これをやります。」「ここに注意すればできます。」など、やることから手順、注意点まで全てが与えられてきた。確かにその方が効率的で見た目もきれいな作品ができる。子どもたちにとっては座っていればやり方を与えてもらえるのだから、これほど楽なことはない。しかし、それではここまでの深い学びや感想は子どもからは出ないだろう。今回紹介した子どもは壁に突き当たっては自らの力で何とか乗り越えようとし、その過程の中でこそ「その子なりの学び」が得られたのだ。また、「植物」としての朝顔が「生活を共にするパートナー」としての朝顔になり、最後は「ずっと一緒にいられる存在」へと、その見方が変わった。この見方・考え方はまさに生活科の学習内容である。子どもたちは朝顔とともに生活する中で、育て方の知識・技能と同時に、植物を育てる意味や価値を自ら学んでいた。

二、一年生　体育科「なげなげゲーム」

(1) 必要だからそうする（問題解決力）

「なげなげゲーム」とは、二人対二人でネットをはさんでボールを投げ合い、相手コートに落とすゲームである。得点は子どもからの要望があればつけるが最初は特に指定しなかった。ボールはビニール袋にクシャクシャにした紙を数枚入れて作成したもので、滞空時間が長いという特徴がある。ボール保持者は自由に動いてよい。

ルールが簡単でわかりやすいためか、多くの子がゲームに夢中になって取り組む。ゲームの様子を見ると、ほとんど相手のところに投げてキャッチされてしまう。それでも特に困っている様子はない。子どもたちはとにかく投げること自体が面白く、ボールが相手コートに入りさえすればよいという感じだった。

一見、非常に楽しそうなのだが、これで満足させるわけにはいかない。体育ではよく「活動あって学びなし」の状況が生まれやすい。楽しく活動しているからよしではなく、学習内容が達成されなければならない。そこで私は「相手のところに投げ

空中にあるひも（ネット）を超えて相手コートへ投げる

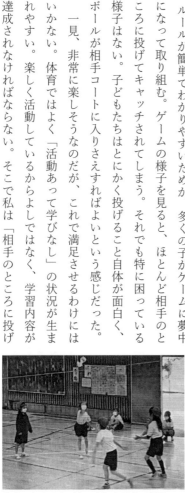

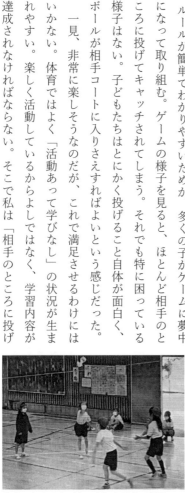

てしまい、キャッチされている場面」を映像で見せるなど、子どもだけでは気付かない新しい視点を持ってきた。すると、子どもから

「ただ返しているだけになっている。人のいない所に投げなきゃダメなんじゃない？」「落とすために、作戦を立ててみたらどうかな。」

という意見が出された。

子どもは十分ゲームに慣れ、やるべきことが明確になることで願いや問いが生まれる。やりたいことがはっきりしたところで、子どもたちとともに学習計画を立てる。

「全部で六時間あるんだけれど、どうやって進めようか。」「作戦を立てる時間がほしい。」「わかった。でも、その前にスペースっていう言葉を教える時間が一時間ほしいな。」「うん、いいよ。」

子どもの願いに即しながら、教師の要求も伝える。「子どもとともに創る」とは、教師からの要求は言ってはいけないというわけではない。必要とあれば、教師も意見を述べる。

次の時間である。私からスペースの意味とどこにスペースが空くのか図で説明した。その後のゲームではスペースに投げようとするが、多くの子はねらうというよりも、まだ投げるのがやっととという感じ。すると、試合中にわざわざ私のところまでやってきて、

「どうやって投げればいいの？」

と聞きに来る。授業終わりに、そのような声が出ていることを全体に伝えると、

「私もそう思う。投げる練習がしたい！」「先生、投げ方を教えてよ。」

という声が多く上がった。次の時間は作戦を考える時間だったが、その前に一度、私から正しい投げ方を教えてもらう時間をとろうと子どもたちは話し合い決定した。次の時間、正しい投げ方を教えてもらうと、喜んで何度も練習をする。今まで一度も相手コートに投げ入れられなかった子も、少しずつではあるが入るようになってきた。


子どもがこのゲームで最初にやりたかったことは「作戦を使って、相手コートに落とすこと」であった。これを掘り下げる中でスペースという言葉に出会った。そして今度は、そのスペースをねらえるだけの技能が必要になってくることに気付いた。技術練習は自分たちにとって必然の学びだった。自分でやりたいことがあるから、そのための練習を行う。「はい、二人組でパス練習をします。」など、はじめから技術練習ありきではない。そして、教師は子どもの気持ちに寄り添いながら、ともに計画を修正した。しかしながら、この子どもの技能向上は教師が抑えなければならない学習内容でもある。「スペースの有効性」に目を向けることで、（子どもは必要だから行っているのだが）いつの間にか教師の指導事項に迫っていることが分かる。

このような「投げる練習がしたい」という声は受動的学習者では出てこないだろう。教師がいつもやることを全て伝え、子どもはそれに従うしかない環境に慣れてしまうと、子どもは自ら必要性を感じない。たとえ投げ方が上手くいかなくても、ただ黙って教師の言うことに従っているだけになってしまう。子どもからのこうした声が出てくる要因として生活科、朝顔における経験が大きい。朝顔の場合、問題が起きると、自分たちで何とかしようと話し合い、アイデアを出し合いながら解決の糸口を見出してきた。これにより「困ったことがあったら、どうやって解決するか自分で決める」「授業をどう進めるのかは私も決めてよい」という授業観になった。この子たちは既に「必要だからそうする」という意識を当たり前のようにもっている。子どもが課題に出会ったとき、教師から解決方法を伝えられるよりも、自ら試行錯誤を繰り返しながら解決する方が、その子にとって結果的に確かな力になることは明らかである。最後に、単元終了時に子どもたちの投動作はかなり上達していたことを補足しておく。

(2) 自分の喜びを享受できる仲間の存在（協働性）

いよいよ作戦を考える時間である。先に私から「左右に投げる作戦」「前後に投げる作戦」「素早く投げる作戦」など、基本的なものを提示した。子どもはそれらの中から選び、何度も挑戦していた。そして、次の時間のことだった。

「作戦なんだけれど、先生の考えた作戦じゃなくてもいい？」「もちろん。自分で考えたいの？」「うん。作戦タイムをどこかでとってほしい。」

子どもたちは作戦を考えたくてうずうずしている様子。注意点として、誰もがわかる簡単な作戦にすることのみ私から伝える。すると、

「あっち（右）に投げて、相手がこう（右に）動くでしょ？そうしたらこっち（左）に投げるんだよ。」

など、すぐに考えられるチームもあれば、教師の提示した作戦をもう一度行おうとしているチームもある。そんな中、ボール運動を初めて行うというミサキさんがボールを持ってコートを左から右に横切るように走る。次にジャンプして反対方向（左方向）にボールを投げた。

「え!?今のはわざとそうしたの？」「うん、そうだよ。そういう作戦だから。」

チームのシンジ君も

「それ、僕が考えたんだよ。こうすると相手がついてくるでしょ。ついてきたら反対に投げるんだ。」

教師の提示した基本的な作戦から「右に投げると相手は右に動く。すると、左にスペースが生まれる」ことに気付いたのだろう。つまり、自分の意志によって相手を動かすことができ、さらに、それによって相手コートにスペースを生み出せることを感覚的に理解したのだ。

その後、クラス全体にミサキさんの動きを紹介する。私から

「自分で相手を動かし、スペースを作っちゃうなんてすごいよね。」

と、価値づけを行う。すると、その後は多くの子が真似をするが、しだいに

「僕たちはね、前と後ろで考えているんだよ。後ろに思い切り投げて、相手が後ろに行くでしょ?そうしたら、前にふわっと落とすんだ。」

など、ミサキさんの動きから、さらに自分たちなりの方法を考え出す子もいる。こちらのチームは紙と鉛筆を持ってきて、どう動くのか作戦ボードのようにして何やら真剣に話している。また、あちらでは、

「すぐに投げ返した方が、相手が捕りづらいでしょ?だから、すぐに投げる練習をしようよ。じゃあ、こうやって三角形を作ってパスの練習ね。」

とユウキ君が話し、パスの練習が始まった。ちなみにユウキ君は最初、このゲームは得意ではないと言っていた子である。

単元の最初は「自分とボール（教材）」という関係の子がほとんどであった。自分が相手コートにボールを投げ入れられるかどうかが

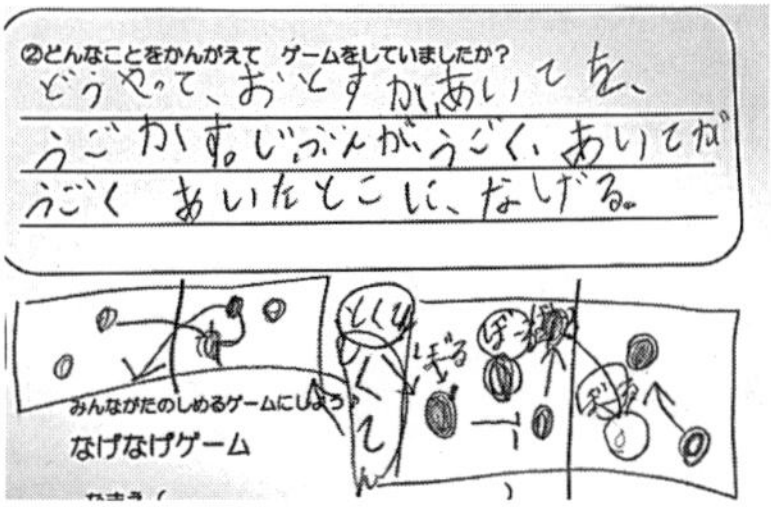

自分が考えた作戦

最大の関心事であった。それが、スペースに落とすという知識が加わった。さらに、ミサキさんの動きを見て、相手を意図的に動かして、スペースを作り出せることにも気付いた。そこから「自分とボールと相手」とその関心が他者（相手）に広がった。その後は自分がいかに相手を動かしてボールを落とせるかに夢中になり、何度も試していた。ところが、ふと見るとそこにはチームでともに戦っている仲間がいた。自分にとって面白い、この感覚をその友達にも味わってもらいたいと考えたのだろう。子どもはチームの友達にも自分が考えた作戦を丁寧に教え、必要とあればそのための練習を行った。ここでは既に「自分と喜びを享受できる仲間」という関係にまで関心が広がっている。これまでは自分が落とすことが喜びであったが、味方が落とせるようになることも自分の喜びに変化している。

　では、なぜ味方の友達にまで目が向いたのだろうか。一年生の発達の段階では、まだまだ自分を中心に物事を捉えようとする傾向が強い。自分が投げることだけに、ずっと夢中になっていてもおかしくない。ここにもやはり生活科の経験が大きい。自分と同じように朝顔を大切にする友達の存在に気付き、その気持ちに共感できる心が養われていた。そして、友達の気持ち

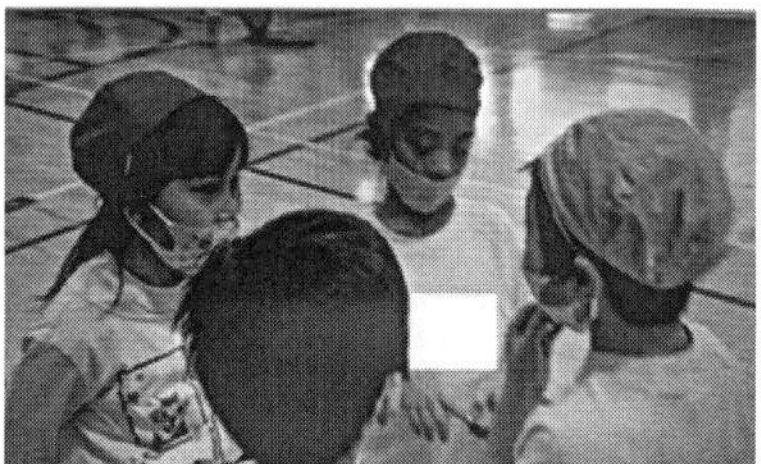
友達の存在に目を向ける

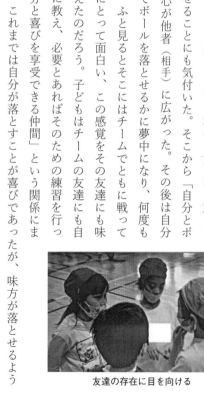

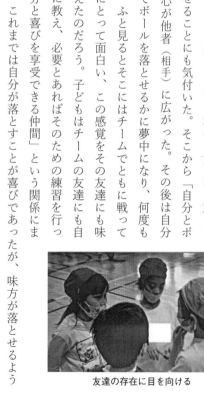

を大切にしながら、一緒になって一つのものを創り上げることが自分にとっての喜びでもあることを体験的に理解していた。また、協働することで、どんなに難しいことだって乗り越えられるという信念もそこには生まれていたのだろう。それはアドバイスをしてもらう側も同じである。友達の意見を聞くことが自分にとってメリットが大きいことに既に子どもは気付いていた。こういった生活科で培った協働の価値があったからこそ、体育においても他者へ関心を広げ、友達の願いも大切にしたいと考えられるようになった。もちろん、これらの力が結果的に体育の学習内容「簡単な作戦を考えることができる」を大きく後押ししていたことは言うまでもない。

(3) 人によって楽しみ方は違うんだ（選択する力）

話は少し戻るが、二時間目を行った後のことであった。以下、子どものやり取りである。

「得点を数えて、どっちが勝ったのか決めたい。」「それは嫌だ。だって、負けたら悲しいもん。」「でも、勝ったら嬉しいし、勝つために練習とかすればいいんだよ。」「そうだけど、緊張してミスとか起きそうだし……。」「でもさ、負けたとしても『次、頑張ろう』って思うことが勉強なんじゃないの。」

得点を入れて決着をつけたい子は、勝ち負けがあるから面白いし、技能が向上すると考えている。一方、決着をつけたくないという子たちは純粋に投げることが楽しいのであって、そこになぜ得点という「競い合い」を持って来るのか理解できない様子である。自分が投げたボールが、たとえ失敗して相手コートに入らなかったとしても、それはそれで面白いのであって、そこに失点という烙印を押してほしくないという考えである。

これらのやり取りはスポーツという教材に子どもがどのように向き合っているかを示唆してくれている。スポーツはそもそもが遊びから発展したことを考えると決着をつけない参加の仕方もあるだろう。一方、競い合うことに価値を見出し、決着をつけるという参加の仕方もある。これらは、どちらが正解という話ではない。

迷いに迷う子どもたち。そんな中、ヒロシ君が

「じゃあさ、勉強（単元）の初めのころは決着なしで、最後の方は決着をつけてやってみたらどうだろう。」「そうだね。僕たちはまだどちらもやっていないから、どっちがいいかなんて決められない。まずはやってみて、それから決めよう。」

子どもたちは単元前半を決着なしで進める。詳細は前述した通りである。そして、単元終了間近、得点板を出して、決着をつけるゲームを行った。一点をめぐって、真剣な表情や得点した時の歓声など、これまでにない光景が見られる。しかし、泣く子が続出する。これまでは敵

味方関係なしにアドバイスや称賛の声が多かったが、相手の反則を主張する声に変わった。また、ボール操作が難しいチームの子にも厳しい目が向けられる。

授業後、子どもたちと話し合いの場を設けた。得点（決着）のある／なしによってゲームの様相が大きく変わることに、子どもながらに気付いていた。得点（決着）があることでドキドキするという面白さもあるし、「こんな練習をしよう」という気持ちになれるらしい。しかし、同時に、それはデメリットも運んでくることを知った。私は

「残り一時間だけゲームが残っているけれど、どうやって進めたい？」

と尋ねた。すると、ケンタ君が

「決着をつけるかどうかは自分たちで選べばいいんじゃないかなぁ。」というアイデアを出した。自分たちのゲームなのだから、競争の仕方も自分たちで選べばよいということである。その後、決着ありコートと決着なしコートに分かれ、自分で選んでゲームを行う。決着ありコートは点数が入るたびにガッツポーズがあったり、試合後に嬉しそうだったりしている。前回、文句が出てしまうという競争ならではの課題は特になく進められた。他方、決着なしコートも非常に楽しそうである。得点はなくても、落とさないように体を思い切り伸ばしてキャッチしたり、作戦を考えて投げたりしている。

ここでは、子どもは他者との関わりの中で、スポーツという教材の光と影に気付いた。そして、決着をつけることはある子にとっては光だが、別の子にとっては影であることを知った。つまり、スポーツの楽しみ方やスポーツに求めるものは人それぞれであり、だからこそ、友達の考えも尊重する必要がある。そして、競争の仕方（ルール）を自分で選べるようにすることで、友達の考えを尊重するための具現化が図られると考えたのである。

生活科では「観察カードを文章で書くか、それとも箇条書きで書くか」を紹介したが、それ以外にも、どちらにするか自分で選ぶ経験を数多くしている。選択するということは、選んだ先にどんな世界が広がっているのか見通しが必要になるため、自分がそのもの（こと）とじっくり向き合わなければならない。そして、じっくり向き合う中で、その教材の本質に迫ることができる。こうした生活科での経験があったからこそ、「まずはどちらも体験してみないと分からない」「自分で選べるようにすればよいのではないか」という意見に至ったのであろう。そして、決着をつける（つけない）先にどんな世界が待っているのかを子どもは体験的に理解し、スポーツの光と影に辿り着いた。そして、いざ選ぶ場面では「私は決着をつけて楽しみたい。」「僕は決着はつけずに、投げる／キャッチするそのことを楽しみたい。」など、自分とスポーツを結び付け、自分なりの捉え方をじっくり考えることとなった。これらの過程を経て「スポーツの見方を広げる」という深い学びにまで達した。

【引用文献】

「はじめに子どもありき」（2017）平野朝久　東洋館出版社　pp.78-81

第五章　「はじめに子どもありき」による授業創りから学校創りへ

一　「はじめに子どもありき」に基づく学校経営

平成三十年、私は東京都世田谷区立世田谷小学校に校長として赴任し、学校の教育目標を達成するための基本方針として次のようにホームページに掲載した。

『はじめに子どもありき』の教育理念のもと、学校経営方針を『子どもが自ら育つ学校～子ども一人ひとりが学習を自分事として捉え、学びがいや喜びを感じ、よりよく育つ学校～』とする。『子どもはよくなろうとしている。』『子どもは本来能動的な学習者である。』という子ども観をもち、子どもの事実に立って『子どもと共に創る授業』という授業観のもとに『主体的・対話的で深い学び』を実現するための授業改善を行い、教育活動を展開する。全ての教育活動を通して、自尊心や自己肯定感を高め『やればできる』という自信をもつことができるようにする。あらゆる差別や偏見をなくし、相手の立場に立って行動できる心情を培うとともに、ひとの喜びを自分の喜びとし、ひとの悲しみを自分の悲しみとすることのできる子どもを育てる。」

学校経営方針については学校便りや保護者会でも伝え、さらに詳細なものを全教職員に示し、共によりよい学校を創っていこうという方向性を四月当初に確認している。

赴任当時、児童数は三二九名、単学級の学年も存在する小規模校から中規模校への移行期であった。令和三年度には四五〇名を超える児童数となった。「はじめに子どもありき」の理念で学校づくりをしたいと思ったのは、私が東京学芸大学の平野朝久先生のもとで学んだからである。平野先生のもとで学んだあと、担任として総合的な学習の時間の実践を続け、校長になってからは「はじめに子どもありき」の理念で学校経営を心がけてきた。はじめに平野先生との出会いについて述べ、次に担任時代の実践、最後に校長になってから学校全体で取り組んだことについて述べたい。

二　平野先生との出会い

平成一七、一八年度のことである。東京都の大学院派遣研修制度によって東京学芸大学大学院学校教育専攻で学ぶ機会を得た。

当時の私は総合的な学習の時間の実践こそ、子どもがわくわくと学び、全ての教科の学びを活かせる唯一のものであると思っていた。しかし、「子どもが夢中になるしかけを作る」、「ハードルを上げて、子どもに壁を作ってやる」等、総合的な学習の時間に関する本を読んだり、研究授業を見に行ったりすると、そのような表現に出会うことが多かった。教師と子どもは別の次元にいるかのようなその言い回しには「何か違う」と感じていた。子どもが夢中になり学びがいのある総合学習が展開されているとき、教師もまた子どもと同様に、試行錯誤を繰り返し、探究しているのではないか。私自身の経験からそう思ったのであった。私自身はそれまでの実践において、子どものためにハードルを上げるどころか、作った覚えのない壁に子どもと共にたじろぎ、乗り越えることに必死であった。

大学院を希望するころから「はじめに子どもありき」の本を読み始めたのである。得心することの連続であった。同時に、果たして自分の実践はどうだったのかと疑問が湧いた。幸いなことに大学院で学び始めてからは、平野先生と直接話すことができた。しかし、「中村先生はどういう思いでその活動を始めたのですか?大切にしたかったことはなんですか?」というふうに重要な点を指摘してくださるだけである。

教師とは、子どもの一歩先を歩きながら、共に授業を創り上げていく人なのではないか。私は平野先生のもとで学ぶことで改めて考えたのである。

平野先生の研究室で学んでいたときの研究テーマは「自然を学びの場とした学習活動の構成方法」であった。自分の実践を振り返り、論文を書くに際して、子どもたちへのアンケートや聴き取り調査を行うことにした。ある時間を経て、子どもたちから実践について聞くことが、教師の思いと子どもの思いを明らかにし、展開された学びを明確にすると考えたのである。

表1が、今までの実践の一覧である。これらの活動を振り返ることによって、学びがいのある総合的な学習の時間について少しずつわかってきた。学びがいのある活動とは、「いついつまでに何ができるようになる」ということに価値を置く活動ではなく、希望の次元に生きる活動「思いを込めて、やればできる」ということを実感する活動である。[1]

どの活動も、子どもの事実から構想したが、教師の思いも強いものであった。私は教師の思いがなければならないと思っている。教師の思いと子どもの思いが共鳴して、活動が動き出す。

表1　平成10年度から19年度の実践

年度	活動名	活動内容	ゲストティーチャー	子どもたちの声
平成一〇 一一	三宅島から学ぼう―海・森・人のつながり	海や森での体験活動を通して三宅島について学び、地域の大人たちと共に島の未来を考える学習活動。海をスノーケリングで観察し、森林の形成過程を体験的に学んだ。ホームページで学んだことを発信し都内の小学校と交流した。（三宅小学校五～六年生）	海洋学者ジャック・T・モイヤー、ネイチャーガイド海野義明及び、地域の方々	普通の小学生やってたら郷土愛はなかったかもしれない。当たり前にある海や山。それを深く知るきっかけになった。（二十歳の時に聴き取り調査）
平成一三	@(アッと)おどろけ！ホームページ	三宅島噴火で秋川に非難した三宅島小学校六年生が、故郷三宅島や東京近郊の海から学んだことを発信した。（三宅村立小六年生）	ジャック・T・モイヤー、海野義明　廣島和彦（HP制作会社）	私たちに自然を教え育ててくれたのも三宅島だから、感謝して、忘れずにいたい。
平成一四	デジタル・ワンダー・ランド	地域を流れる多摩川の自然をテーマに、自分が感じた多摩川をデジタルカメラで写真作品として表現する学習活動。（矢口小三年生）	高砂淳二（自然写真家）	写真のイメージが変わった。メッセージを伝える手段ってことを知って。（中一）
平成一五	多摩川物語プロジェクト	地域を流れる多摩川を舞台に映像作品を作り上げるという取り組み。上流から下流の干潟までを丹念に取材し、デジタルビデオで撮影した映像を編集した。テロップや音楽を入れて本格的な映像を創り上げる学習活動を行った。（矢口小五年生）	大久保瑞穂（テレビ番組制作会社ディレクター）、小谷あゆみ（フリーアナウンサー）	撮影のときは自然を見る目が違います。もっとしっかり見ようっていう気持ちになります。（中二）
平成一六	明日へ渡れ！新矢口渡プロジェクト	本格的な和舟作りと地域の名物作り、それらの活動を映像で記録しドキュメンタリーを作成する映像表現活動の３つの活動を同時進行で行った。（矢口小六年生）	伊奈孝（イベントクリエイター）土井厚（ジャンボ機パイロット）味岡亨（櫓の研究家）、矢嶋滋（ヨット修理の専門家）	舟ができたときは感動した。自分でもびっくり。やりとげる力が身に付いた。けっこう中学の委員会とか生徒会とかやってこれた。（中二）
平成一八	矢口フレンドパークプロジェクト～ポニーと共に	借りてきたポニーのために、馬小屋と遊び場を校庭に製作し、計一ヵ月の飼育を行った。また、同時にこの活動を映像で記録しドキュメンタリー作品を作り上げる活動を行った。（矢口小六年生）	深野聡（代々木ポニー公園）	とってもおもしろかった。馬見てるとうれしくなってくる。これをやったから中学校で学級委員やろうと思ったんです。
平成一九	究極の食プロジェクト	米・大豆・小麦の三チームで食を追究。解体可能は組み立て式石窯を開発し、国内産有機小麦で、全粒粉のピザやパンを焼く等した。（矢口小五年生）	地域の和菓子屋さん井村辰次郎（（株）金沢大地）	自分たちで開発した矢口式石窯はすごかった！全粒粉のピザやパンは最高。

平野先生は「学ぶ者の論理」ということを言われる。[2] 試行錯誤を大切にし、不合理で無駄に思える経路を辿ることで、真に学ぶことができる。「学ぶ者の論理」は教師にとっても大切である。

三　学級担任（大田区立矢口小学校）としての実践（平成二〇年）

総合的な学習の時間で「劇づくりプロジェクト」に取り組んだ。ストーリー、脚本、歌、衣装、演劇に関係する全てを子どもたちが創り上げ、ダブルキャストで全員が出演者と裏方の両方を務めた演劇表現活動である。水墨画家の小林東雲氏、演劇の舞台で活躍する元教え子らをGTに迎えて完成度を高め、子どもたちは大きな達成感を味わった。

①　ゼロから創り上げた創作劇

・成功して、まさかここまでできるとは思わなかった。達成感。大人になった感じがした。
・お客さんで泣いてる人がいて、すごい拍手で、やったかいがあったと思った。
・普通の授業では味わえない感動。中学では味わえない感じ……。めちゃめちゃうれしかった。
・もう泣きそうだった。みんなでひとつのことをやりとげた。練習はつらかったけど、あれを乗り越えてよかった。
・「もう1回やりたい」って思った。歌ももう1曲作りたかった。歌の時のみんなの手拍子がうれしかった。
・練習の日々を思い出すと、終わってしまってちょっと寂しい。
・「最高」の上。言葉に出来ないくらい。

（平成二一年、六月の卒業生への聴き取り調査から）

劇を上演した後の気持ちについての子どもたちの感想である。「劇づくりプロジェクト」は、後述のように順風満帆に進んだ活動ではなかった。教師も子どもも戸惑い、時にはやる気を失い、なんとか成功に漕ぎ着けたといっていい。上演から半年以上経ち、中学生になった彼らからの言葉によって、事後的に意義を確信できた部分もある。

この学習活動に取り組んだのには理由がある。5年生の活動（表1参照）を継続したいという子どももいたが、ある学級が落ち着かなくなり担任が6年進級時に交代するという状況があった。大きな達成感や成就感を持てるような活動で子どもたちに変わっていってほしいと担任一同は願った。劇づくりは、担任側から提案した活動である。

子どもたちのほとんどは賛成であった。みんなのやる気が必要であることを強調した。まだストーリーの片鱗もなかったが、本物を目指そうと話した。

同じ時期、水墨画家の小林東雲先生を図工専科の先生から紹介してもらった。まだ、何も決まっていなかったが、東雲先生に劇の背景画を水墨画で描きたいことを話した。「子どもたちが一から創る劇の背景画を」という話をすると「おもしろそうだ」と協力を約束してくださった。

子どもに出会ってほしいゲスト・ティーチャー（以下ＧＴ）を学びの必然に応じて招聘することは教師の大切な役割である。

夏休み明けに何人かの子どもが書いてきたストーリーをもとに各クラスで話し合った。様々な追加変更の意見が出た。動物の国、機械の国、生命の国、の三場面という共通理解をして後は係に任せることになった。脚本係、舞台係、音楽係、衣装係の四つに全体を分けた。

脚本係はまず、それぞれのクラスで出された意見を元にストーリーの構想を練り書き上げた。

（ストーリー）

美花と優輝は幼い頃、矢口神社で子猫を拾う。両親は二人に心優しく育ってほしいと思い、その子猫を「心」と名付ける。美花は子猫のお陰で友だちもでき、明るくなったのに、いつしか世話をしなくなってしまう。心は病気で死んでしまう。二人は心に会うために、不思議な老人の導きで別宇宙にある動物の国を訪れる。

動物の国の王は、二人に来た理由を問いただし、心を呼ぶ。しかし、そこでも弟の優輝は「命などリセットすればいい」とつぶやき、動物たちの怒りを買い、機械の国へ送られてしまう。そこは人間をロボットに作り替え、その心のエネルギーを活動源にしている恐ろしい場所であった。

美花は弟を助けに機械の国へ。心も後を追う。しかし、優輝に会う前に美花は捕まってしまう。優輝はそこで心だけは渡してはいけないと気付いた真人と出会う。心もそこに到着する。真人はロボットに心を蘇らせるハートボックスを開発しており、それを優輝に渡す。優輝と真人と心は、美花を助けようとするが真人はロボットに撃たれ命を落とす。三人も捕まってしまう。王の陰謀で三人は生命の国に送られる。

生命の国で調和に満ちた世界に驚く3人だったが、そこへ生命の国のエネルギー奪うために機械の国の侵略型ロボットが現れる。真人からもらったハートボックスでなんとか生命の国の危機を救った二人は心を連れて地球へ戻ろうとするが心は行けないという。宇宙では同じ場所 同じ時代で

の命のやり直しはできないのだった。

生命の国を救った三人の足下に命の花が咲いている。二人は命の花を摘んで地球に戻る。

それから四年後、成長した二人が、昔、猫（心）を拾った場所を通りかかると、子猫の鳴き声が聞こえる。

その子猫こそまさに、心なのであった。


ストーリーは右のようなもので、脚本にしていく過程でいくつもの新たな工夫が取り入れられた。それは、教師の予想を超えて、物語に厚みを持たせていった。いくつかを挙げてみたい。

動物の国

美花と優輝の処遇について動物たちが話し合う場面。人間に味方するもの、人間を糾弾するものに別れている。第一次の脚本は空欄であった。動物の役になった子どもは、その動物に成り切って自分で台詞を考えなければならない。子どもたちは朱鷺や日本狼になって、その歴史を調べ台詞を紡ぎだした。日本の絶滅動物を調べ、日本狼役になったCは以下のように台詞を考えた。

「オレは、ニホンオオカミ。人間たちの世界で言うとだいたい一〇〇年くらい前に絶滅した。それも人間のせいでな。昔は人間の村を守っていて神聖な神の代理人と呼ばれていた。でも、家畜の保護と言ってオオカミ狩りが始まり……それで絶滅したんだ。人間なんて自分勝手なやつらばかりじゃないか！」

機械の国

この物語の鍵となる真人が開発したハートボックスはロボットの心を取り戻すものである。舞台上でそれがどう作動するのかについて話し合った子どもたちは、それを使う人が自分よりも何かを大切に思ったときにしか使うことができないという前提を設けた。加えて、ハートボックスのスイッチを入れてそれがどう動いているのかを表現することについても、スイッチを入れると同時にテーマ曲の旋律をグロッケンで奏でることにした。

「うん!じゃあ、早く助けにいこう!あと、これはぼくがやっとの事で開発した『ハートボックス』！このアイテムは、ロボットの心を人間の心にもどすことができるんだ。でも、そのためには、持ち主が他の者を『心から助けたい』と思った時しか、起動しないんだ。きっと役に立つと思うから受け取ってくれ！」

生命の国

生命の危機を救った美花と優輝は心にいっしょに地球へ帰ろうと言うが、心は失った命は同じ時代同じ場所でやり直しはできないと断る。つらい別れを迎えなければならない三人。別れ際、美花は心にネックレスを手渡す。ラストシーンで、成長した美花と優輝が幼い頃心と出会った矢口神社を通りかかると、子猫が鳴いている。段ボールの中をのぞくと子猫の横にそのネックレスがある。二人はその子猫が心であることに気付くというのである。

Yはこれを脚本に仕上げ、上気した顔で私のところへ持ってきた。私は体中に電気が走るほど感激し「すごい!すごいよこれ!」と叫んでいた。「先生、いいでしょ!すっごい考えたんだよ」と得意満面であった。

～中略

「(神社の境内)〈ナレーション〉あれから四年後私は高校一年生優輝は中学二年生になった。

〈優輝〉今日はサッカーをしたよ。やっぱりゲームするより外で体を動かした方がいいね!……

　　今、猫の鳴き声しなかった?

(優輝がダンボールを見つけ、中をのぞく二人)

〈優輝〉子猫が……

〈美花〉ホントだ、かわいいなあ……。

(段ボールからペンダントを取り出す優輝)

〈優輝〉これ、あの時心にあげたペンダント……?

(二人は顔を見合わせる)

〈美花〉……やっと会えたね、心。」

担任一同は脚本を読み、その物語性に感激していた。「いい話だよね」とお互いに納得した。ダブルキャストで子どもたち全員が舞台と裏方の両方を務めることにした。しかし、この感動的なストーリーを演じきれるだけの演技力が子どもたちにあるのかという重大な点について担任一同は悩んでいた。

② 五、四メートル×七メートルの水墨画（一〇月末）

当日、東雲先生は、子どもたちに「劇のストーリーに感動したからここに来た」と言うと、「水墨画は素晴らしい日本の伝統芸術であり、それに触れてほしいこと」について語り、動物の国を一気に描いて見せた（写真1）。子どもたちから驚きの声が漏れた。その絵に子どもたちが順番に筆を入れていくのである。

東雲先生は「さあ、今度は君たちの番だ。それぞれの国のイメージを大切にね。僕の作品の上に乗れるのは君たちだけだよ」と優しく語りかけた。

最初は恐る恐る絵に乗り描き始めた子どもたちであったが、東雲先生が「いいね、それいいよ」と誉めて回るものだから、調子に乗ってどんどん描いていく（写真2）。イメージがある子どもはいいが、明らかにこの場面にそれを描いてはまずいのではないかというものまで描いている。例えば生命の国に腹巻きをしたおじさんの絵を描いていたりするのだ。

思わず私は指導しようと思ったが、東雲先生はそれを制して「調和に満ちて人間も動物も幸せに暮らしている国だもんね。そのおじさんも幸せそうだね」と笑っている。

教員三人は気が気でなく、「これで大丈夫なんですか？」と不安になって東雲先生に尋ねる。

「大丈夫なんとかなります」と落ち着いている。

全ての作業を終え、東雲氏は子どもたちにこう語りかけた。

写真１

写真２

「水墨画は下書きをしません。パッと描いたときに、この線は間違えたと思うこともあるんです。でも一生懸命描いていくと、その間違ったはずの線が生きてくる。一生懸命やれば奇跡は起きます。みんなもこの背景画をバックにこれから劇の練習をがんばっていくと思いますが、一生懸命やってください。そうすれば、きっと奇跡は起きます。僕の仕事は終わりました、後は、君たちががんばる番だよ！」

子どもたちは巨大な背景画と東雲先生を見て、大きな拍手を送っていた。私は背景画を見ながら、「こんなものまで創ってしまったけど、このままで劇はできるのだろうか。」と今まで感じたことのない不安を感じていた。

③　演技指導

演技指導に行き詰って頼んだGTが、一五年前の品川区立山中小学校担任時の教え子で舞台女優として活躍していた鈴木美紗氏である。現状を話し、脚本を渡し、一〇月末に協力を頼んだ。

本番まであと二〇日あまりであった。彼女は、時間的にかなり厳しいことに触れ、ダブルキャストが負担であることを指摘した。しかし、できるだけがんばってみることを約束してくれた。

日を開けずに、さっそく来校してくれた。子どもたちに鈴木先生を紹介した。「脚本、素晴らしいね。帰りの電車で読んで三回泣けた。」と、まず子どもたちの作り上げた脚本を誉めてくれた。脚本係は得意そうであった。

「でも、これだけのお話を劇でやろうと思ったら、かなりの演技力が求められると思います。

私は中村先生に頼まれてきたけど、みんなが本当にこの劇を本物にしたいという気持ちがなければ無理だと思う。どうしますか？」と子どもたちに投げかけた。子どもたちは「やりたいです。」と答えた。

演技指導が始まった。三つの場面ごとに演技練習に入っていたので、まず、オープニングからみてもらうことにした。お祭りの帰りという設定で優輝と美花の二人が幕前で演技するのである。台詞はたった二つである。そこで、待ったがかかった。

鈴木先生は美花役のNと優輝役のDに聞いた。

写真3

「お祭りでは何やってきたの？金魚すくい？綿飴は食べた？」

NとDは、何のことかわからない。鈴木先生が説明する（**写真3**）。

「こういうのを前状況っていいます。お祭りで何をやってきたのかをしっかりイメージしてないと『お祭り、楽しかったね』っていう台詞に気持ちがこもらないでしょう。どんな役の人もそうです。脚本では名前がない役の人も、自分が誰でなぜそこにいるのか。どんな気持ちなのかを考えておいてください。」

その後、立ち位置（舞台上で他の出演者と客席から見てかぶらないこと）、台詞は客席へ、台詞がない時の演技の大切さなどを、子どもの演技指導をしながら的確に教えていった。

ある時、「あなたたち、本当にやる気があるの？うまいへたではなくて真剣にやろうと思ってる？教えに来てる私に対して失礼です！この程度だったら、みんなの創った脚本を配って読んでもらったようがよっぽどいいです！」と子どもたちに厳しく指導した。

この最高に行き詰まった時期から、子どもたちの自主練習が活気づいてきた。鈴木氏も後輩である伊川奈津希氏をGTとして連れてきてくれた。子どもたちのやる気が向上し演技も日に日によくなっていった。

④　本番の成功と子どもたちの振り返り

体育館は満員であった。東雲先生も駆けつけてくださった。まずAチームの公演である（写真4）。最後の歌が終わって体育館が明るくなった。東雲先生は泣いていた。みんなを集めてコメントをもらうことにした。

「本当に素晴らしい。言葉もないくらいです。こんな感動的なものに仕上がってるなんて。あの背景画はみんなの素晴らしい演技でなお一層輝いていました。本当に素晴らしかった。どうもありがとう。」

Ｂチームも Ａチームに負けないような熱演であった。美花役のＴは最後の台詞を「お帰り、心」に変えていた。Ｂチームはなかなか演技が向上せず最後まで課題を抱えていた。鈴木先生も指導が入らないＴを一番心配していた。しかし、当日は迫真の演技であった。

「今年見た演劇の中で一番感動しました。ホント、みんなすごかったよ、よくがんばった。これだけのことができたってこと、絶対に忘れないでね。私もがんばります。」

と涙ながらにメッセージを伝えてくれた。

終演後の子どもたちの気持ちは、はじめに書いた通りである。

この後、子どもたちはお世話になったＧＴにお礼の手紙を書いた。左は東雲先生へのＹのお礼の手紙である。

写真４

「一生懸命やれば奇跡は起きる」という東雲先生の言葉を心の中に刻み、本番までがんばってきました。劇が成功した時は、改めてその言葉が本当なんだと感じました。～中略～最後までやりとげた時、心の中は達成感でいっぱいでした。自分が役を演じている時も観客には涙を流している人もいて逆に私が泣きそうになりました。

前述したように、この活動について平成二一年六月に聴き取り調査を行った。その主なものを書いてみたい。

質問「今中学で役立ってると思うこと、成長したなと思うことは何ですか」

・「自分はここまでできる」っていう上限が上がった。
・自分のレベルが上がった。自信がついた。
・心が強くなった。いっぱい涙したし、うれしかった。全て乗り越えてきたから。
・積極的になった。友だちが増えた。自然に話しかけられるようになったから。
・普段の発表の声がでかくなって、クラスでの発表とか全然緊張しない。
・みんなで話し合って進めてきたから、コミュニケーションの力がついたと思う。友だちにも積極的に話しかけるようになった。
・あきらめない気持ち。
・友だちの大切さや、協力することの大切さがわかった。
・Y中では学級委員はみんな矢口小出身だよ。クラス半分が参加する委員会活動もほとんど矢口小。みんなすごくやる気ある。
・ねばり強さかな。

質問「この活動で先生はどんな存在でしたか？」

・必要不可欠な存在。先生いなかったら劇はできてなかったと思う。
・いっしょに苦労してくれた。
・先生いなかったら、気持ちのこもったものにならなかったかも。
・子どもにも教師にもやる気が必要だね。
・行き詰まったとき、相談にのってくれた。
・自分たちでやれたからここまで感動できたと思う。先生が指示出しちゃったらやる気なくなる。見守って相談に乗ってくれて、支えてくれてる感じ。
・みんなにいろんなアドバイスをして力を引き出してくれた。
・劇を自分たちで進めて失敗しちゃったとき、励ましてくれた。
・鬼。自分たちはちゃんとやってるのにすごく厳しいって思った。でも、最終的にはいい存在。先生って見込みがあると叱るんだって今になってわかった。
・先生が演劇に詳しくなくてよかった。伊川先生や鈴木先生が来てくれたからみんな必死になった。
・距離が縮まってすごく近い存在になった。
・鬼の仮面をかぶった神様。愛のムチだったんだなって終わって思った。終わってからね。

・みんながやる気なくなってるとき、がんばろうって本気で言ってくれてすごいなって思った。なんで言えるのかなって思った。やる気ないこと知ってるのにがんばってるからすごい。

・うちのクラスの一部は、中村先生に反抗しようって話し合ってたんだけど、途中でやっぱり悪いのは自分たちだって気付いた。それでちゃんとやろうと思った。

最後の二つは、この活動で私とぶつかることが多かったSである。聴き取り調査にもわざわざ来てくれた。「ずいぶん、いろいろ言いに来たよね」と水を向けると「あの時は本当に、腹立ってた」と打ち明けた。その後で「でも、本当に変わったんだよ。やるしかない、絶対にいいものにするってがんばった。」と笑った。

⑤ この実践を振り返って思うこと

前ページの教師の存在についての子どもの振り返りの中に「いっしょに苦労してくれた」という一言がある。子どもは教師を共にがんばった存在と見ている。

大学院時代、平野先生と「教師の思いと子どもの思いとの関係」についていろいろ話をさせていただく機会があった。「どちらが強いとか弱いとかせめぎ合うような関係ではなく、双方の強い思いが三次元的に高まっていくのではないか」という平野先生の仮説に、自分の持っていたイメージが一致した記憶がある。

目の前にいる子どもたちを信頼すること、彼らのために全エネルギーを傾注すること、常に反省し教師自身が変わり続けること、そのことによって「はじめに子どもありき」の理念は具現化していくのではないだろうか。

(4) 校長としての「はじめに子どもありき」~世田谷小学校での学校経営

平成三十年、私は世田谷区立世田谷小学校に赴任した。はじめに子どもありきの理念に基づく学校経営をしようと決意した。

学校経営方針を「子どもが自ら育つ学校~子ども一人ひとりが学習を自分ごととして捉え、学びがいや喜びを感じ、よりよく育つ学校」とした。子どもは能動的な学習者であるという子ども観に立って、子どもと共に創る授業を学校全体で行っていきたかったからである。

初年度は今後の学校の方向性について職員に常に話し、次年度から生活科・総合的な学習の時間の研究を開始し、研究発表等を通して発信していくことへの覚悟をもってもらった。

子どもと学びを創っていくうちにそのおもしろさと子どもの変容に教員も感動するに違いないと確信していた。

① 研究による変革

令和元年度になり、平野先生を招いていよいよ研究を始めることにした。世田谷区の研究開発校「カリキュラム・マネジメントスクール」である。

生活科・総合的な学習の時間を軸にしたカリキュラム・マネジメントの研究を二年間行い、翌令和二年度には研究発表も予定していた。

世田谷区には総合的な学習の時間の一部を使った教科日本語があり、総合的な学習の時間は年間35時間から52時間までで設定する。私は世田谷区小学校教育研究会生活科・総合的な学習の時間部会の部長も務めていたが、探究のプロセスに充分な時間を取るためには世田谷区で設定可能な52時間を総合的な学習の時間として確保し、なおかつ一単元が望ましいと考えていた。それを実施している学校は私の知る限り世田谷区内ではなかった。

世田谷小でそれを行っていき、資質・能力ベースのカリキュラム・マネジメントで各教科を繋ぎ、学びをひとつのものとすることで、子ども一人ひとりに学びがいや学んだことが役に立っている感覚を味わって欲しかった。何よりも先生たちに、予測困難な時代において、子どもと共に正解のない問いと向き合っていく姿勢をもってほしかった。そのことが、「主体的に学びに向かう力」を高め、「知識・技能」「思考力・判断力・表現力」が自然と伸びていくことにつながると思っていた。

しかし、ことはそれほど簡単ではなかった。四月はじめ、平野先生に本校に来ていただき、これから研究を始めるにあたって、その根本ともなる「はじめに子どもありき」に基づく授業創りについてお話していただいたのだが、教員たちの反応はあまりピンと来ておらず、捉え所のない内容だと思っているようだった。

「子どもは能動的な学習者である」という子ども観は、子どもに「〜させる」ことが当たり前になっている教師にとっては受け入れ難いものがあるのだろう。子どもは、教えて覚えさせてやらせなければ力が伸びないという受動的学習者の子ども観をもっている教師は多い。

未だに、指導案に「子どもに課題をつかませる」というような表現を見ることがあるが、まさに子どもは「〜させる」ことで力が伸びると信じているからである。

② 研究の構想と単元開発

研究をスタートさせた当時、受動的学習者観をもった教員が多かったことは、三年間の実践を通した後の教員への聴き取りでも明らかになった。それゆえ、研究を通した教員の変容も明らかになった。これについては後ほど述べる。

生活科・総合的な学習の時間を軸にカリキュラム・マネジメントで学びをつなぐと言っても簡単ではない。まずは研究主任を中心に研究推進委員会で研究の構想を立てて、単元開発に臨

表2　各学年の主なテーマと活動内容の概要

学年	主なテーマ、活動場所	理由・留意点
3年	食　校内の畑で野菜を作って探究的な学びへ	地域の方が開墾してくれた畑を活用する必要があった。
4年	地域　学区域	写真という表現手法やお店へのインタビュー、体験的な活動を重視する。調べて発表のような型にはまった活動はしない
5年	地域の環境	地域の自然環境等に着目して活動を創り出す。
6年	今までの学びを通して自分たちの未来をデザインする。	地域での体験を通した学びから、自分たちの未来を具体的にイメージする。

んだ。総合的な学習の時間を今までやったことがない教員が多かったので、いきなり目の前の子どもと活動を創っていこうとしても難しいと思われた。

　そこで、私は各学年の主なテーマと活動内容の概要を提案することにした。**表2**がその内容である。

　これは活動をイメージしやすくするための指針とし、より具体的な学習活動を子どもとともに創っていくために明示した。そして、最も大切な教員の在り方を「子どもと共に探究する一人としての教師」として、探究のベクトルの一員と捉え、最も大きな熱量をもった存在とした。子どもの探究を誰よりも深い教材研究で支え、助言し導くためには、絶対的な熱量が必要であるからだ。

　子どもを見取り、目の前の子どもたちと活動を創り上げていく生活科・総合的な学習の時間への学校を挙げての取組を始めたのである。生活科・総合的な学習の時間を軸にカリキュラム・マネジメントを行うというのが研究開発校としての骨子であったため、その視点を常に意識しながら単元開発を行う研究初年度が始まった。

研究主任として令和二年度から本校の研究を牽引してきたK主幹教諭は令和元年の平野先生のお話のことを振り返り、「今はわかっていますが、当時は申し訳ないですけど、まとめて言うと『わからない』という感じです。何について話をされているのか自分自身がピンと来ていないというか。自分が今までやってきた『調べて発表する』という毎年同じことを繰り返す総合と違い過ぎて、私にとって意味のある時間になったとは言えませんでした。」と語っている（令和四年三月聴き取り）。

令和元年度は研究主任をM主任教諭に任せていた。東京都小学校生活科・総合的な学習研究会に所属し、生活科・総合的な学習の時間の実践を積んでいたからだ。

この研究で大事にすべきものは教師の在り方であり、目の前の子どもを信じ、子どもと共に授業を創っていくということだった。

そのような観点から、構想図が出来上がり、指導案の形ができていった。

研究構想図1を見ると、木の根っこの一番下に(1)子どもと共に探究する一人としての教師の在り方とあり、子ども観と授業観が明記されている。この上に(2)子ども主体の活動の設定があり「子どもにとって探究しがいのあるものとしている。そしてさらにこの二つの土台の上に(3)

カリキュラム・マネジメントがあり「各教科の学びを子どもの学びの必然に沿うように再構成し、子どもが学びを自分事として捉えられるようにする。」とある。

学びをひとつのものと捉えることで研究主題「主体的に学び、豊かに育つ子ども」が具現化されるのである。**研究構想図2**ではそれをさらに具体的に説明している。カリキュラム・マネジメントは子どもの学びの必然に応じて行っていくため、ゼロ次案→一次案→二次案と変更していく。

教員たちにとっては文字通り手探りであり、学ぶ者の論理で進めていくしかなかったであろう。研究を続けて三年間が過ぎた令和四年三月に今までを振り返ってもらった。令和三年度は、世田谷区の研究指定校「キャリア教育に関するもの」の指定を受けていた。

質問の内容は大きく二つである。「この三年間の実践を振り返って」と「自分にとって『はじめに子どもありき』とは何か」である。三名に話を聞いた。この三年間で生活科、総合的な学習の時間の両方を実践した二名と研究のリーダーである一名である。指導力が高く通常の授業と生活科・総合的な学習の時間の指導が大きく変容したT主任教諭、開始当時は一番抵抗があったが、能動的学習者としての子ども観を身につけ授業が変わったA教諭、先述したK主幹教諭である。

令和２年度 巴の学び舎 世田谷区立 世田谷小学校 研究構想図
研究主題
主体的に学び、豊かに育つ子ども
～生活科・総合的な学習の時間を軸にした教科横断的なカリキュラム・マネジメントを通して～
目指す児童像
・主体的に学ぶ子　すすんで活動し、課題を探究する子
・豊かに育つ子　学びを通して、自己の生き方を見つめ、変容していく子
音楽
家庭科
算数
図画工作
外国語活動
国語
生活科・総合的な学習の時間
特別活動
体育
特別の教科 道徳
社会
理科
教科 日本語
GT（ゲストティーチャー）の活用
専門性の高い助言
本物に触れる機会
地域人材の活用
地域の人とつながる
地域への愛着を育む
〈3〉カリキュラム・マネジメント
生活科・総合的な学習の時間を軸に、各教科の学びを子どもの必然に
沿うように再構成し、子どもが学びを自分事として捉えられるようにする。
〈2〉子ども主体の活動の設定
◎子どもにとって探究しがいのあるもの（質・量）
・地域の特色や人材を生かせるもの
・自己の生き方につながるもの
〈1〉子どもと共に探究する一人としての教師の在り方
子ども観
・子どもはよくなろうとしている。
・子どもは本来能動的な学習者である。
・子どもには、自ら探究し、内から育つ力がある。
授業観
・学習の主体者は子どもである。
・子どもの事実に立つ。
・子どもと共に創る授業。
○子どもの内面を見取る
○子どもが主体的になる学習環境を整える
○子どもの学びや成長を価値付け、広げ深める

図１　研究構想図１

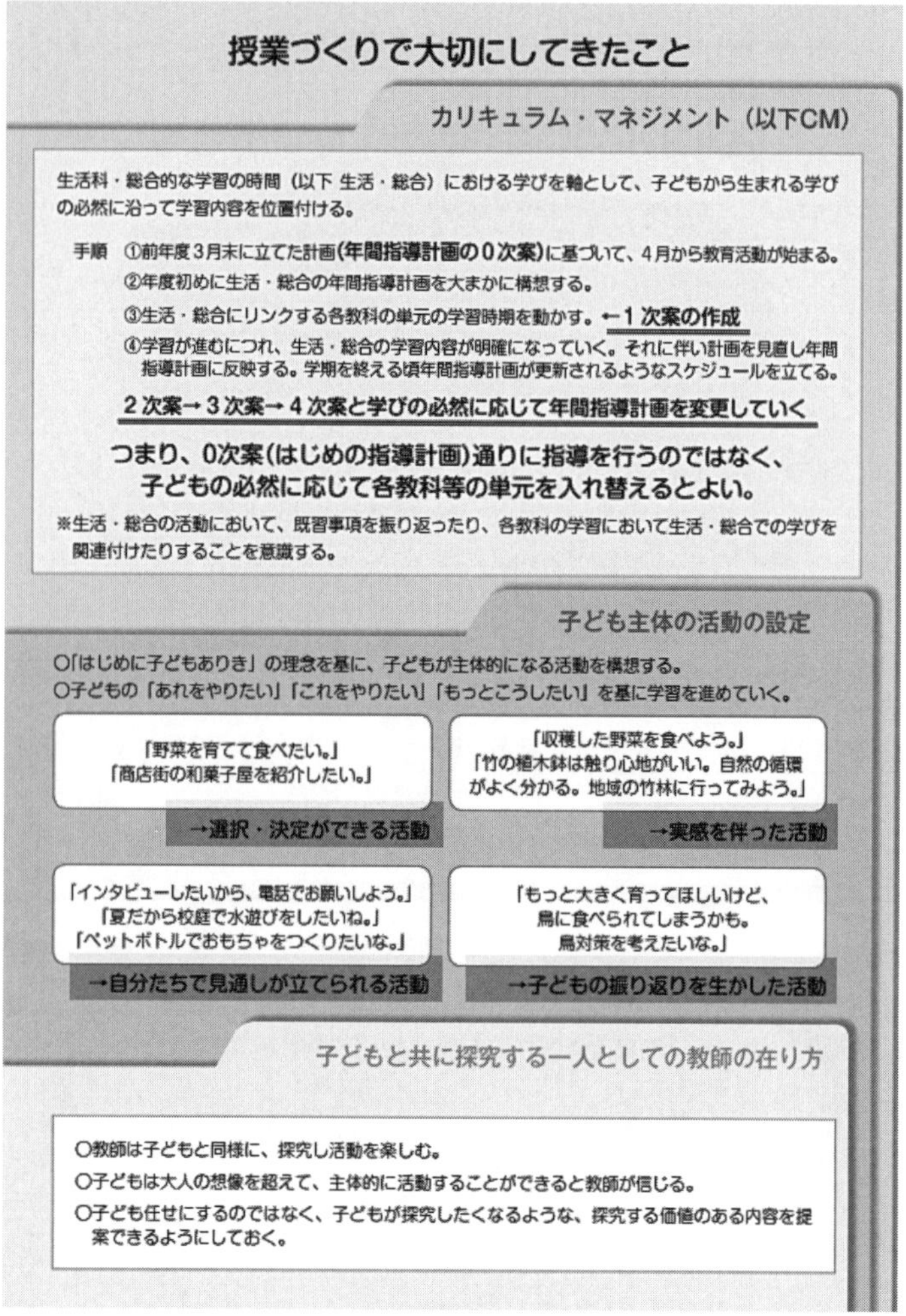
授業づくりで大切にしてきたこと
カリキュラム・マネジメント（以下CM）
生活科・総合的な学習の時間（以下 生活・総合）における学びを軸として、子どもから生まれる学びの必然に沿って学習内容を位置付ける。
手順 ①前年度３月末に立てた計画(年間指導計画の０次案)に基づいて、４月から教育活動が始まる。
②年度初めに生活・総合の年間指導計画を大まかに構想する。
③生活・総合にリンクする各教科の単元の学習時期を動かす。←１次案の作成
④学習が進むにつれ、生活・総合の学習内容が明確になっていく。それに伴い計画を見直し年間指導計画に反映する。学期を終える頃年間指導計画が更新されるようなスケジュールを立てる。
２次案→３次案→４次案と学びの必然に応じて年間指導計画を変更していく
つまり、0次案(はじめの指導計画)通りに指導を行うのではなく、子どもの必然に応じて各教科等の単元を入れ替えるとよい。
※生活・総合の活動において、既習事項を振り返ったり、各教科の学習において生活・総合での学びを関連付けたりすることを意識する。
子ども主体の活動の設定
○「はじめに子どもありき」の理念を基に、子どもが主体的になる活動を構想する。
○子どもの「あれをやりたい」「これをやりたい」「もっとこうしたい」を基に学習を進めていく。
「野菜を育てて食べたい。」

「商店街の和菓子屋を紹介したい。」
→選択・決定ができる活動
「収穫した野菜を食べよう。」

「竹の植木鉢は触り心地がいい。自然の循環がよく分かる。地域の竹林に行ってみよう。」
→実感を伴った活動
「インタビューしたいから、電話でお願いしよう。」

「夏だから校庭で水遊びをしたいね。」

「ペットボトルでおもちゃをつくりたいな。」
→自分たちで見通しが立てられる活動
「もっと大きく育ってほしいけど、
鳥に食べられてしまうかも。
鳥対策を考えたいな。」
→子どもの振り返りを生かした活動
子どもと共に探究する一人としての教師の在り方
○教師は子どもと同様に、探究し活動を楽しむ。
○子どもは大人の想像を超えて、主体的に活動することができると教師が信じる。
○子ども任せにするのではなく、子どもが探究したくなるような、探究する価値のある内容を提案できるようにしておく。

図２　研究構想図２

令和元年度の終わりから新型コロナウイルス感染症のため、全国的に休校になり、学校再開は令和二年度の六月末、その後も感染症対策で充分な体験活動ができないという厳しい条件下で取り組んだ。

(5) 教員の変容（聴き取りから）

① 子どもからスタートする　―T主任教諭

【三年間の実践を振り返って】

実を言うと、教員人生の中でまともな総合的な学習の時間（以下、「総合」）をやったことがなかったです。行事にかぶせたものだったり、五年生はバケツ稲、六年生は国際理解とかって毎年同じことをやっていたりというのが今までの総合でした。

指導計画があらかじめ立っていて前年通りが当たり前で、子どもに「何したい？」なんて聞いたことなかったです。子どもと活動を創るのも初めてでした。

一年目は地域で何やろうって子どもたちに聞くことで変わりました。地域の学習をするに当たって、カリキュラム・マネジメントも手探りで始めたけれど、道徳や社会科とつながっていく感じがわかって少しずつ動き出した感じです。子ども自身が「ここに行きたい」って意見を

表3　T主任教諭が取り組んだ活動

年度	担当学年	活動の概要
令和元年度	四年生	地域に出て、様々なお店を取材し、宣伝をするためのシールなどを作成したが、年度末に新型コロナウィルス感染症のため、活動は完結しなかった。
令和二年度	二年生	生活科で育てた野菜への感謝を野菜祭りという活動につなげ、学校再開が6月末になったことにより秋の実施になった運動会で野菜お神輿を作り団体競技（リレー）を行った。競技中の替え歌やダンスも子どもたちが考えるという表現活動につながる探究的な学びとなった。
令和三年度	五年生	学校の裏庭の自然から苔や虫、鳥等、身近な自然の魅力を伝えたいと本校を応援してくださっている地域の方の庭から竹をたくさん切り出してきたり、苔テラリウムを作成したりと自然をテーマに多様な活動を展開した。

出し、その地域に取材に行ったりしました。お店のグッズを作ったりしていたのにコロナ禍になり渡せずじまいでした。そういう意味では尻切れとんぼでした。自分自身も総合的な学習の時間の指導要領をしっかり読み込んでいろいろ勉強しました。

　二年目の野菜祭りはやり切った感はありました。M主任教諭が先陣をきってくれたので、子どもたちの主体性に任せることができました。お家に野菜もって帰って料理作って紹介するなど、野菜祭りが生活科のピークになりました。御神輿を創って、ダンスも創って、替え歌も子どもたちが作りました。実践しながら、生活科の指導要領をしっかり読むことでいろんなことがわかりました。

　今年の活動の発想は子どもからで、校庭裏を自分たちの秘密基地にしたいというので任せてみました。でも、任せ過ぎたところもあって、「これどうするの」って思って少し口を出しながら、試行錯誤し続けました。子どもたちはとにかく総合の時間を楽しみにしていました。二学期中旬まではクラス別にやっていたけど、ある時一緒にやったら、自分たちのプロジェクトに関係がある、お互いのやっていることを見て助言したりここを一緒にやろうって言い出したりして関わり合っていることがとてもいいと感じました。

【「はじめに子どもありき」とは】

どの教科も子どもが主体的に学ぶためには、子どもからスタートする方がいいです。総合は教科書がないので、子どもの発想ひらめきが大切。子どもがやりたいことを子どもが発信しているので、やり続けていると、ここがつながっているって子どもから出てきます。振り返りをすると結果的にSDGsと結びつくって気がついて興味を持って調べたりする子が出てきたりして、子どもたちの学びの在り方も変わってきました。

来年は三年生担任として、野菜で染め物したり糠漬けしている保護者の方に協力をお願いしたりしようってイメージをもっています。染め物して運動会で踊ってもいいかなって。

生活科も総合的な学習の時間も、学習指導要領はマーカーで線を引いて付箋付けて読みました。いろいろ書いてあって本当に勉強になった。

② 子どもを信じる ― A教諭

【三年間の実践を振り返って】

一年目、自分自身が畑をやったことがないので調べたら土づくりが必要だってわかって、子どもと一緒に勉強していった感じです。知識が必要だけど指導書があるわけではないので、主事さんに助けていただきました。

夏野菜を育てて、キュウリはうまく育ち、収穫できました。一学期の夏野菜はまあ収穫できたかな。子どもが喜んでいるのが印象的です。お店の方が美味しいに決まっているのに、自分たちが作った野菜が一番美味しいって言っていました。子どもが自分たちで調べてきてやっていたので自分たちで全てやり切って満足していました。

冬野菜は全然育たなくて、三学期になってやっと育った。お世話になっている地域の方から、鳥に食べられちゃうってことを教えてもらって、もう少し大きくしたいから鳥対策をしたいって子どもがいい出して、鳥対策をみんなでしました。子どもたちはＣＤの反射ミラー、カカシ、フクロウの置物などを創っていました。

鳥対策が出た時に子どもが考えるってこういうことなんだって思いました。子どもの自主性で進めていくことを実感できました。基本は子どもに任せていたのでこちらは足りないだろうなって思うところをフォローしようと思ったくらいです。

表4　A教諭が取り組んだ活動

年度	担当学年	活動の概要
令和元年度	三年生	校内の畑を活用して野菜を作ることから、探究活動を始める。冬野菜の時、子どもたちが鳥対策について自分たちでどんどん進めるのを見て、総合のおもしろさを実感した。
令和二年度	一年生	「秋を楽しもう」でハロウィンパーティーを子どもたちの発想から実施。秋の木の実等を活用し、豊かな気付きが生まれた。
令和三年度	四年生	自然写真家高砂淳二氏から写真を学び、地域に出て作品を作った。コロナ禍になり、校内を主な活動場所として、ピクチャーラリーで他学年を招いて実施した。年度末には学校の周囲をギャラリーにして学校の素晴らしいところを写真展で地域に伝えた。QR コードでアンケートを取るなど、工夫した。

二年目は一年生の生活科でハロウィンパーティーをやりました。基本的の子どもの意見ですすめました。ものづくり、着る物、仮装、秋の木の実なんかを使ってやったんです。秋祭りでは、おもちゃを作って子どもがクレーンゲームを作りました。秋と遊ぼうで箱と秋のものを使って作っていた。あれも私の発想ではできません。すごいと思いました。

三年目は、写真はどちらかというとツールなので、写真を使ってどうするか、ということになると進めていくのが難しかったです。ピクチャーラリーをしたいっていうのが出てきて、子どもたちは豪徳寺や商店街での活動を考えていました。しかし、コロナ禍で外に出られないので校内ということになって。シールなら写真を生かせる。子どもたちなりにイメージができていたので自費で買ってきて作った子どももいました。写真からものづくりに進んだ。子どもはとても楽しそうでした。一年生対象にラリーをやったんです。

三学期は学校の周りのフェンスに写真を貼りたいっていうアイデアが出てきた。確かめたらできるということで進めました。結果的に校内から地域へと活動が広がっていきました。いまだに探究については、手探りで進んでいる感じがします。

【「はじめに子どもありき」とは】

子どもの「やりたい」を引き出して、できる限り整えて着手できるようにしていくことと捉えています。教科の学習においても同様。「この活動にはこういう意味があってね」とか、学習に意味をもたせることができるように意識しています。

できる限り、教えるというよりは子どもに「なんでだろう?」と思ってほしいって願っています。学習発表会の後の子どもの作文に「自分たちで考えるということは先生に言われてことをやるよりも時間がかかるけど、自分たちでやることの大切さに気づくことができた。」と書かれていました。真剣に子どもと授業を創るのは大変だけど、子どもの思いに沿った方がいいんだろうと思っています。子どもって子どもだからというところもあるけれど、自分はこうしたいっていうのとすり合わせていくことが大切。

私自身、子どもに判断を委ねるようになりました。自分の子育てにおいても同様です。こちらが指示するのではなく判断を委ねるようになりました。昔は「ああしなさい、こうしなさい」って言っていたけど、自分で決めてほしいって思っています。子どもを信じるようになったのでしょうか。前はあんまり信じてなかったのかもしれません。子どもってこんなもんだろうって。意外と任せておいた方がいいっていうことが経験を重ねることでわかってきました。そう、子どもを信じるようになりましたね。

大変だからゴールが見えないからもやもやして嫌だなって思うけど、今でも。でも、失敗してもいい。子どもは失敗して成長することがわかりました。私自身、あまり怒らなくなりました。

③「はじめに子どもありき」が教育的に一番効果がある　―　K主幹教諭

【三年間の実践を振り返って】

一年目の研究のスタートの時、はじめは平野先生が何の話をしているかわかりませんでした。そもそも総合ってなんだっけって感じです。今になったら分かるんですけど、当時は本当にわからなかった。

地域ということで漠然と雑誌を作りたいなって思っていました。地域のいいとこ見つければいいのかなと思っていたんですけど、方法論がわからない。そこが教員として不安でした。と

表5　K主幹教諭が取り組んだ活動

年度	担当学年	活動の概要
令和元年度	四年生	地域に出て、様々なお店を取材し、留学生に向けて発表したり宣伝をするためのシールなどを作成したりしたが、年度末に新型コロナウィルス感染症のため、活動は完結しなかった。
令和二年度	六年生	樹木の専門家との出会いから、竹ポットの制作や竹炭作り、竹のアーチストとの出会いから、竹での表現活動等、多岐に渡る探究活動を展開した。
令和三年度	四年生	自然写真家高砂淳二氏から写真を学び、地域に出て作品を作った。コロナ禍になり、校内を主な活動場所として、ピクチャーラリーで他学年を招いて実施した。年度末には写真を活用したカレンダーの制作の活動を行った。

りあえず地域を歩いてみたけれど、地域を調べる学習になって先が見えなくなってしまった。迷走していた中で、調べたことを、留学生の方に紹介したんですけど、それに価値があったのかを今考えると、子どもにとっては自分ごとになってなかったと思います。校長先生からもあれはなんだったんだろうねって言われて。もともと総合は、このくらいでいいやっていう感じでした。ちょっと調べて発表したら終わりだよねって思っていたから、何を指導していいのかわからなかった。唯一の手応えとしては缶バッチやポスター作りで子どもが夢中になっている感じがわかった。その年の冬、長野県の伊那小の発表を見ていたので「確かにそうだ！」って納得しました。あの研究会の参加で子どもの必然で学びが展開するということがわかった気がします。

　二年目、樹木の専門家の高田さんを紹介されて話が面白く、すてきだなって思い、自分もやってみたいって思いました。子どもたちとも、竹ポット（竹で作る鉢）が面白そうだからやろうか、竹取りに行こうかって盛り上がって前のめりになってきました。フィールドワークでは、鈴木さんのお宅にお邪魔させていただき、竹林の居心地の良さを感じました。「切ろうぜ」っていう感じで、子どもが乗りに乗っている感じがとても良かった。そこから活動が流れていき、良かったと思いました。

みんなで竹を持ち帰る時間は楽しかったですね。ゴールイメージはない状態でしたが、この流れでやってみようかって思えた。竹ポッドや竹のアクセサリーはすごくよく作れました。さらにその時図工専科のW先生から竹のアートの話を聞いたんです。竹をつかったアートもやってみたいよねという話があがり、高田さんに再度来てもらったら、高田さんが竹炭の話をしてくれて、いろいろやってみました。図工室の窯で焼いたら灰になってしまうなどのこともありましたが、何度も挑戦しました。高田さんに「一気に焼け」って言われてやってみました。子どもは夢中になっていました。

三年目は、子どもは写真を撮ると人に見せたいとなり、それを中心にやろうと。外に行けないから、校内でラリーやろうってことになりました。思いのほか、子どもは熱中していました。会場準備とかに一生懸命で、やりたいことを子どもたちが本気でやることが総合の良さだなって思いました。

【「はじめに子どもありき」とは】

「教育ってそういうことだよね」っていうのが「はじめに子どもありき」ですね。方法論はいろいろあるけれど、そういう教育にならないと先生のための学校だよねってことになっちゃいます。それが世田谷小にきての成果です。

私は今までどちらかというということ「先生の言う事を聞け」って感じで来たけれど、自分がやりたいと思うことに子どもが集中したら力が伸びる、教育の本質だと思います。それが一番効果的なんじゃないか。子どもが欲しくないものを差し出してもノーサンキューになっちゃう。自分の今までの失敗でもあります。カリキュラムはあるんだけどそこでカリキュラム・マネジメントが生きてくる。子どものためのカリキュラムになってないとだめだと思います。私は世田谷小にきて変わりました。

(6) 今思うこと

当初は学校全体で取り組むことに無理があるように思えたこともあった。

しかし、教員たちは見事に「学ぶ者の論理」で子どもが探究にのめり込む実践を創り上げていった。

教員が子どもを信じるようになったように、私も教員をますます信じるようになった。不思議なものでそうなると、学校経営全般がうまくいくようになってきた。

もちろん時にトラブルが発生し対応に尽力することもあるが、教員を信じ子どもを信じ、毎日教室に顔を出し、子どもたちの学びを見守り、研究を継続していくことで探究的な学びが浸透していっている。

私も教員もこの世田谷小学校から異動するときが来る。しかし、「はじめに子どもありき」の理念を自分の中にしっかりともった教員は、何が子どもにとって大事にされるべきで、どのような教師の在り方が望ましいのかを身をもって周囲に示していくだろう。

そのことが、予測困難とされている時代の教育の一隅を照らすことになると信じている。

参考文献

(1) 佐伯胖『「学ぶ」ということの意味』岩波書店　一九九五年
(2) 平野朝久『はじめに子どもありき―教育実践の基本―』学芸図書　一九九四年、東洋館　二〇一七年

第六章　子どもと共に創る授業をめざして

それは、突然だった。教職について十五年の月日がたった時、当時の勤務校（所沢市立北小学校）の鈴木良明校長が、「藤田さん、『はじめに子どもありき』って知っている?私はその理念で学校の授業改革をしたいんだ。」と話された。その時、研究主任としてお話を受けたのだが、初めて聞くその言葉にどう答えてよいか分からなかった。私は「どういう意味だろう?」と心の中でその言葉を何度も反芻しながらもまずは、『はじめに子どもありき』の本を取り寄せることにした。ページをめくると、そこには、それまで私が、子どもたちと向き合う時に大切にしてきたことが綴られていた。「あなたのやってきたことでいいのですよ。」と本の中の言葉は語りかけてくれるようであった。

当時の私は、子どもたちの良い所を見つけていくことを心がけていた。子どもたちを勇気づけたり、意欲を高めたりできるように作品やノートに赤ペンでたくさんのコメントを入れ続けた。クラスで問題が起きても、叱るよりも先に、「そのわけは何だろう?」ということを考えて子どもたちと対話し、一緒に解決策を探っていた。周囲の先生方に「もっと厳しくした方がいいのでは。」と思われていたのではないだろうか。でも毎年、ゆっくりではあるが、クラスは優しく温かな雰囲気となるのだった。その事実は、少々他の先生方と異なるかもしれないが、子どもたちへの向き合い方は悪いものではなさそうだ」という心の支えになっていた。ところが、研究主任になってしまったのだから、授業改善を推進していかなくてはならない。ある先生の一言が忘れられない。

「はじめに子どもありきの本に書いてあることは理想論に過ぎない。そんな授業があったら見せてほしいわ。」

確かにその通りだった。私は本の中に書かれていることは、学級経営の上ではイメージできた。でも学校生活の大半を占める「授業」の中で、どうしたらよいのか分からなかった。その先生の一言で、『はじめに子どもありき』に根ざす授業を求め続けることになったのだった。

(1) 子どものどこをごらんになっていたのですか？

校内研究で四年生の「ごんぎつね」の授業を提案することになった。試行錯誤しながらも、自分の授業スタイルは確立しつつあった。四十五分間の授業を帯に分け、テンポよく集中を切らさないように授業を行っていく方法だ。席の配置も個人・グループ・全体と変化をつけ、全員発表をめざしていく。「誰もが主役になれること」を大切にした。活気があり、子どもたちが主体的に活動していたので、評判は上々だった。教材研究として、愛知の新美南吉記念館に足を運び、実際の物語の舞台も見てきた。「ごんぎつね」に関する様々な文献にも目を通し、有名な附属小学校の授業を参観して学んだ手法も取り入れた。「公立の小学校でもここまでできるのですよ。子どもの力ってすごいですよ。」ということを提案したかったのだと思う。それが二年間かけて考え抜いた『はじめに子どもありき』に根ざす授業の答えだった。無事に終わってほっとし、平野先生にも少しは評価していただけると思っていた。しかし、校長室でマンツーマンのご指導を受けることとなり、他に聞いている方がいない中、平野先生はこうおっしゃった。

「せわしない授業でしたね。藤田先生は、子どもたちのどこをごらんになっていたのですか。」

頭の中が真っ白になり、悔しく、情けない気持ちがじりじりとこみあげてきた。涙を必死でこらえた。


しかし、後日「せわしない」の意味が分かった。授業の参観をなさった高橋敏指導主事（現：淑徳大学教授）がはるなさん（仮名）から見た教室世界を見とり、授業記録を渡してくれたのである。めまぐるしく進む授業の進行に合わせて、何度も思考を途切れさせてしまっているはるなさんの記録は、授業の問題点を明らかに示していた。子どもたちは、先生による先生のための授業に合わせてくれていたのだった。申し訳なくてたまらなかった。

(2) 学ぶ側になって、大学で学び直す

埼玉県の長期研修の制度を用いて、学び直すことを決意した。子どもたちの思いや願いを生かしたいと思いながら、具体的に授業をイメージすることができなかった。振り返ると、採用以来授業を見る機会は限られており、担任する子どもたちを置いて研究会に出ることは難しかった。長期研修中は、一本でも多くの授業を見ると心に決めた。

そして、平成十七年の四月。平野研究室での生活が始まった。ゼミは学生さんの中に、私のような現職の教員が混じり、異年齢の構成になっていた。このゼミで学ぶ側の気持ちを痛いほど味わった。一生懸命ありったけの知恵を絞りながら、仲間の意見とつなげて考えるが、発言の勇気は湧かず、自己嫌悪に陥ることもあった。平野ゼミではよく沈黙が続いた。先生はお考えがあるには違いないが、何もおっしゃらない。私たちは粘って意見を交わし合い、考えをつないでいく。どうしても行き詰った時、先生は図などの形に表現されて、ボールを私たちに投げてくださる。すると、からまった糸がほどけるように、イメージが浮かび、また議論が繰り広げられたのだ。参考になる文献を、私たちが必要な頃合いを見計らって紹介して下さったこともあった。それは真っ暗な世界を歩こうとする私たちに、ほんの少しぼんやりとした明かりを灯して下さるものであった。その光を目指して、私たちは自分たちの力で切り開こうとした。

ゼミは、「学ぶ側の論理」をもう一度体験させてくれた。自分たちの結論が出せた喜びも体験し、一つにはまとまらず、開いたまま終了し、難しさも痛感した。自分の提案する回の授業では、文献を読みこんだ上で自分の言葉に落とし込み説明をした。それに対して様々な意見が出され、新たな視点をもらうことができた。そして自分の考えを毎回更新しつつ、常に新しい問いが生まれた。

そのゼミの学び合いの中に、先生がいらっしゃった。本当はずっと先を歩いているのに、私たちの半歩前まで戻ってこられて、一緒に考えてくださった。先生と私たちは「教える・教わるの関係」ではなかった。共に同じ方向を向いて求め続けた。私たちは、先生の姿を通して、『はじめに子どもありき』の理念・原理を頭だけでなく、全身で体感することができたのだった。

(3) 学び手である子どもになりきって、記録を取り続ける

ゼミのない日は、小さなメモ帳を片手にたくさんの教室を参観させていただいた。研修当初、どう記録を取っていいのかも分からなかった。それまで、常に教師側の目で指導案に書き込みをしながら、授業を見ていたからである。「教師というとらわれを捨てて、子どもになりきって

授業をご覧になったらいかがですか？」とアドバイスをいただいた。授業を見る視点が変わった。すると、子どもの仕草や表情、発言の一つ一つに意味があることが少しずつ見えてきた。子どもは常に「できるようになりたい。伸びたい。」と願い、活動の中で主体性を表していた。「子どもは本来能動的な学習者である」という子ども観をもって見とりをしたら、それまで見えなかったものが見えてきたのである。同時にどんなに小さな事実も大切に見とり、支える具体的な支援や働きかけができることが「教師の力」であることも、目の前の事実から分かってきた。

　また、過去の実践や参観させていただいた授業と理論とを結び付けていく中で、自分がめざしたい授業像も少しずつ明らかになっていった。それは、「子どもと教師が共に創りあげる授業」である。参観させていただいた中、心に刻まれた授業では、教師が子どものもつ良さや可能性を引き出し、教師の学び続ける姿勢や、教師の持つ豊かな経験や知識に、子どもたちは憧れをもちながら互いに高め合っていた。教師は、教材研究を綿密に行った上で、子どもたちの内からあふれる思いを待っていたのである。教師と子どもたちとが互いに尊重し合う空気が教室世界に広がっていた。そして、授業の方法は様々であるが、インタビューをさせていただくと、根底にある「子ども観」「教育観」が驚くほど同じだった。凛として信念を持っている姿、子どもたちに対して奢ることなく謙虚な姿から、その精神を学ばせていただいた。今後大切にすべきことは、指導方法だけではなく、「子どもの力を信じる」という教育観をゆるぎなく持つということなのだと実感した。こうして一年間の研修が終わり、新しいスタート地点に立つこととなった。

(4) 共に創る授業一年目が始まる

(平成十八年度　埼玉県所沢市立北小学校六年一組実践)

学校に戻ると六年生の担任となった。クラス開きの日、図を示しながらこう語った。

「ここにいるみなさんは、全員一人残らず力を持っています。共に学び続けるパートナーとして、今年一年歩んでいきたいのです。どうぞよろしくお願いします。」

自分が子どもたちにどう向き合っていくのか図で示し、語ることで、教師と子どもたちとの関係を明らかにしたのである。受け身ではなく自ら考え抜く子を育てたい。仲間と力を合わせながら、共に創りあげるような授業を展開しようと決意していた。同時に学ぶパートナーでありながらも、教師として二つの目を持つことを心がけた。一つは個々の子どもの事実を見とる目。二つ目は、集団全体を見とる目。日々の授業ではこの二つの目を大切にしがら、近い将来を見がちな子どもたちに対して、目指すゴールを示していこうと思った。不思議なことに、以前と比べて子どもたちが一人一人として見えるようになったことに驚いた。いつも「子どもたちの求めるものはなんだろう」「どうしたら子どもの力が存分に発揮できるだろう。」と学び手側に立って考えるようになった。必然的に、座席配置や板書の仕方、授業の構成が変わってきた。また、子どもたちも、授業が深まる手がかりになるものを教室世界に持ち込むようになった。教師の知識だけではなく、子どもたちも持っている知識を総動員して授業に臨んでくれたのだ。教える↓教わるの関係ではなく、「よりよいものは何だろう?」と共に求め続けていた。「自分たちで授業を創っていく実感がある。」「いつも仲間の意見とつなげて考えている。」「自分の意見からつなげてもらうと、自分のけったボールがゴールに決まる感じだ。」「友だちの言葉は大人の言葉より心に入ってくる。」これら当時の子どもたちの言葉の中にも、授業に主体的に取り組んでいる姿が表れている。

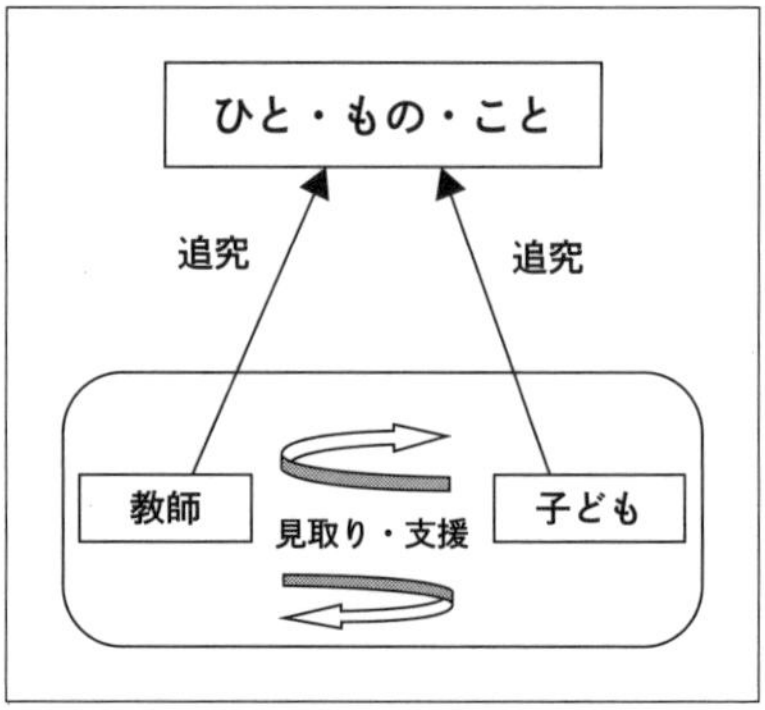

求められる教師と子どものあり方

① トマトまつりをやってみたい。そこから世界が見えてきた

総合的な学習の時間の「世界に目を向けよう」の単元で、「ぼくたち・わたしたちのトマトま

つり」を行うことになった。かずとし（仮名）の「スペインのトマト祭りを自分たちでやってみたい」という一言から始まった活動である。当初その無謀なアイデアはしばらくすれば、自然消滅すると思ったが、担任の予想は外れ、子どもたちの熱量は話し合いをするたびに上がってきた。そこで覚悟を決めて、子どもたちに伝えた。

「分かった。やってみよう。そのそのかわり投げるトマトは自分たちで育てるか、トマトを買う資金を自分たちで稼ごう。できなければゼロに戻します。」

周囲に対してはとても理解しがたい活動をスタートさせるということは、私にとって苦しいことだった。しかしこの言葉を言ったことでもう後戻りはできなくなった。子どもを信じよう。私はまさに子どもたちと運命共同体になったのである。その瞬間、子どもたちの顔は変わった。楽しそうな声が消え、沈黙が続いた。

しかし翌日から子どもたちは動き始めた。子どもたちはプロジェクトに分かれ、校内の空き地に畑を作ってよいかを理科主任の先生に交渉してきた。トマトの苗を購入し、栽培を始めた。トマトの苗を買うお金は地域のフリーマーケットに出品することとなり、休み時間も使って準備をしていた。当日は地域の方になぜこの店を出したのかの説明をしながら、みんなで店番をした。地域の方にたくさん励ましの声をいただき、褒めてもらっていた。人と関わるということは子どもたちを大きく成長させるきっかけになると実感した。私は常に調整役だった。

子どもたちは夏休みも順番に水やりにきていた。トマトがカラスにやられたら、自分たちで網をかけ守った。二学期は、愛着を込めて育ててきた自分たちの畑のトマトをどうするかを話し合った。「初志貫徹だよ。申し訳ないけれど投げよう」という声もあったが、最終的に子どもたちが出した結論は、自分たちのトマトを三十四人のみんなで分けて食べることだった。トマトを授業参観で販売し、収益は「ユニセフ」に寄付をした。これも全員で決めたことだった。

振り返ると、私はまさに子どもたちに試されていたように思う。「先生が共に創ろうと言っているが、それは本当だろうか？このあり得ないような活動に対して許可が出るとは思えない。」とどこかで思っていたのではないか。でも彼らの出した『踏み絵』を踏んで私は、子どもたちの世界に入れてもらったのだった。

② 総合の理念が他の授業に波及していく

このトマトまつりの子どもたちの変容は、他の教科の中でも明らかだった。授業の中に常に、互いに情報を持ち寄り自分たちで授業を創ることを楽しんでいた。主体的に学ぼうとする意欲が高く、受け身ではないから、私も必死で教材研究をすることになった。子どもたちは仲間に説明して分かってもらうことを喜びとしていたし、「分からない。教えて！」が言えるクラスだった。総合を軸として、授業でクラスの人間関係ができていた。担任ではなく、みんなで学級を創っていったのだ。もちろん小さな問題はあったが、それ以上に協力しなくては乗り越えられない壁が次々とあったので、互いの意見の相違を認めつつも、折り合いをつけて進み続けることを学んだのだろう。

国語の「やまなし」の卒業公演をしたのもいい思い出だ。宮沢賢治の求めた世界観を「かげえ」で表現した。国語で学んだことをそのままで終わらせず形に残したことは、この子たちだったからこそできた活動だった。制作過程をビデオに撮り続け、映像プロジェクトの子どもたちがＤＶＤの作品にまとめた。その完成した作品は、花巻の宮沢賢治記念館の資料室に寄贈させていただいた。いつか岩手を訪れ、一二歳の自分たちに再会してほしいと願っている。

③　子どもたちの言葉が支えとなる

その後、子どもたちが中二になった年に追跡のアンケートを行った。共に創った一年間を客観的に振り返ってどう思ってい

子どもたちが、交渉してきた土地を畑にする姿。

地域のフリーマーケットに参加。お客さんにたくさん褒めてもらった。

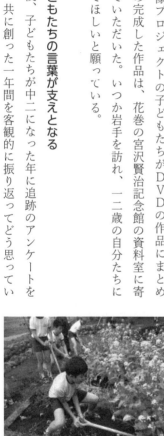

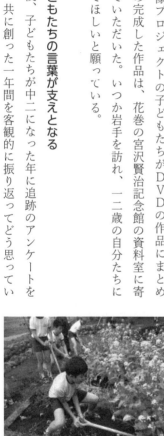

るのかをまとめておきたいと思ったからである。

『トマトまつりにたいしてどのような姿勢で取り組みましたか』

○6の1みんなでこういう経験をすることがうれしくて、みんながんばりました。

○五年生までは、先生がいろいろ指示をしたり進めたりしていましたが、六年の総合では自分たちで創っている感じがして楽しかったので、積極的に取り組めました。

○大変な時やうまくいかないときもあったけど、あきらめたいとは思わなかった。

『喜びや達成感を得られたのはどんなときですか』

○トマトを全員で食べられた時。○野菜ができて、授業参観で売れた時。○トマトの芽が出てきた時。実がなった時。自分たちの畑ができた時。○フリーマーケットで野菜をつくる資金を集めることができた時。○最終的に残ったお金をユニセフに寄付できた時

『担任はどんな存在でしたか？』

○いつも支えてくれた優しい人。○楽しく時には厳しい人。　○6の1のメンバーの一人。

○ただ教える教わるだけではなく、先生が自分たちと同じ立場に立ってくれている。

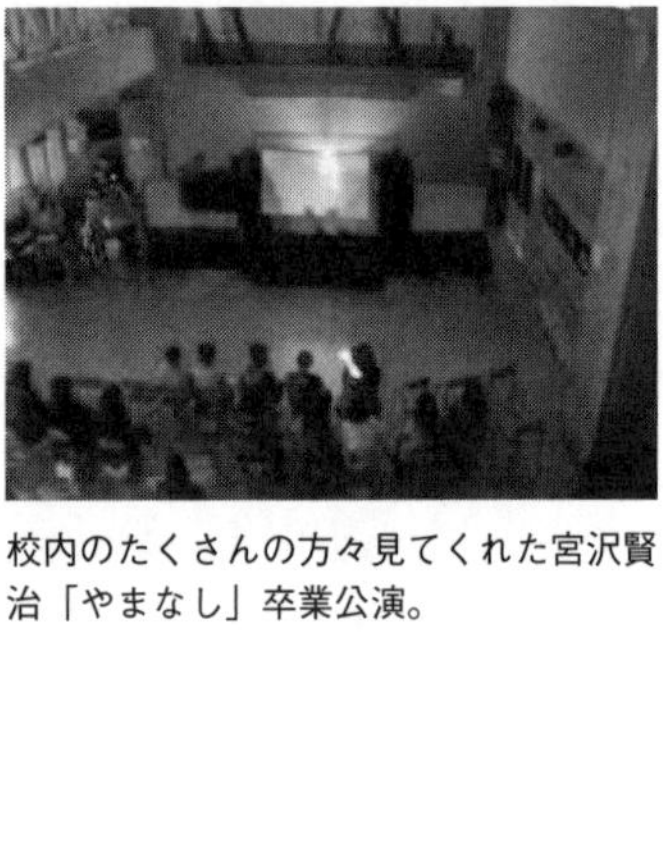

校内のたくさんの方々見てくれた宮沢賢治「やまなし」卒業公演。

○一緒に笑いあい、尊敬できて、みんなのとても大切なひと。

『共に創る授業のよさを後輩に伝えてください』

○みんなで創る授業は、いっぱい意見がでる。いろいろな意見が出て、いろいろ分かる。

○自分が普通だと思っていたのに、それを覆すような意見が出て、単元の内容がより深く濃いものになっていくのがいいです。それに先生が勝手に進めていくのではなく、仲間たちで発表をしていくので、共感しながら、その授業の内容を理解できた。とにかくたのしかった。私たちが自由に発表できる環境を作ってくれたのは先生です。

○共に創る授業は、今までやってきた授業と違って、最初は変な感じだった。でもやっていくと、楽しくできた。ふつうは先生が一人で進めていくようなものだけど一緒に考えたり一緒に何かしたりしていくのはすごくよかった。

○みんなで言えて、みんなが創った喜びが、一番のよさです。6の1はいじめもなかったし、チームワークがよかったと思います。とても心に残っています。

○普段そんなに手を挙げていない子が、発表しやすい環境でした。言葉の言いあいなどでは自分で意見がどんどん生まれてきました。「こうなったら、どうなるのかな?」と後のことまで考えながらでき、わくわくしました。

○みんなで考え、みんなで決める授業でした。

子どもたちの言葉は、まだまだ他にもあり、ここには書きつくせない。しかし自分たちの授業に対して、愛着を持ち、「私たちで授業を創った」という誇りが伝わってくる。私が新しいスタートラインに立っての一期生。彼らは担任をはるかに超えて、さわやかに卒業をしていった。たくさんのことを子どもたちから教えてもらった。まさに「一寸先は闇」の中を試行錯誤しながら無我夢中で進んだ。常に迷った時には子どもの求めるものは何かと考えたし、逆に自分の苦しい胸の内を相談した。私は一人じゃなかった。目の前に、学び合うパートナーたちがいたのだ。私は、店先でトマトを見るたびに、この幸せな一年を思い出す。

④ 子どもたちとの授業の中で生まれてきた「座席表実践」

長期研修時代、東京学芸大学附属竹早小学校の櫻井眞治先生（現東京学芸大学教授）のクラスに入れていただき、年間を通して記録を取り続けた。櫻井先生は、授業の中で子どもたちの考えを一覧にした座席表を配布していた。子どもたちは座席表で互いの意見を読み込んだ上で、話し合いを深めていくのだった。

学校に戻ってきてから毎年この「座席表（考え一覧）」を取り入れてきた。どの学年であっても、この座席表を読むとき、クラスは静寂な空気に包まれる。同じ意見を分類したり、互いの意見を関連付けたり、質問を書き込んだりするなど子どもたちが工夫して活用している。一枚の紙にクラス全員の意見が載っていることで、発言力のある子どもだけでなく、皆の意見が尊重されるのだ。ひとマスの中には文字数の制限もある。だからこそ言葉を吟味し考えを表出するようになった。私は学びのパートナーの一員として、自分の考えも子どもたちと同じ大きさのマスの中に書きこむことにした。座席表は「子ども＋担任」の考えの一覧なのだ。自分も本気で考えると共に、子どもたちが新たな視点を持ち、考えをゆさぶることができるように心がけた。座席表をまとめるには少々時間がかかるが、子どもたち一人一人と対話する幸せで大切な時間だ。子どもたちの考えがどのように変容しているかを見とることができる。ノートに赤ペンを入れることも大事であるが、子どもたちの考えを担任が一人占めするのではなくて、学習集団全体に可視化し、全員で共有することで学びが何倍にも広がることが分かった。この座席表一覧は、学級経営を行う上でも大きな役割も果たしている。誰もが人事にされるという

子どもたちの考え・担任の考えを一枚の座席表にまとめる　活用は子どもたちが工夫する

ことがこの一枚に詰まっているからだ。

現在は、どの学校でもGIGAスクール構想によって、子どもたちも一人一台端末を持っているので、ジャムボードなどの機能を使い、授業の振り返りで書いたものを瞬時に一覧にすることが可能となった。子どもたち一人一人の考えを学習材として提供できるような実践が日常的にできたら、子どもたちの学びに向かう姿勢や自己肯定感は著しく高まると思っている。「はじめに子どもありき」に根ざしてICTを今後も効果的に活用していきたい。

(5) きらきら二組との学習が始まる

(平成二十一年度　所沢市立和田小学校一年生実践)

六年生、三年生と担任し、「共に創る授業」に手ごたえと楽しさを感じていた。そしてこの考え方は、学年を超えて通用するだろうと思えるようになった。異動と共に一年生を担任することになった。入学式後の学級活動の時間、子どもたちに「みんなでクラスを作っていきましょう。学ぶことは楽しいですよ。一人じゃなくてみんなで考えていくことはもっと楽しいですよ。私もその中に入れてくださいね。」と伝えた。相手が幼くても、一人一人の人格を尊重し、学び合うパートナーでありたいという気持ちは同じだった。そしてその「観」を保護者の方々と共有したいと願った。

①　一年生がお父さん、お母さんになる　～あさがお実践～

一年生の生活科ではあさがおを育てる。親しみをもち、責任をもって育てぬくことができるように、あさがおに名前をつけることにした。毎朝の健康観察では、自分の健康状態と、子ども（あさがお）の様子をセットで発表してもらう。毎回答えるためには、よく見て自分の言葉で説明できなくてはならない。こうした毎日の発表の場が、気づきの質を高め、言葉を広げていく契機となった。困ったことやうれしかったこと、びっくりしたことを、みんなで共有しながら、あさがおも自分たちと同じように成長し、変化をすることに気づいていった。

②　学びの必然性が生まれるまで待つ覚悟をもつ

あさがおが大きくなりつるがのびてきたが、子どもたちが求めるまで支柱を出さなかった。つるがお互いにからまりあい、困る日を待っていたのである、ところが、子どもたちはちっとも困らない。「ぼくの子どもたちがけんかしちゃった。ほどいてあげるからね。」と言って、からまったつるが、傷つかないようにそっとほどいてから遊びにいくのである。全く予期しない子どもの姿に我慢を重ねる日々だった。子どもたちは元気であるが、あさがおは、瀕死の状態である。ところが、ほどいたつるが、友達にふまれて、切れてしまったという事故をきっかけに緊急会議が開かれることになった。切実なる問題が子どもたちの中に生まれるまで待つこと

で、学びの必然性が生まれたのである。（以下、六月十八日の記録の一部抜粋）

T「あさがおさんは、ほんとうにこのままでいいのかな?」

C1「まいにちけんかしているから、ほどいてあげている。」

C2「あさろうと、あさちゃんとあさくんでからまった。」

C3「まえよりもげんきがなくなってきてしんぱい。下の方がかれてきているんだ。」

C4「まい日つるがはみだしてきているから、今日みたいなこうつうじこがおきちゃう。」

C5「ぼくのお母さん、ぼうをたてないとまがっちゃうっていっていたよ。それに、ぼくのうちのあさがおは、おばあちゃんがみどりのネットをはったから、上に上にのびているよ。」

C6「せいやくんすごい。あさがおさんは、上にのびたかったんだ。」

C7「そういえば、ようちえんのときにぼうをたてたよ。」

C8「気づかなかった。ごめんね。あやまらなくちゃ。先生、うちのクラスにもぼうはあるの?」

この授業で動いたのは、C5のせいやさんの発言である。一言一言かみしめるようにして、お母さんから聞いたこととおばあちゃんの育て方を黒板に図でかきながら説明をしてくれた。

大丈夫。ぼくがほどいてあげるからね。

それ以後、せいやさんは、「あさがおの恩人」と言われるようになった。子どもたちはこの後、あさがおにあやまりながら支柱を立てた。なかなかからまないつるは、たこ糸で結んであげていた。親子のきずなが深まった日になった。

③　あさがおと一緒に過ごした日々のことを歌にする

あさがおが育ち、毎朝の健康観察も続いていた。「花の根元をなめると、コーヒーの味がしました。」「ネイルもできます。」その情報を私たちは一緒に一つずつ試すことにした。子どもたちは諸感覚を使って、対象と豊かに関わっていった。「あさがおのことをたっぷりお話しよう」という会では「やってみたい遊び・びっくり・うれしい・こまったこと」などをラベルに書いて発表し、黒板上で整理・分類を行った。ここで生まれた「はてな」についてはみんなで探究していくことにした。きらきらあさがお研究班誕生である。

その後、活動のまとめとして歌を作った。クラスのかのんさんのお父さんが、イメージにぴったりの曲を作曲して下さり、子どもたちは自分たちの子育てアルバムを広げ、話し合いながら歌詞をつけていった。驚くことに、

こんなに長いアルバムになったよ。

教師の手はほとんど入っていない。「赤ちゃんだったのに、いつの間にか、ぼくを追い抜かしておじいちゃんになっちゃったね。でもちゃんと命を残してくれた。だからぼくもがんばるよ。そして、このたねをまくよ。ありがとうたねきち。」と書いてくれたりょうさんのように、自分自身の心の成長にも気づく子どもたちの姿があった。

きらきらあさがおのうた

作詞　一年きらきら二組のみんな・作曲　かのんちゃんのお父さん

一　たねをまいたよ。みんなで。名前もつけてあげたよ。
毎日見たよ。水をあげたよ。めが出てきたよ。ぼくたちがお父さん、私お母さんよろしくね。

二　つるがからまったぐるぐる　けんかしてどうしよう。
かいぎをしたよ。やっとわかった。しちゅうを立てたよ。今までごめんね。気づかなくて。がんばって。

三　どんどんつるがのびたよ。花もいっぱいさいた。色水やった。おし花できた。たくさんあそんだ。
つるで、リースを作ったよ。ずっといっしょだよ。よかったね。

四　たねがとれたよいっぱい。みんなでかぞえた。一〇〇〇こもとれた。ぼくたちのまご。いのちつながる。
二年生になったら、またまこうね。またあえるね。

④ 教師の予想を超えた子どもたちの豊かな活動　～わくきら温泉大さくせん～

秋も深まったある日。かんたさんが、スーパーのビニール袋に落ち葉を拾ってきた。「先生！おみやげだよ。かさこそかさこそ、秋の音がするでしょ！ほらね。」私は笑って受け取りながら、「本当だ。秋のおみやげどうもありがとう！」と言って、大きな段ボールに入れた。ここから思いもよらない活動が始まった。休み時間ごとに子どもたちが落ち葉を入れていく。登校の際も、きらきら二組の子どもたちはスーパーのビニール袋を持っている。もちろん中身は落ち葉だ。大きな段ボールは、子どもたちの落ち葉でいっぱいになった。その中で順番に遊んだ。

「先生も一緒に入ろう。ベットじゃなくてお風呂だよ。このお風呂はお茶のにおいもするんだから。」

私も入れてもらうと、本当にお茶の香りがした。いつの間にか、ネーミングが変わっていった。「おちばのベット」から「きらきらおふろ」に、そして、「わくきら温泉」へと。子どもたちの宣伝の言葉に思いが込められている。

①このおんせんは、せんせいがつくったおんせんではありません。みんなでかんがえたおんせんです。おゆははっぱでつくってあります。

②わくわくきらきらおんせんは、ふかふかできもちがいいです。シャワーもあって、あしゆもあります。

③わくきらおんせんは、おちゃのにおいがするし、しあわせになります。つかれたときにはすごくいいです。

④わくきらおんせんは、じぶんたちでつくったとくべつなおんせんです。たいじゅうけいもあるし、マッサージもあります。一年二組にきてください。（きらきらせんでんより）

⑤　冬になっても「わくきら温泉」は続く

子どもたちは二月の学校参観日に、「大人もどうぞ！わくきら温泉」をオープンすることにした。招待状には、習った文字で一生懸命アピールを書き、それぞれの幼稚園や保育園にも届けた。学校公開日当日は、タオルをも

わくきら温泉でお客さまのおもてなし

ってつめかけてくださったお客様に、一生懸命サービスをしたり、説明をしたりと、みんな一人残らず自分たちの仕事を懸命にする姿があった。子どもたちが担任や保護者の予想を超えて活動を創りだしていったのである。「先生、幼稚園であさがおも育てたし、落ち葉のベッドもあったよ。でも先生が作ったんだよ。小学校ってすごいね。だって自分たちで全部やるんだもん。忙しい。忙しい。」みさとさんの言葉である。

(6) 共に創る国語の授業の挑戦（平成十八年度〜平成二十六年度）

子どもと共に創る授業は、生活科や総合的な学習の時間だけではない。他の教科・領域の中でもできると考えている。長期研修中、最も心に刻まれた授業は、奈良女子大学附属小学校の椙田萬理子先生の国語の実践であった。「一人学びの手引き」を用いて、子どもたちが主体的に学び、自分たちで探究したい課題を作り、考えをつなぎながら、皆でゴールを目指していく授業。私は、その教室世界で子どもの側に立って記録をとったが、わくわくする気持ちが毎回込みあげてきた。子どもの学びの必然に沿って授業が展開されていたからである。公立学校でもやりたいと思った。

毎年物語文を中心に子どもと共に創る国語の授業に挑戦をしてきた。子どもたちはどの学年でも、新しい単元に入り、「単元計画」と、「一人学びの手引き」を配ると大喜びとなる。子どもは有能な学習者であるとつくづく思う。手引きに沿って友達と相談しながら、主体的に学ぶので、個別の指導の時間も確保することができるようになった。「家でやってきてもいいですか。」という子も多かった。「一人学びの手引き」には、単元で学ばなくてはならない学習内容を網羅し、必ず習得できるようにした。またみんなで話し合ってみたい課題の欄も設けた。私は子どもたちから出てきた課題を整理・分類し、本人と相談しながら意見が出しやすい形に言葉を整え提示した。子どもたちは自分たちの作った課題に対して、予め自分の考えをもって話し合いに臨む。担任は座席表（考え一覧）を話し合いの際に配布し、考えの一助になるようにするのだ。話し合いの司会は子どもに任せ、第一発言者は、その日に課題を提案した子どもとし、全員が司会と提案者を経験できるようにした。子どもたちは粘り強く考えをつなぐように

「力引き出すパートナー」

サッカーやバレーボールでボールをつなぐように、子どもたちが言葉をつなぐ――。埼玉県所沢市立和田小学校の藤田恵子教諭（48）が目指す授業だ。

№2009　教育ルネサンス　教師を語る　2

読売新聞　二〇一五年一月九日

なっていった。子どもたちの表出してくれた言葉はすべて宝である。私は板書の際、その発言が誰の意見と関連づいているのか、また教科書のどの記述から生まれたものであるかを捉え、構造的にまとめることを心がけた。話し合いで間が生まれても「誰かがきっとつなげてくれるよ。」と励まし続けた。課題に対してのまとめが整うと、必ず全員が振り返りを書き、その振り返りを私は一覧にして子どもたちに提供をした。

毎年、平野先生をお招きして、校内・外部の方にも授業を公開していたが、「どうしたらこのような子どもたちが育つのですか。」「先生は何もしていないように見えるのですが……。」と参会者から質問されたことがある。共に創る（国語）の授業は、学級会で子どもたちがテーマに沿って主体的に意見を出し合い、教師の予想を超えた話し合いが成立している姿をイメージしてもらえるとよいと思う。子どもから生まれた探究しがいのある価値ある課題が設定されることがまず大切である。学びの必然性が生まれた時、学び手は主体的に考え抜く。また話し合いに入る前までに、私は子どもたちのノートや振り返りを読み、「みんなに伝える価値のある考えだよ。」「これは仲間の考えをゆさぶることができるよ。」など、勇気づけるようなコメントを入れた。どの教科の授業でも机間指導をしながら、子ども一人一人の良さをほめ、「いいね。みんなに紹介して」と伝え続けていた。発言がどうしてもできなかった場合は、許可をもらって代読し、その子の考えを紹介した。そのような日々の積み重ねが、発言の勇気につながり、更に仲間に認めてもらうことを通して、話し合うことを楽しみ、新しい考えが生まれる学習集団になっていったのではないかと思う。自分の考えが常にクラス全体に紹介されるという緊張感もあったからもしれないが、子どもたちはよく考えるようになり、表現力も向上した。歩くように、呼吸するように、当たり前に鉛筆をノートに走らせていた。公立学校の何年生であっても子どもと共に創る授業はできると確信している。

(7) 「はじめに子どもありき」に根ざす学校づくりをめざして

① 指導主事としての「はじめに子どもありき」（平成二十七年度〜三十年度）

担任を離れてから、所沢市教育委員会で指導主事として四年間勤務した。指導訪問等で各学校の授業を見せていただく際、予め指導案には目を通しておくが、授業では子どもの側から記録を取り、子どもの学びが主体的になった場面をとらえ、先生方に伝えることを心がけてきた。先生方に一方的に指導するのではなく、より良い授業を作るために共に考えることを大切にした。これは平野先生から学んだことだった。また、それぞれの先生が大事にしていることは何かを必ず伺うようにしていた。若手・中堅・ベテランに関わらず、教室を一歩入って温かな空気の流れている教室は、子どもたちが安心して自分を出せる授業となっていた。そして長期研修中とのインタビュー結果とも重なるが、先生方が大切にしている「観」は様々な表現であったが、子どもの持つ力を信じる内容が多かったように思う。

指導主事二年目には、市の学力向上施策を作成する担当となった。そこで所沢市の「学び創造アクティブプラン」（現：学び創造アクティブＰＬＵＳ）の全体指導者として、元文教大学教授嶋野道弘先生を三年間継続してご指導いただくことをお願いした。所沢市全体の学力向上のためには、「子どもとは本来能動的な学習者である」という子ども観を市内四十七校・一園に浸透させていきたいと願ったからである。「観」と合わせ、具体的な実践例をセットで示すことが必要であると考え、リーフレット等も作成した。当時の所沢市教育委員会の岩間健一学校教育部長（本書第九章執筆者）も、私たち指導主事の考えを後押ししてくれた。指導主事の勉強会では平野先生をお招きし、「はじめに子どもありき」の理念を指導主事が学び、共有した上で、各学校に出向いていった。

② 教頭職として学んだ「子どもを中心に据える」学校づくり（令和元年度・令和二年度）

その後、狭山市立狭山台小学校では「子供を中心に据える」を学校経営方針とした中島敏也校長の下で教頭として二年間勤務した。「みんな仲良く高め合う」というシンプルで大切なメッセージを繰り返し、子どもたちにも教職員にも伝えて下さった。コロナ禍の中、校長として何かを決定していく際の判断基準も「子どもにとってどちらがよいか。」であった。軸のぶれない中島校長の下で教頭として多くのことを学ぶことができた。様々な子どもたちがいたが、教職員がチームとなり、よく話し合い、子どもたちの成長を自分たちの喜びにできる学校だった。

教頭二年目は、子どもたちの主体的な学びを支えるための「自主学習ノート」の取り組みを始めた。コメント入れを教務主任の松澤忠明先生と共に請け負ったのだ。松澤先生は校長職の時、子どもたちの自主学習にコメントを入れておられたそうだ。そのお話を伺い、アドバイスをいただきながら、二人で赤ペンを入れ続けた。子どもたちは一冊目こそ苦戦するものの、二冊目から質と量が著しく向上していった。一冊終了するごとに「終了証」をつけ、保護者からのコメントをもらって展示をしたことで、学校の中で良い学びが広がり、自分で学びを切り開く方法も分かっていったのだと思う。この自主学習ノートの実践は今も継続しているそうだ。

また狭山台小学校は地域の教育力を取り入れる学校だった。子どもたちの宿題プリントの丸つけのボランティアの方々もコロナ禍の中、来校して下さった。丸を付けるだけではなく、コメントも入れて下さり、子どもたちの大きな励みとなった。園芸ボランティアの皆さんもいつも校地内外を美しく花で彩ってくださった。おやじの会の皆さんは子どもたちのために、ボランティアで和室を作り、コロナの感染対策をしながら、子どもたちと共にできるイベントを行って下さった。教頭は常に調整役であったが、子どもは、学校だけでなく、家庭・地域と連携して育てていくことが大切であると学んだ。学校経営方針「子どもを中心に据える」が共有されていることも大きかった。そして、中島校長は、「すべては子どもたちのために」というエールと共に、私を現任校に送り出してくださった。

③ 校長職としての「はじめに子どもありき」（令和三年度〜）

令和三年四月。所沢市立東所沢小学校に校長として赴任した。学校のこれまでの歴史と伝統を大きく変えるのではなく、これまでの大切にされてきた教育活動を発展・深化させたいと考えた。その上で、学校経営の基本理念として『はじめに子どもありき』を示した。「子どもとは誰でもできるようになりたい。よりよくなりたい」と願う存在である。それは、子どもだけではなく、大人も同じだと思うということ。教職員も良さと可能性を伸ばしていきましょう。みんなで仲良く高め合っていきましょうと心を込めて伝えた。この理念は、学校内でとどめておくのではなく、家庭や地域にも発信する必要があると考えている。学校だよりや学校ホームページなどで積極的に伝えるようにしている。

毎日教室を、子どもになったつもりでそっとおじゃましている。子どもたちを知りたいと思い、子どもの変容の具体的な事実を先生方に伝え、喜び合っている。逆に困ったときには、先生方と一緒にどうしたらいいのか考えている。教室は常に開いており、教頭・主幹教諭もよく教職員と対話し、一緒に考えていることがとてもうれしい。狭山台小学校の実践をもとに、子どもたちが主体的に学びに向かう力をつけられるように、三年生以上の子どもたちの自主学習ノートに一週間に一度コメントを入れている。子ども理解の一助にもなりとてもありがたいことである。

　校内研究は、東京大学名誉教授の市川伸一先生の「教えて考えさせる授業（ＯＫＪ）」の研究委嘱が決まっていた。認知カウンセリングとして行う教育相談の考え方や技法がＯＫＪのもとになっていることを知った。子どもの困り事に寄りそった上で開発された授業であるため、『はじめに子どもありき』の理念とぶつかることはない。むしろ、新しいアプローチが学べることは先生方の強みとなった。ＯＫＪでは、習得の中に、教える場面と考えさせる場面をバランスよく取り入れていく。また、子どもたちはどこにつまずきやすいかということを予め考える「困難度査定」を大切にし、「分かる」ということは「説明できること」ととらえ、ペアやグループで説明を重ねる。自己評価として振り返りを大切にすることも学んだ。市川先生の指導を通し、学び手側から授業を考える重要性を改めて実感した。子どもたちが少しでも算数を好きになり、「できた・分かった」喜びを味わってほしいと願う。

OKJの「理解深化」では小グループでアイディアを出し合う。

校長になって大きく変わったことは、平野先生を指導者として遠慮なくお招きできるようになったことだ。平野先生と出会って、約二十年の歳月が流れている。でも平野先生は変わらない。教室で熱心にノートに記録を取り、その姿で見取りの大切さを伝えて下さる。そして先生方と一緒に考え、心を揺さぶる言葉を置いて下さるのだ。

今年度の二月、三回目にいらっしゃったときは、授業者と平野先生とでマンツーマンのご指導の時間をとった、校長室での二人だけの時間である。先生方は、みな嬉しそうにドアから出てくる。満足そうな顔で「来年もまた見ていただきたい。」とも言っている。先生はやはり教員の心をつかみ、もっとより良い授業をという気持ちを引き出して下さる。また、平野先生ご自身も「今日は楽しかった。学ぶことがいっぱいありました。」とうれしそうだった。

そして、私には「教育は信頼から」という言葉を下さった。子どもたち・教職員を信じなさいということだ。校長として一校に在籍する期間は限られている。「一年終わってしまう。」という私の焦りをちゃんと見とっておられた。ぴったりの言葉に、あの「ごんぎつね」の時と同じように涙がこみあげてきた。平野先生はいつまでも北極星のような存在なのだ。『はじめに子どもありき』に根ざす「子どもも大人も幸せな学校」を東所沢小学校の教職員と共に必ず創り続けていきたいと思う。それが私の校長としての使命なのだから。

年度末にうれしいサプライズもあった。五・六年を担任し、二十歳になった教え子たちが、春休みに校長室を訪ねてくれたのだ。「小学校時代の学びで心に残ったこと。現在に生きていることはある?」と尋ねてみた。三人が口をそろえて言っていたのが、「男女関係なくみんなで仲がよかった。当たり前で気づいていなかったけれど、卒業してみてそれは当たり前ではなく、とても幸せなことと知った。」とのことだった。分からないことは恥ずかしいことではなく、教えたり、教えてもらったりという関係で、いじめとは無縁だったそうだ。また、「仲が良くなくても、意見交換が当たり前にできた。」「意見と友達かどうかは別ととらえていたよね。」「たくさん話し合いをしていたので、大学でのディスカッションやプレゼンも抵抗なくできる。」「友達の考えに対するコメントの交換も懐かしい。たくさんの考えを読んでたくさんコメントした。」三人は思い出を笑顔で次々と語り合っていた。クラスはみんなで創っていった。かつての「学び合うパートナー」だった子どもたちは、すっかり地に足をつけた聡明な大人になっていた。幸せな小学校生活が、彼女たちの「人生の土台」になったとしたらこの上ない喜びだ。

素敵な贈り物をもらい、『はじめに子どもありき』の学校づくり二年目が始まる。

【参考文献】

○平野朝久　『はじめに子どもありき』　学芸図書　一九九四年
○重松鷹泰　『子どものための教育』　国土社　一九九〇年
○佐伯　胖　『「わかる」ということの意味』　岩波書店　一九九五年
○嶋野道弘　『学びの哲学』　東洋館　二〇一八年
○坂本喜代子　『対話的なコミュニケーションが生まれる国語』　渓水社　二〇一七年
○市川伸一　『「教えて考えさせる授業」を創る』　図書文化　二〇二〇年
○奈須正裕　『個別最適な学びと協同的な学び』　東洋館　二〇二一年
○糸井登編著　『言語活動が充実するおもしろ授業デザイン集』　学事出版　二〇一四年
○「明日の教室」研究会　『明日の教室　子どもに接する・語る』　ぎょうせい　二〇〇九年

第七章　共に創る授業の創造

～「主体的に追究し、一人一人の力が自ずと発揮される授業」を目指して～

(1) 共に創る授業とは

① 共に創る授業の根底にある子ども観・学習者観

共に創る授業の根底にあるのは、「子どもの力を信じること」。そして、「どの子どもも、本来、自ら学んで伸びよう伸びようとしている存在である」という子ども観（学習者観）である。その子ども観（学習者観）と「子どもの事実に立ち返ること」を基に、「主体的に追究し、一人一人の力が自ずと発揮される授業」を目指してきた。「子どもが本当に願っていることは何か」「それを実現していく活動になっているか」と、子どもが求めているものを探り、子ども自身が追究することの価値を感じられる適切な学習材、「ひと」「もの」「こと」に出会う機会、環境を整えるようにしてきた。活動のプロセスが子どもの追究の必然に添っているか、教師の都合で誘導していないかと、常に問い直しながら、子ども一人一人の的確な見取りに基づき、その子どもがもともともっている意欲や力が発揮、発展されるような支援に努めてきた。

② 共に創る授業と支援

共に創る授業の柱は、「教材研究」と「子ども理解」であると考える。教師自身も子どもが追究する対象を追究しながら、子どもを見取り、子どもの主体的な追究と学びを深め、広げる支援を目指してきた。共に創る人は、教師だけではない。学年間の教師、地域の方たち等も共に創る仲間である。子どもたちをとりまく大人も、追究の主体者としての子どもたちを尊重しながら、立場は異なっても、同じ課題の追究者の一人として、子どもたちに寄り添いながら支援してくださるとき、子どもたちの主体的な追究と学びの大きな支えとなっていく。共に創る授業では、子ども同士、子どもと教師、子どもと保護者、地域社会、そして、大人同士もつながって関わりながら、子どもから学び、また、追究した対象から学び、共に学び、高まり合う。そして、そのようにして、子どもも教師、学校、保護者、地域社会も共に成長していくのが、共に創る授業であると考える。

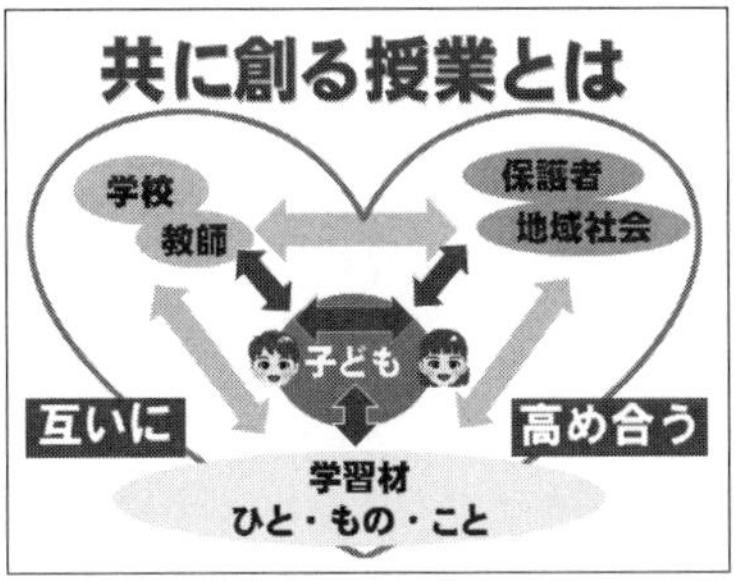

図（松井作成）

(2) 共に創る授業の実践

平成24、25年度に担任した第5学年、第6学年の社会科を中核とした実践を、今一度、振り返りたい。自分が大事にしてきたことは何なのかを確かにしながら、それに基づいて自分のよりよい在り方を求めてきたかを問い直していく。

① 社会科を中核とした2年間の実践について

未来を担う子どもたちに必要な力、「思考力・判断力・表現力」を身に付け、「よりよい社会の形成に参画する資質・能力の基礎」を育成する社会科学習の在り方を考えたい。

「社会問題の対策を考え、提案する学習活動」を取り入れる。調べ、考えたことを伝え合い、互いの考えを練り上げ、深めていく。そして、最終的によりよい考えに再構成して、自分の結論をまとめ、地域社会等に提案、発信する活動が予想される。よりよい社会を目指して、子どもも大人も共に響き合うような実践をしたいと願った。このような実践では、「社会問題の事実」を自分ごととして切実感をもってとらえ、主体的に問題解決していく子どもの姿が期待できると考えた。さらに、ふるさとに誇りをもち、持続可能な社会の担い手として、「自分たちが関わることで、社会が変わっていく」という意識をもって、よりよい社会を考えていくことだろう。このような学習が、よりよい社会の形成に参画する資質や能力の基礎、さらに、公民的資質の基礎を養うことにつながると考える。

また、社会科を中核として、国語科、総合的な学習の時間等と関連させ、横断的な学習活動を保障することで、知識・技能を関連付けながら解決をしていく問題解決的な学習や探究活動の質の充実が期待できる。さらに、「思考力・判断力・表現力」「知識・技能の習得」「学習意欲」の高まりが期待できると考えた。

本稿では、実践の中核となった社会科に焦点を当て、二つの実践を、視点1、2、3から振り返り、とらえ直していく。

② 実践計画

1 2年間の社会科実践研究の構想

研究の位置付け				<実践 1> 「植物工場」から これからの食料生産を問う実践	<実践 2> 「人口減少問題」から 今後の市の対策を考える実践
身に付く力	手立ての位置付け		視点＼内容	第 5 学年　社会科 「これからの食料生産」 （平成 24 年 9 月）	第 6 学年　社会科 「身近な暮らしと政治」 （平成 25 年 11 ～ 12 月）
主に「思考力・判断力」の育成を目指して	知識・技能の活用を図る学習活動の充実		視点1 見通しと意欲をもち、学びを生かす単元構想	(1)既習や経験を関連付けて考える力を伸ばす単元構想 ・知識の構造図の作成 ・体験的な活動と共通認識 ・総合的な学習の時間等との関連 (2)見通しと意欲をもち、知識の活用を図る学習課題の設定 ・「どのように」「なぜ」「どうすれば」 (3)驚きと興味をもって、自ら追究していく教材の選定 ・「植物工場」の教材化	(1)既習や経験を関連付けて考える力を伸ばす単元構想 ・知識の構造図の作成 ・体験的な活動と共通認識 ・総合的な学習の時間等との関連 (2)見通しと意欲をもち、知識の活用を図る学習課題の設定 ・「どうすれば」 (3)興味をもって関わり、自分の事として追究していく教材の選定 ・「城端絹」「過疎化問題」の教材化
主に「表現力」を付けながら「思考力・判断力」の高まりを目指して	言語活動の充実と知識・技能の活用を図る学習活動	話す活動	視点2 関わりの中で考えを深める話合い活動	(1)子どもの考えをゆさぶる資料の提示の場 ・比較資料（実物、統計等） (2)多様な立場や視点から社会的事象をとらえ、よりよい考えを判断していく話合いの場の設定 ・生産者（露地農家、工場）消費者　販売者	(1)考えを深める資料としての新聞記事の活用 ・人口統計　行政の人口対策 (2)「個から社会」へ立場や視点を広げて、よりよい考えを判断していく話合いの場の設定 ・市民（年齢層別、職業別等）行政（市長、市役所、国政）
		書く活動	視点3 考えや変容を整理して書く活動	(1)考えを次時に生かすための手立て ・子どもの考えの分析と蓄積 (2)自分の考えをまとめ、地域へ発信する場の設定 〔単元の終末〕	(1)考えを次時に生かすための手立て ・筋道立てて書く指導 (2)自分の考えをまとめ、地域へ発信する場の設定 〔単元の終末〕

※実践 1、実践 2 は、平成 24 年度、平成 25 年度に勤務していた南砺市立城端小学校での実践。

(2) 観察対象児について

① 学級の子どもたちに期待する育ちと支援

学級の子どもたち

素直な気持ちで学ぼうとする子どもたちである。授業で取り上げた教材に興味をもって、進んで調べ、追究することを楽しんでほしい。資料等からしっかりと事実をとらえること、そこから自分の考えをもち、書いたり話したりすることに慣れていない子どもたちが多く見られる。資料や見学から、「何をどのように見て、事実をとらえていくのか」の「読み取り方」を共通に学ぶ場をつくっていきたい。分かったことと考えたことを分けること、考えの根拠をはっきりさせることを意識できるように支援していく。どの子どもも、社会の在り方に関する自分の考えをもち、自信をもって言語表現していけるように支援していきたい。

② 観察対象児　A児に期待する育ちと支援

A児

どの学習も一生懸命に、こつこつと努力を惜しまずに取り組む。社会科の学習をきっかけに社会の動きにも目を向け、興味をもって情報を収集し、自分の学びに生かし深めていってほしい。社会科の学習に興味がもてれば、丁寧に資料を読み取り、考えを深めていくことだろう。そんなA児の学習に対する取組方や考え方を大いに認め、全体に広め、他の子どもへの刺激になるようにしたい。

③ 観察対象児　B児に期待する育ちと支援

B児

どの学習も一生懸命に取り組む。他の子どもと違う視点からの考えをもつことがある。B児が自ら考えを話す場面はあまりない。B児や全体の子どもたちにとっても、学びを深めるきっかけになるような支援をしていきたい。B児が、自分の考えに自信をもって話をしたり、よりよいものを求め、考えを見直してさらに深めていこうという意欲をもったりできるような支援に心がけたい。

(3) 実践の実際

〈実践1〉 第5学年 単元名「これからの食料生産」

（平成24年9月実施）

1 視点1 見通しと意欲をもち、学びを生かす単元構想について

(1) 既習や経験を関連付けて考える力を伸ばす単元構想

① 子どもの共通認識を生む体験的な学習

知識の構造図の作成から見えてきたことを基に、前単元の「水産業」の学習では「養殖場（射水市内）」、本単元では「植物工場（南砺市内）」への見学を単元構想に組み込んだ。

② 総合的な学習の時間等との関連

また、4月より取り組んでいる総合的な学習の時間での取組（もち米づくり、畑での野菜栽培）も「生産者」の立場として、より共感しながら考えていくことにつながると考えた。

〈社会科前単元や総合的な学習との関連（体験的な学習）〉

水産業

<社会科>「日本の水産業」
漁港見学（射水市内）7月

比較（自然・人工）

<社会科>「日本の水産業」
養殖場見学（射水市内）7月

養殖業

農　業

<総合的な学習の時間」>
野菜の露地栽培・もち米づくりの体験活動 5～10月

比較（自然・人工）

<社会科>「これからの食料生産」（本単元）
植物工場見学（南砺市内）9月

植物工場

比較（水産業と農業）

比較（人工的な生産）

比較してとらえ、考える子ども（ノートより）

学級の子どもたち

◆　植物工場では、欲しい量だけ、安定した生産ができる。養殖業と似ている。そう思えば、養殖業のように今後増えてくると思う。

◆　植物工場は、育ててとる養殖業ににていると思った。工場産は、畑より３倍早く育つと聞いた。母は、「旬が分からなくなる」と言っていたが、生産力がアップするなら、国内でどんどん生産できるから、工場産もよいと思う。

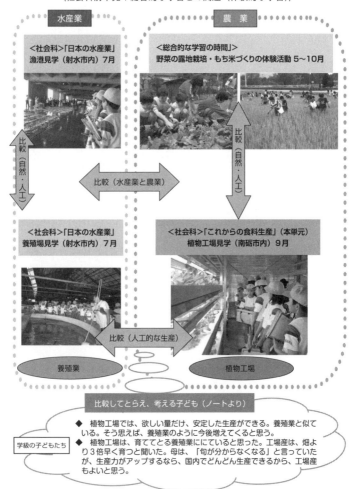

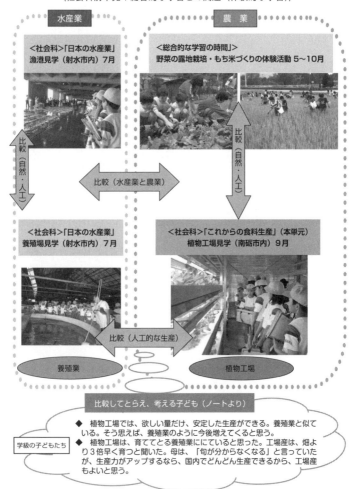

(2) 見通しと意欲をもち、知識の活用を図る学習課題の設定

社会的な見方・考え方が深まる学習課題となるように、以下のように構成したいと考えた。

〈社会的な見方・考え方が深まる発問の構成〉
『どのように』
事実をとらえる
『なぜ』
根拠を明確にして考える
『どうすればよいか』
より納得のいく根拠を基に考える

上記の学習課題やステップを教師が意識しながらも、教師主導で決めてしまうことなく、子どもたちと共に学習課題を決めていきたいと考えた。

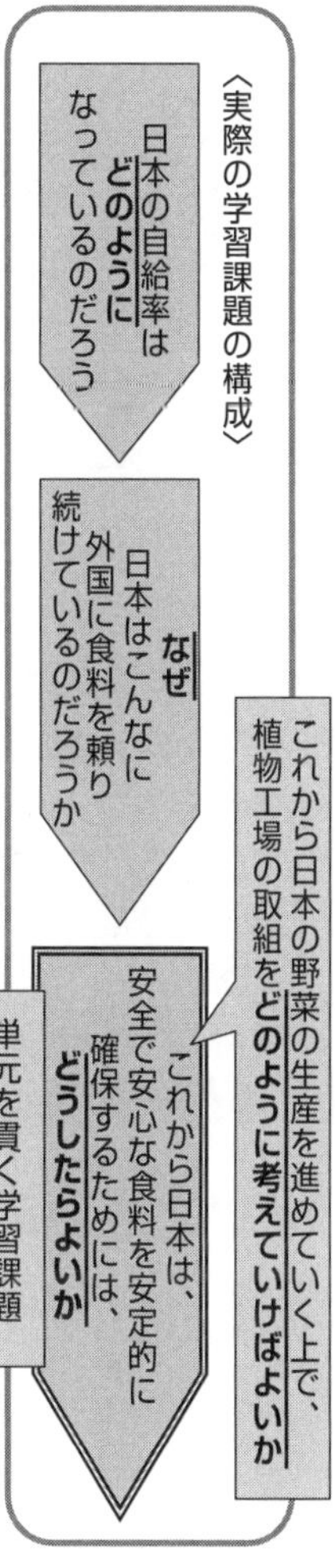
〈実際の学習課題の構成〉
日本の自給率はどのようになっているのだろうか
なぜ日本はこんなに外国に食料を頼り続けているのだろうか
これから日本は、安全で安心な食料を安定的に確保するためには、どうしたらよいか
これから日本の野菜の生産を進めていく上で、植物工場の取組をどのように考えていけばよいか
単元を貫く学習課題

2　視点2　関わりの中で考えを深める話合い活動について

(1)　子どもの考えをゆさぶる資料の提示の場

■これからの食料生産の在り方を考えるきっかけとなる比較資料（「植物工場」の提示）

植物工場という新たな食料生産の仕方を知る場面では、国産の露地栽培、県産の植物工場栽培、外国産露地栽培のレタスや価格を提示した。自然災害時の価格とも比較することで、植物工場への興味と疑問、日本の食料生産の意味を見いだそうと意欲をもって追究していけるようにしたいと願った。

〈「教材提示（植物工場）」の場面：3時間目〉

レタスを買うならどれを選ぶ？　提示「写真・価格・産地・実物」

T：あなたが選んだ「決め手」は何ですか。

C：アメリカ産は安くてよいけれど、新鮮かな？

C：群馬産が、一番新鮮でおいしそう。

C：富山県産は、小さいけれど色や形がいい。

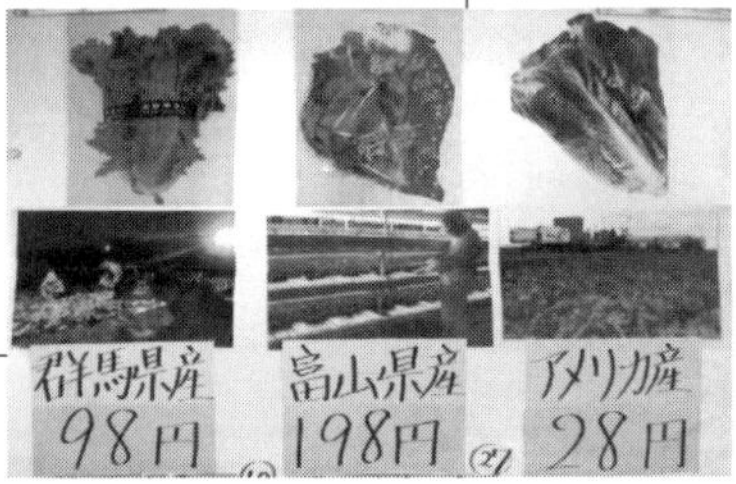

袋に「農薬未使用　洗わずに食べられる」と書いてあるから安心。
でも、畑がなくても野菜がつくれる「植物工場」ってどんなものなのか。

子どもたちは、写真やデータ、レタスの実物を見る中で、「産地」「価格」「新鮮さ」「味」「安全性」「栽培方法」等に目を付けた。そして、消費者としての自分や家族の価値観で理由付けをし、考えを出し合った。資料〈国内の植物工場の操業状況〈H24．3月現在〉〉を提示すると、子どもたちは、新しい農業の形として、全国で導入が進められていることを知り、南砺市にも植物工場があることに驚いた。そして、植物工場の詳細や増加していることへの疑問を調べるために、植物工場の見学に行くことにし、計画を立てていった。

植物工場産と露地栽培のレタスを観察・試食

「野辺山原のレタスづくりの学習を根拠に考える姿」次につながる「植物工場に批判的な意見」

教師

- 「野辺山原のレタスづくりを勉強したとき、朝採れを出荷するために、暗いうちからライトを付けて収穫していた。農家は大変。それに比べたら、工場は仕事が楽だと思う」と発言する子どもがいた。既習の学習を生かして考える姿といえるだろう。このような考え方を大いに認めた。
- 植物工場の普及を安易に受け入れずに、植物工場の利点と問題点の双方に注目している子どもたちがいた。よりよい考え、判断をしていく視点になると考え、反対意見を取り上げた。

〈工場見学に向けて「一人調べ」：4時間目〉

「何を見るか、何を聞くか」の視点を明らかにして工場見学に臨むようにしたい。そこで、事前に一人調べをし、「分かったこと」「見学で知りたいこと」をはっきりさせられるようにした。

植物工場に関する子ども用の資料は少ない。見学先の担当者から送付された冊子資料の発行元に問い合わせると、無料で児童数の冊子を送ってくれた。主にそれを使いながら、植物工場について調べていった。また、子どもたちの質問を事前に見学先に送っておき、短時間でも知りたいことを知り得る見学になるように準備をした。また、子どもたちは、家族への聞き取り（植物工場に関して、消費者・生産者の立場としての考え等）も行い、自分の考えの参考にしていった。

(2) 多様な立場や視点から社会的事象をとらえ、よりよい考えを判断していく話合いの場の設定

社会的事象を多様な立場や視点からとらえられることや考えられることを知り、その中でよりよい方法を判断していく話合いの場になることを目指した。そのために、教師は、話合い前や話合いの中で、子どもたちが考えの根拠の中から、それぞれの立場をとらえ、分類して整理していくことが必要であると考えた。板書に位置付ける、問い返す、繰り返して言う、言葉を補説する、要約するといったことを意識して行った。そうすることで、子どもが自分の考えがどこに位置付き、他にどのような考えがあるのか、どの考えがもっとも納得がいくのか、あるいはさらに新たな考えが生まれそうなのかなどを検討していけ

どのように養分を吸うのか、根の部分も観察

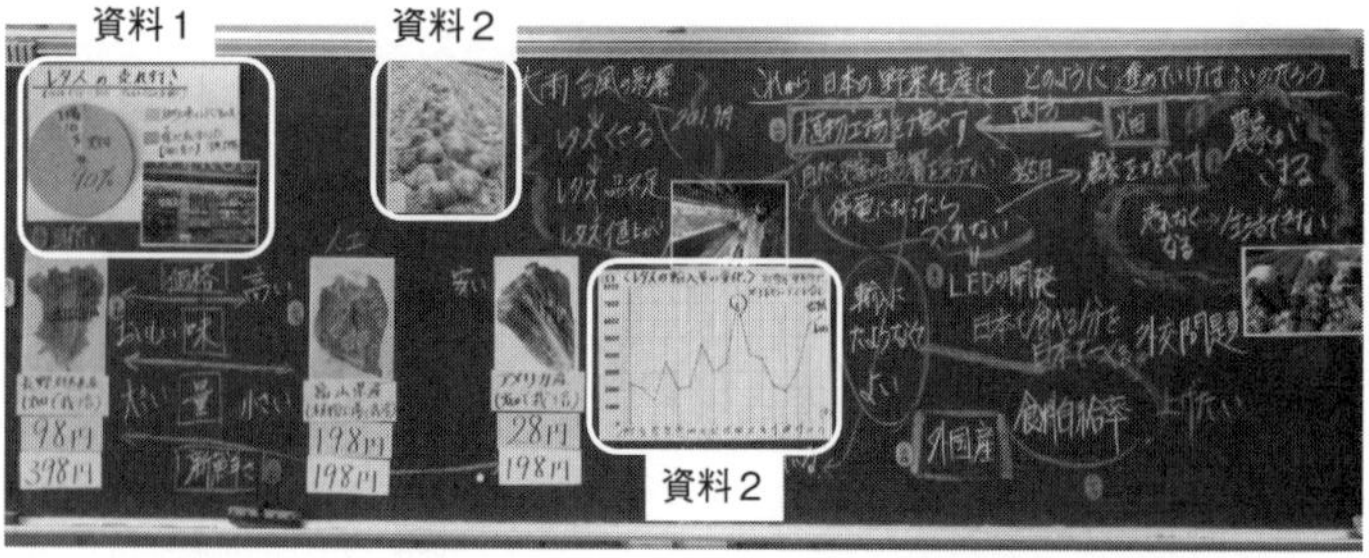

るようにした。

多様な立場や視点のとらえ方とは、例えば、植物工場の「利点」だけではなく、「問題点」に目を向けている、といったとらえ方である。その中でも、「自然災害と価格変動」「無農薬と安全性」「労働者の条件」「機械による管理とエネルギーコスト」といった点に目を向けていくことが考えられる。さらに、「植物工場」だけではなく、「農家」の立場にも目を向けている子どもがいれば、そこは、みんなで立ち止まって、じっくり考えていく場面になるであろうと予想していた。

見学後、無農薬で計画的に栽培できる植物工場のよさに触れ、「これからは植物工場だ」と考える子どもたちが多く見られた。消費者ニーズにも目を向けるため、【資料1：地元スーパーでのレタスの売り上げの割合】（H24．8～9月）を提示した。レタスの売り上げの9割が露地栽培、1割が植物工場という事実を知り、消費者は「価格」「量」「自然の恵み」を重視しているのではないか、と考えるようになった。しかし、露地栽培で、「価格」「量」「天候」は、常に安

定しているわけではない。そこで、【資料2：台風や長雨で大きな被害が出た年の畑の写真、価格の変動、消費者や生産者の声】を提示した。この資料からは、天候に左右される農家の実情も見えてきた。学習課題「これからの日本の野菜生産はどのように進めていけばよいのか」を、もう一度子どもたちに問い返した。子どもたちは考え始めた。書きながら考えをまとめ、その後、話合いを始めた。

①A児　もっと植物工場の数を増やせばいい。天候に左右されずに育てられるし、輸入にも頼らなくてよくなる。

②C1　さらにつくっている人も増やせばいい。

③T　どこでつくっている人ですか。

④C1　畑でも工場でも。もし台風が来れば、畑のレタスもだめになるけれど、停電で植物工場でもつくれなくなる。どちらもつくる人を増やせばいい。

⑤C2　みんなももっている新聞記事に、「停電時も消えないLEDの開発」と書いてある。だから、そういう電気を使う工場を増やしていけばいい。

⑥C3　C2君に質問です。植物工場増やしたら、農家の人はどうなるの。

⑦T　あなたは、どう思うの。

⑧C3　テレビで見たデモみたいに「植物工場やめさせろ」ってなる。農家の人は、お金がなくて生活できなくなる。

⑨T　植物工場が多くできると農家はなぜ困るの?

⑩C3　工場のレタスがいっぱいになり、農家のレタスが売れなくなるから。

⑪C4　農家も困るが、工場のレタスは高くて消費者は買えない。消費者が価格も選べ、安全で

新鮮なものを買えるように、輸入、畑、工場産を公平にすればいい。

⑫C5　自給率を上げるようにしなければ。アメリカからは冬だけ、というように輸入を減らしていく。

⑬C6　日本と外国とけんかにならないように、輸入ゼロは難しいから、輸入量を減らしていくようにすればどうかな。

⑭A児　バナナ等日本でつくれないものは輸入。つくれるものは畑でつくり、畑で賄えない分を工場でつくればいいと思う。

⑮T　C3さんは、今どう考えている。

⑯C3　・・・農家と工場と平等にやっていけばいい・・・。

A児

友達の意見を関連付け、考えを深めたA児

①A児は、これまでの考えと先の資料【天候に左右される露地栽培】より、植物工場が主流になると考えたのだろう。④C1は、露地栽培、植物工場の両方のマイナス面に着目して、双方の生産者を増やし、補い合う考えを出している。「補い合う」という点で

は、④と⑭A児の考えは似ている。しかし、話合いを通して、④に比べ⑭の発言は、より複数の理由から考えられ、深まっていると思われる。A児がその⑭の考えに至ったのは、⑤C2から⑬C6までの話合いで友達の意見をしっかり聞いて考えたからだと思われる。それらの発言が、話合いを通じてA児の中で関連付けられ、より納得のいく理由として練り上がっていったと考えられる。また、そのきっかけをつくったのは、真剣な表情で、⑤C2にぶつけた⑥C3の質問であり、そんなC3に、今の自身の考えを聞いた⑦Tの問い返しだったのではないかと考えられる。

問われる中で考えを明らかにしていったC3児

日頃、物静かなC3が、C2に反論せずにはいられない様子⑥を見せた。その本気さを教師は見逃さずとらえ、C3の農家の立場に立った考えを引き出す場を設けた。A児の意見を受け、⑪C4は消費者の立場、⑫C5と⑬C6は自給率アップと外交問題という新たな立場や視点を加えて発言した。C3に質問されたC2はどう考えたか、C2の考えを聞く場をもたなかったことが悔やまれる。

終末で、教師はC3に今の考え⑮を聞いた。C3は、不意に問われ、考え込んだ。みんなでC3の発言を待ち続けた。⑯「農家と工場を平等に」という考えの背景、詳細は、C3のノートにあった。農家と工場の利点と問題点を踏まえた上での考えだった。「双方が対立するのではなく、互いの利点を生かして、状況に応じて生産を切り替えながら、日本の食料の安定のために協力して生産をすればよい」という考えを文と図で説明していたととらえた。話すだけでなく、問われることや書くことは、C3自身が考えをさらに整理し、深める効果があった。

〈授業後のＣ３のノート〉

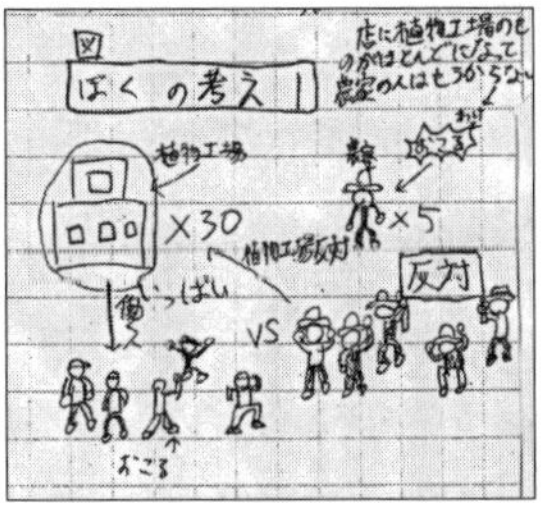

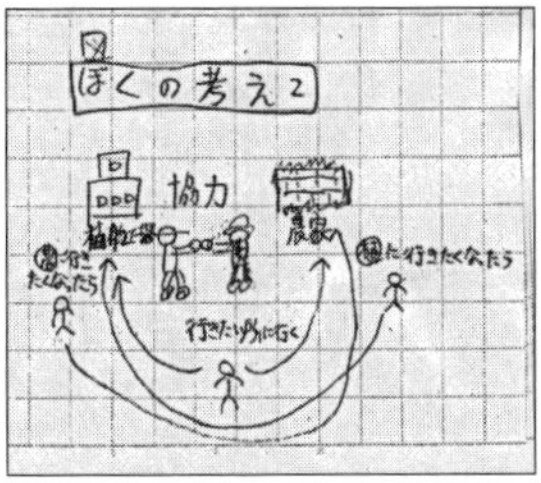

図「ぼくの考え１」から、図「ぼくの考え２」に変わった。農家に行きたくなったら農家で働き、植物工場で働きたくなったら植物工場に行って働けるようにしたらよいと思う。２つが対立せずに、輸入に頼りすぎないように協力することが大事だと考えた。（ノートの文章）

〈実践2〉　第6学年　単元名「身近な暮らしと政治」

（平成25年11月～12月実施）

1　視点1　見通しと意欲をもち、学びを生かす単元構想について

(1)　既習や経験を関連付けて考える力を伸ばす単元構想

①　子どもの共通認識を生む体験的な学習

②　総合的な学習の時間や他教科との関連

次の資料のように、子どもが本気になって求め、考え、取り組んでいく姿を描いて、学習をスタートした。

〈既習や経験を関連付けて考える力を伸ばす単元構想〉

具体例として、後継者不足が深刻な地元の伝統産業「城端絹織物」を教材化。作品展に出かけ、目が向くきっかけづくりを。

「社会科の身近な政治の学習」で、地域の深刻な課題「少子高齢化」についての行政の対策を調べ、自分たちも対策を考えていく中での、思考力・判断力の高まりを期待。

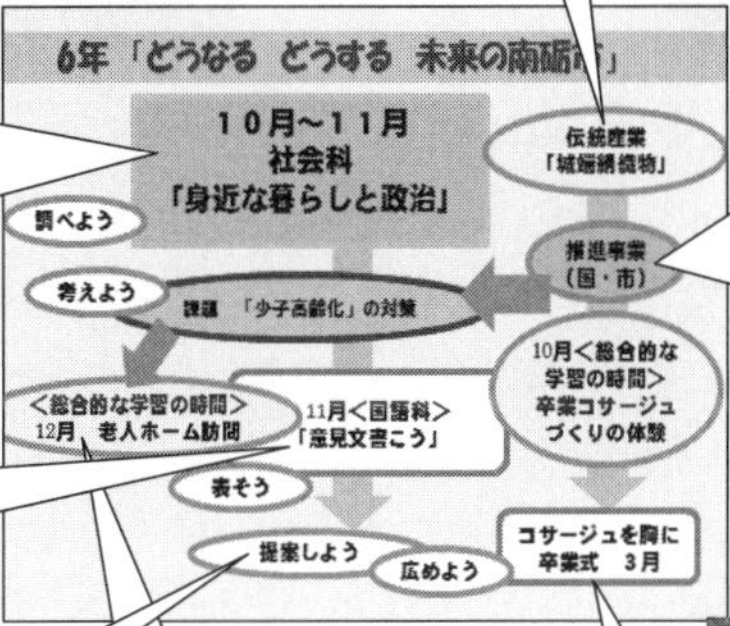

「国と市の連携による伝統的産業・城端織物の推進事業」を知ることで、社会科の政治単元のねらいに迫るとともに、織体験を通して、城端織のよさや継承についてより深く考えていくと期待。

国語科と関連させ、自分の対策を意見文にまとめることを通して、表現力の高まりを期待。

「市長に提案しよう」という見通しをもつことでの、意欲の高まりと連続性を期待。

総合的な学習の時間で、例年、６年生は高齢者施設を訪問。高齢化対策を考えてきた子どもたちにとって、実際にお年寄りと触れ合い、心を通わせる機会は思い入れの深い、意味あるものになると期待。

織体験でつくるものは、卒業式に付けるコサージュ。最高の晴れの日に、自分の胸に飾るコサージュをまちの伝統産業の城端絹織物でつくるところに、子どもたちの思いが深く込められることを期待。

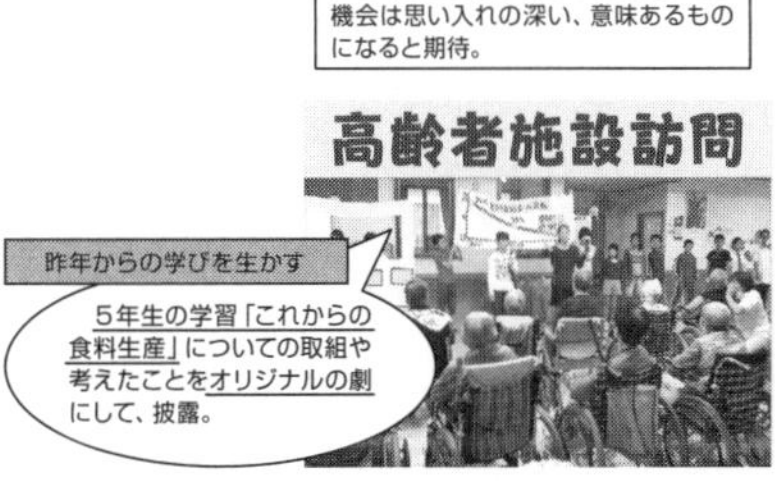

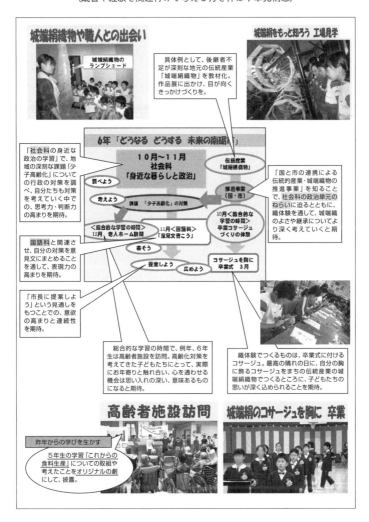

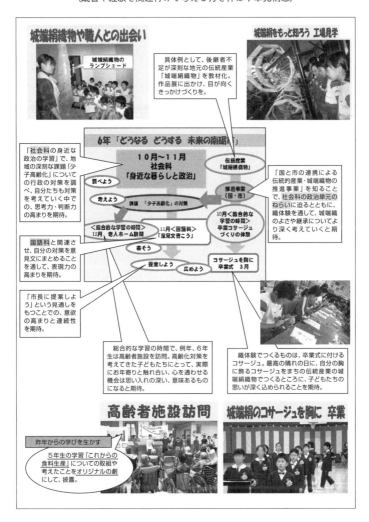

2　視点2　関わりの中で考えを深める話合い活動について

(1)　考えを深める資料としての新聞記事の活用

新聞記事は、地域の行政の情報をタイムリーに、手軽に得られる利点がある。子どもたちは、これまでも学習内容に関連した新聞記事を見付けて感想を書いたり、授業の資料として活用したりしてきた。本単元でも、新聞記事を子どもたちが南砺市政や税金等について自主的に情報を収集する資料や、教師が意図的に提示する資料として効果的に活用できるように意識してきた。南砺市政の最新の情報を自分で見付ける楽しさ、情報を知る楽しさ、学校の学習と関連させより深く分かる楽しさを味わっていく姿を期待した。

第二次で教師が提示する主な資料として、次の二つの新聞記事を取り上げた。

①【主に事実をとらえる資料として】

「全国の人口データ（総務省発表）」の新聞記事」［平成25年8月29日　富山新聞］

この記事は、全国的に人口減少が過去最大になり、少子高齢化が進んでいることや今後の予測、都道府県別の比較、富山県内の傾向が明記され、子どもたちにも分かりやすい。表からは、人口が増加している都道府県があることも見付けることができる。人口増加の理由を予想し、調べ見付けていくきっかけになると考えた。子どもたちは、次のことを学んでいった。

● 人口増加の大都市は、太平洋ベルトと重なっている。交通網や産業の発展と人口増加は関連している。

● 滋賀県は、関西の大都市部と近く、交通の便がよい。地価も安く、ベッドタウン化している。大企業も進出している。大学が多いため、若者の人口も多い。

● 沖縄県は、震災後ＩＴ企業等の移転により、移住者が増えている。出生率も高い。

また、県内でも唯一人口が増えている「舟橋村」の事例を見付けてきた子どもがいた。そして、舟橋村の人口増加の理由として、滋賀県との共通点があることを見出していった。自分たちで見付けた視点が、「南砺市の人口減少対策」を考える際の視点となっていった。

日本人26万人減

3月末、前年比
自然減が拡大
過去最大

1億2639万3679人に

人口動態調査

人口自然増減の推移

65歳以上3千万人突破

県人口 108万1665人に減少

2013年 住民基本台帳に基づく人口

【提示した「全国の人口データ」の記事】

②【主に考えをゆさぶる資料として】

「東京の企業が富山へ一部機能を移転」の新聞記事［平成25年3月6日　北日本新聞］

北陸新幹線長野―富山・金沢間が開業する２０１５年春までに、黒部市等に東京本社から社員約２３０人を異動させ、黒部市内に約２５０戸の低エネルギー型住宅を順次、建設していく。東日本大震災を踏まえ、リスク分散の観点から東京本社の一部機能を生産の中核拠点、黒部事業所に移転するという記事である。富山県に、現在このような事例があるということに子どもたちは驚き、記事に載っている黒部市役所職員のコメントにも注目するだろうと考えた。

子どもたちは、滋賀県の例と重ねながら、交通網の整備、大企業の誘致（移転）に伴う就業者の移住、まちの整備等の視点を見付けていった。そして、その対策が自分たちの暮らす南砺市に当てはまるのかどうかを、就業者やその年齢層、土地活用、公害等、多様な立場や視点から考え、検討することにつながっていった。

(2)「個から社会」へ立場や視点を広げて、よりよい考えを判断していく話合いの場の設定

①「10年後の自分が住みたい南砺市にするためには、どんな対策をすればよいか」について

考える【主に「個」の視点で】

南砺市の人口減少対策を考えるに当たって、自分自身の「個」の視点で考えていくことが、どの子どもも考えやすいと思われる。そこで、「10年後の自分が住みたい南砺市にするためには、どんな対策をすればよいか」について考えることにした。子どもたちは、社会を支える年齢になる若者として、勤め先や余暇、買い物、医療、安全面、結婚、子育てといった面から住みやすさやまちの賑わい、伝統と自然の保護といった視点から考えていった。一人一人が考えをキーワードで表し、似た意見を分類して、互いの考えが見えるようにした。そうすることで、「個」から「社会」へ視点を広げて考える際の検討材料になると考えた。

② 「自分が南砺市長になったら、人口減少問題に対してどのような対策を実施したいか」について考える 【主に「社会」の視点で】

次に、「自分が南砺市長になったら、人口減少問題に対してどのような対策を実施したいか」と問いかけ、話し合う場を設けた。南砺市長の立場で、市民全体を考慮して人口減少対策を考え

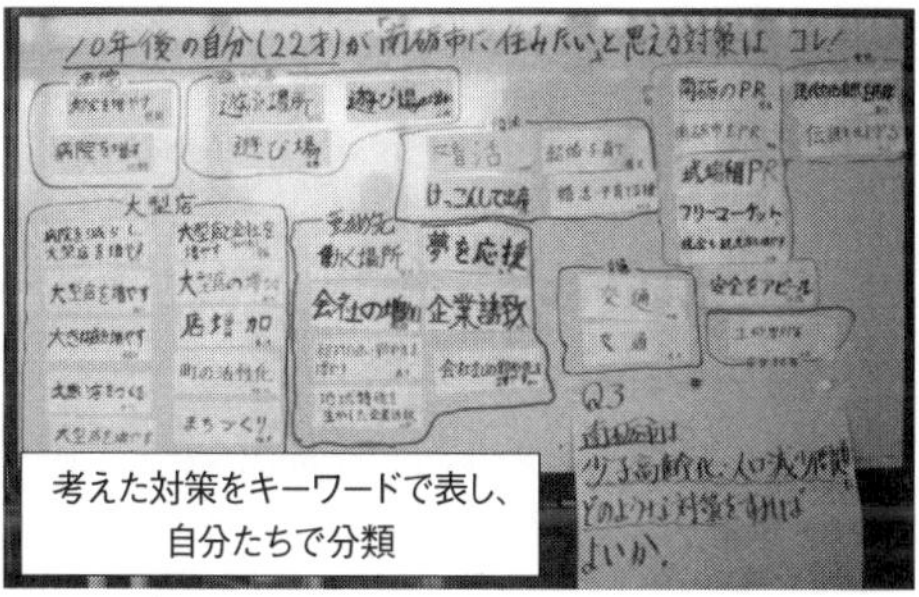

考えた対策をキーワードで表し、自分たちで分類

ていく中で、社会的事象を多様な立場や視点からとらえて、よりよい方法を見付け出す話合いの場になることを目指した。

ノートからは、「税収が見込める企業等を誘致し、開発を進めて財政を優先するか」「南砺にある資源を守りながら活用していくか」ということに目を向けている子どもが多数いることがとらえられた。ここが、みんなで立ち止まってじっくり考えていく場面になると考えられ、双方の意見を両立していくためにはどのようにしたらよいかというジレンマに陥ることが予想された。第一次で学んだ「地方自治体や国が、『住民の生活の安定と向上を図るため』『住民の願いを取り入れて』必要な施策を進めている」ことに立ち返り、互いの考えを見直し、深く考えていくきっかけにしたいと考えた。

【「自分が南砺市長になったらどんな人口対策をするか」の話合いの様子】
北日本新聞　平成25年11月28日

発言内容	・考えの視点 ◇根拠
C１：私が市長なら、南砺市に大学、会社、マンションを建てます。理由は、滋賀県に大学を設立したら人口が増えたからです。金沢市に近い福光地域に建てればよいと思います。設立する場所もあるし、金沢市からも人が来るからです。（地図を示しながら）	◇滋賀県の事例参考 ・金沢との交流
C２：ぼくも会社などの勤め先をつくります。若者は：もっと仕事のある都会に行ってしまうからです。この記事からも分かるように（新聞を提示）、市内にあるアニメ制作会社に、若者が移住してきて働いています。	・若者の移住 ◇新聞活用
C３：Ｙ社やＡ社のような大企業を福光地域に建てたらいい。Ｙ社は、230人も黒部に移転してきます。城端織がある南砺市でＹ社の技術とコラボすれば、有名でなかったものも有名になるからいいと思います。	・大企業誘致 ・伝統産業とのコラボ
C４：ぼくは、遊園地などのテーマパークをつくって人口増加を図りたいです。ぼくが調べた人口の多い地域には、テーマパークが２つか３つあったからです。	・テーマパーク ◇データ調べ
C５：子どもをすくすくと育てるためには、大きな遊び場が必要です。そこに住んで、子育てをする。婚活イベントをして日本全国から男女を呼んで、結婚して住んでもらいたいです。	・子育ての環境 ・婚活・定住
C６　C５さんと似ていて、お祝い金をあげます。南砺市報に、若い人が結婚しない理由に「一人暮らしが気楽で結婚しない。結婚するとお金がかかる」と書いてあったからです。	・祝い金 ◇市報
C７　移住してきた人のために、アパートや団地を建てて住めるようにしたらいいと思います。病院も。けがや病気になったら、遠くだったら大変なことになるので、近くに病院を建てます。	・住居 ・病院
C８：でも、病院の先生がいなかったら、意味がない：と思います。患者さんの命を助ける大切さを分かってもらい、若者にお医者さんになってもらうようにすることが大事だと思います。	・医者の確保
C９：病院が今２つあるから、増やしても、・・・分からなくなりました。	
A児：病院を減らすという考えに反対。病院には、受付や他の仕事があるし、治療のために、病院は必要です。	・働く場、医療の場
全体：（「病院増やせばいい」「減らせばいい」というつぶやき）	

T　：「新しいもの」をどんどんつくればいいと思う人、どうやってつくるのかな。	・人口と税金の関係
C　：税金。	
C10：人がいなければつぶれてしまうから、急につくれない。	・利益と経営
C11：もうけが大事です。	
T　：新しいものをどんどんつくるだけではなく、もうけを考えないといけないということね。では、こっち、前からあるもの（C3の板書、「伝統産業」を指す）は。	※古くからあるものにも目が向くように。
C12：城端絹、井波彫刻、五箇山の合掌造りのように、昔からあるものや自然を大切にしていきたいです。若い人が減っていくと、人口がどんどん減っていくし、昔はまちに機織りの音が響いていたのに、今は3つの会社しかないから、伝統とか文化を大切にすると、働く人も来ると思う。	・伝統文化の保護 ◇城端織調べ
T　：伝統や文化を守っていくことが、人口減少問題の対策になるということ。	
C13：伝統産業のよさを広めて、人口を増やしたいです。身近なものをつくってPRしたり、城端絹でコサージュづくりをした私たちのように伝統文化に触れて体験したりすると、市内のアニメ制作会社のように若者が移住してくれるのでは。	◇城端織体験 ・伝統文化のよさ発信
C14：私は外国の例えば、中国の人と物を交換して、交流してPRしていけばよいと思います。	・外国との交流
T　：南砺市が力を入れているのは何かな。	
C　：林業、農業・・・	・特産
T　：B児さん、どうでしょう？若い人が後を継いでくれるには・・・。	※B児の「特産の6次産業化と観光」の考えを引き出したかった。
B児：・・・。（みんなで発言を待つ）	
T　：黒板見ましょう。「新しい開発」「前からあるもの」「よく考えてつくらないと、対策しないと」ということが出ましたね。A児さん「よく考えて」ということで、気になる記事もってきていたね。	※思い付きではなく、お金（税金）も伴っての対策であることを改めて考えてほしいと願い、A児を意図的指名した。
A児：これは（新聞記事を投影機で映す）、国の話だけれど、4907億円むだ遣いしていた話。高齢者のためにお金が使われていると思っていたけれどそうではなかったという。今、消費税が8％になろうとしているけど、ちゃんと考えて使ったら、8％にならないと思う。	
T　：使い道を考えるところはどこですか。	
A児：市、県、国	

「友達の話を自分の考えと比べて聴き合い、自分の考えを見直す姿」

● 乳幼児、子ども、若者、働き盛り、主婦、高齢者といった年齢層別の立場や第1次産業、第2次産業、第3次産業の従事者としての立場といった多様な立場や視点から、考えが出された。それは、教師が多少心配していた「根拠を挙げて相手の意見を論破するような姿」ではなく、「自分の考えと比べながら、落ち着いて互いの考えを聴き、伝え合う姿」だった。子どもから学ばされた。

● 子どもたちは、家庭で授業の感想を書いてきた。「考えが変わったきっかけ（資料、友達の意見）は何か」を意識して書くように、事前に助言した。多くの子どもたちが、友達の名前とその意見を挙げて、考えを書いていた。

◆ C8「病院を建てるだけではだめで、医者を増やす対策をしなければならない」

◆ A児「税金の無駄遣いにならないように本当に必要な政策か、よく考えて使わなければならない」

の意見から、考えを見直している子どもが多くいた。これらの意見は、他の子どもたちにとって、授業前には気付かなかった新たな視点になったと思われる。このように、友達の考えをきっかけに自分の考えを見直し、よりよい対策を練り上げていく場になった。

友達の意見より、「働き手を守りながら、税金・土地の有効活用」の考えを見いだす

A児

私が市長になったら、地域特性を生かした企業を誘致し、南砺市で事業を実施する際に不足額が出ないようにして、人口増加を図ります。若者に地域の魅力を知ってもらえば、それに関わる企業で働こうとする人が必ず現れるし、税金の負担が少ない市にすれば、働く人や移住してくる人もいると思うからです。

今日の話合いより、税金の使い方を見直すことが大事だと思いました。新たにベッドタウン化を進めるという考えをもちました。C8さんの意見から、店も働く人がいないとだめだと気付きました。予算が余ったから足りない分を補うことはできるけれど、補うのもよく考えて人手を確保していかなければならないと思いました。C12さんの「自然・文化・産業を共存」の考えから、店をたくさん建てるのではなく、自然も残していかなければならないと思いました。「遊休農地」があるのなら、住宅や会社、病院を建て、住みやすくしていくことも大切だと今日の学習から考えました。

【授業後のA児の感想より】

友達の意見より、企業の「立地条件」「既存の産業との共同事業」の考えを見いだす

Ｂ児

ぼくは、「城端絹をネット通販にしていろいろな人に知ってもらう」という考えをもっていました。

でも、Ｃ３さんの話を聞いて、布を扱っている大企業を金沢市からの交通が便利な福光地域に呼べばいいと思いました。そのような大企業だったら若者も入ると思うし、南砺市の人が働くだけではなく、金沢市の人にも来てもらえ、働き手がいないという問題が解決できるからです。さらに、Ｃ３さんの意見のようにその企業と城端絹を「コラボ」させれば、伝統文化のＰＲにもなっていいと思います。若者には南砺に残ってもらえ、Ｅさんの言っていた婚活等をして結婚してもらえれば、少子化対策にもなると思います。また、実際に、市の婚活イベントで結婚して、南砺市に住んでいる人がいることを知り、効果が出ているのだと思いました。

【授業後のＢ児の感想より】

3　視点3　自分の考えや変容を整理して書く活動について

(1)　一人一人の考えを位置付ける場の設定（話合いの終末）

「実践1」の全体の話合いでは、みんなの考えが位置付けられる、まとめの時間を追加で設定した。学級全体で学んだことの確認や意見書にまとめる一人一人の学びにつながり、成果があった。

そこで、「実践2」の話合いの終末でも、全ての子どもが考えをカードに書き、黒板に位置付ける時間をとった。

最終意見　発言できなかった子どもも自分の考えを位置付け、学んだことを意識できるように

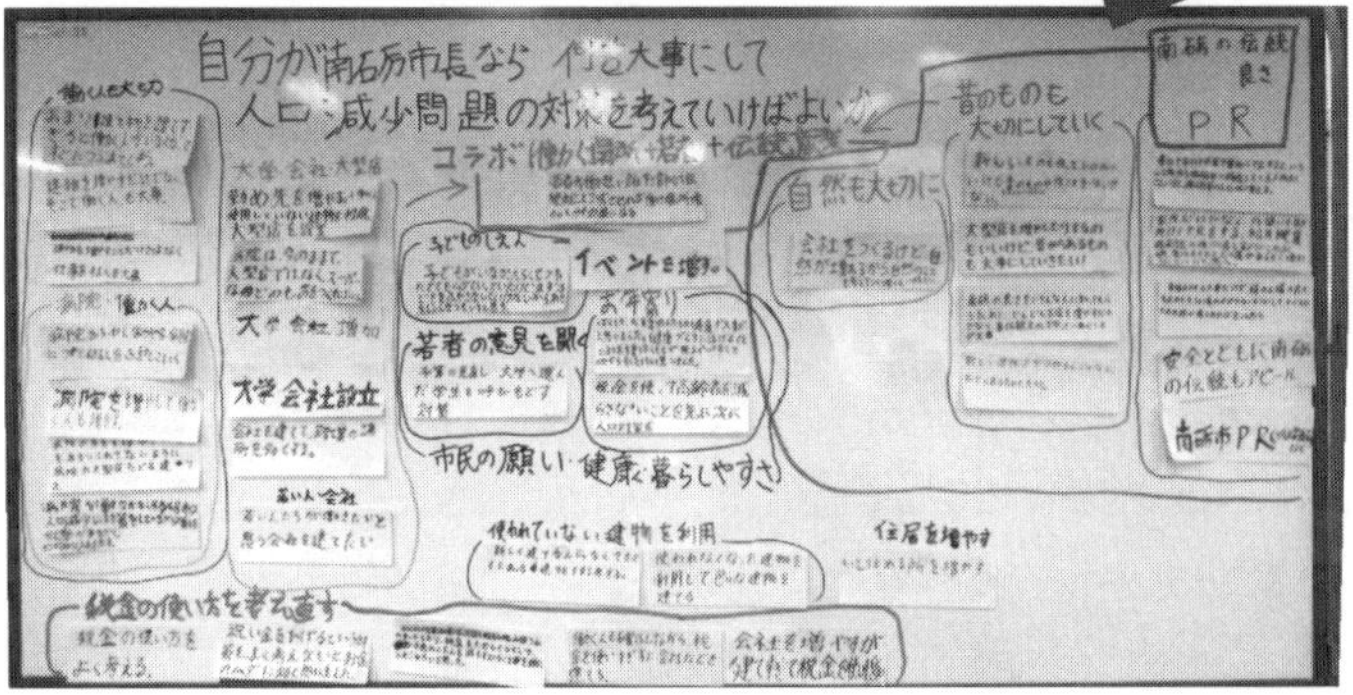

このようにまとめることで、多様な視点や立場を大切にした互いの考えやその関連が見えるようになった。

教師

(2) 自分の考えをまとめ、地域へ発信する場の設定（単元の終末）

単元の終末には、単元を貫く学習課題「南砺市の人口減少対策」に対する自分の最終の考えを作文で書く場（1000字程度）を設けた。

- 国語科「自分の考えを明確に伝えよう」の「自分の考えを確かにするため、調べてまとめ、意見文を書く」というねらいや活動と関連させて取り組む。
- 総合的な学習の時間として、「現在、将来の南砺市はどうあればよいか自分の考えた対策」を市長に提案書として提案する場をもつ。

右記のような「文章に書く」→「提案する」という学習の機会が、自分の考えを練り上げ、自信をもって表現する力、よりよい社会の形成に参画する資質や能力の基礎を養うことにつながると考えた。

単元末に「考えをまとめて、作文に書く機会」を繰り返すことが、力につながる

● 考えの根拠となった新聞記事等を資料として添え、筋道立てて考えを文章表現する力が、どの子どもにもついたと感じた。「実践1」でも、単元末に長文の提案書としてまとめている。このような「単元末に考えをまとめて書く機会」を繰り返し経験することが大切だと思われる。繰り返すことで、子どもたちは、書くことにあまり抵抗なく、より「素早く」「論理的に」「具体的に」自分の考えを文章できるようになっていった。

【B児が書いた「南砺市人口減少対策」についての意見書】

伝統産業も守りながら人口対策をします。

B児

ぼくが南砺市長になったら、市内P社のような若者が働きたい会社を福光に建てます。そして、市が支援して蚕作りから復活させて、城端絹でコラボさせます。理由は、市役所の人の話で若者が市外に出ていかなければ人口減少をくいとめられる、と言っていたのでP社のような会社を建てて若者が市外に働きに行かないようにすればいいと思うからです。また、福光に建てる理由は、金沢との交通が便利だし、資料1から分かるように、金沢との交通がさらに楽になって南砺の人が働くだけでなく金沢の人にも働いてもらえるからです。

二つ目の考えのコラボというのは、C3さんの意見を聞いて考えました。城端絹は衰退が深刻です。だから、まず市が支援して五箇山の蚕を育てるのを復活させます。次に作ったその糸を使って絹織物を作ります。そして、一つ目の考えで書いた若者が働きたい会社と城端絹をコラボさせ、商品を作り販売します。そうすれば六次産業になって2の資料にかいてあるように費用補助がされ、さらに発展すると思います。また、いろいろなところに販売されれば、その中で興味をもってくれる人もいると思うし、やってみたいという人が移住して後つぎになってくれれば過疎対策にもなると思います。

ぼくは、最初は、会社を増やして若者が市外に行かないようにするという意見でしたが、C3さんの話を聞いてコラボというのが付け足されました。理由は、コラボして商品を作り、販売すれば、いろいろな人に広められるし、後つぎになれば過疎対策にもなると思ったからです。

だから、ぼくが南砺市長になったら、若者が働きたい会社を福光に建てて城端絹の六次産業化を図り、コラボをして商品を作ります。そして、販売しいろいろなところに広め、過疎対策をします。

資料1　北陸中日新聞 11月4日（月）（2013年）

資料2　（2013年）
北陸中日新聞 11月7日（木）

意見書には、
根拠となる資料を添えて

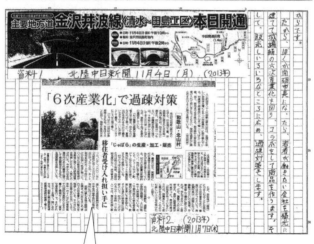

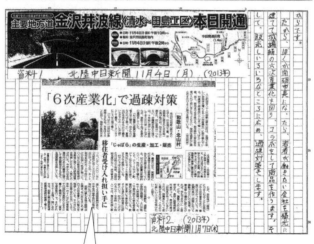

B児の「話すこと」への自信もつ機会になった市長訪問

「自分が市長なら〜」の話合いの時間、B児は、教師に意図的指名されたが、何も話さない沈黙の場面があった。教師は、「B児の考えがみんなへ新たな視点を与えるものになる」と、B児の活躍の場ととらえて意図的に指名した。教師とB児の思いのずれがあったと思った。もっと、教師が「焦らず待つこと」が大事だったのかとも反省した。B児はこの場面で自分の考えを自信をもって話せなかったことを、その後も悔やんでいた。じっくりと取り組み、深く考える力が付いてきたB児に、自信をもって話せるようになってほしい、その機会をぜひつくりたいと願った。

市長を訪問する機会が訪れた。訪問の代表者は、これまでの取組の様子から、クラスのみんなが納得できる人を決めようということになった。控えめなB児は友達に推薦されても代表となることに遠慮がちだった。代表としてみんなの思いを市長に伝えるこの機会が、B児にとっての自信をもつ大きな転機になると考え、教師はそのことを本人に伝えた。友達も「大丈夫、一緒に行こう」とB児の背中を押した。B児は、代表として市長を訪問することを決心した。

緊張しながらの訪問。市長の前で堂々と言葉を述べ、みんなの意見書を渡すことができた。ほっとしたB児の表情に「行ってよかった。ちゃんとできた」という達成感が見られたように感じた。B児は、卒業文集にこのことを取り上げて書いた。じっくりと考える力を付けてきたB児が、「思いを話すこと」とその自信をもつ機会をつくれたことをうれしく思う。

市長訪問の機会が、自分たちの取組への自信とよりよい社会をつくろうとする動機付けに

●実際に、子どもたちから市長に提案書を渡す場を設けることができた。市長や市役所の職員、管理職等の理解と協力があったからこそ、実現できたといえる。代表の子どもたちが市長と対談し、自分たちの学習や南砺市への思いを伝えることができた。帰校後、代表児童が、市長訪問の様子を学年集会で報告し、共有した。市長に「よく考えてある。じっくり読んで市政に役立てたい」と言われ、自分たちの考

南砺市長に人口減少対策の意見書を渡す

えを受け取ってもらえたことは、大きな意味をもつ。一人一人が一生懸命に学習してきたからこそ得られる達成感と自信。そして、自分たちもよりよい地域を目指す地域の一員であるという自覚。この学習をきっかけに、社会の一員として、地域を愛し、よりよい社会をつくろうとする人に育っていくことを願う。

Ⅳ　実践のその後　～時を経て～

■ 小学校での育ちと中学校での育ち

この学年の子どもたちが中学校を卒業するとき、当時の中学校の校長先生が、「思考力の育ち」と題して、次の文章を中学校のホームページに掲載された。

明日、本校3年生が卒業式を迎え、本校を巣立っていきます。（略）彼らには、今まで見てきた生徒たちとは異なる視点で「この子らはすごい」という印象をもちました。

（略）それは、これまで感じたことのないくらいの思考力の育ちです。まず、5月に本校の若手教員（3年担任）が地区の代表として社会科の研究授業を行い、それを参観したときのことです。

（略）通常ある程度見られる「お客さん」（思考力の高い生徒が発言するのを待っていて、そこに頼ろうとする子）がきわめて少ないのです。授業者の担任のそれまでの努力はたしかに素晴らしいのですが、たかが数ヶ月では身に付かない思考力の底力のようなものを感じました。その後、私は通常の授業や行事の準備、生徒会活動を思考力に注意してながめることにしました。すると、やはり、いろいろな場面で考える力、提案する力、実現させるための調整力に光るものをたくさん見つけることができました。（略）

　その思考力の育ちの陰には、何があるのでしょうか。私は、この生徒たちの小学校の時の担任の力を感じました。奇しくも3年前、つまり今の3年生が小学校6年生のときに、当時の担任の公開授業を見る機会がありました。それは、南砺市の過疎化問題とその対策を考える授業でした。その基礎の上に本校人権教育研究指定等でさらに上積みがなされ、今日の姿になったように思います。今回は偶然かもしれませんが、小中がばらばらに頑張るのではなく、連携を工夫することにより、よりよい育ちを目指すことができるというヒントにもなると感じました。明日は卒業式、明後日は県立学校合格発表日です。そして、生徒たちの進路が決まり、それぞれが新たな場所でさらに学びを深めます。思考力をさらに磨き、南砺市や日本を背負って立つ人材になって活躍する日を楽しみにしたいと思います。

これまで、子どもたちの小学校卒業後の様子については、気になっていても、その詳細を知る機会はほとんどなかった。この中学校の校長先生の文章を読んで、喜びで胸がいっぱいになった。子どもたちが、中学校でさらに力を伸ばし、様々な場面で活躍していたこと、それも、一部の子どもだけではなく、どの子どももだということ。そして、目の前の子どもたちの姿をとらえてさらに伸ばしてくださった校長先生をはじめとした中学校の先生方の支援があったこと。校長先生がおっしゃっているように、子どもたちの育ちの連続を見据えた小中連携の在り方の重要性を、改めて感じさせられた。

■２０２２年１月　祝成人
～一人一人がこれからも自分の人生をよりよく生きていくことを願って～

成人式に招待された。あの子どもたちの成人式である。６年生の時、20歳の自分へ書いた手紙を８年間預かっていた。会場では、一人一人にその手紙を渡しながら、今、どこで、何をしているのかなどと声をかけることができた。学生の人、既に社会人である人、春から社会人になる人、保育士、福祉関係、医療関係、事務職、製造業、機械関係、農業に興味をもち、品種改良の研究をしている人もいた。その子の得意だったことやもち味、よさが生きる道を歩んでいることを知った。６年生の時に手紙に書いた自分の夢と、今進もうと努力している道が同じだと喜ぶ姿もあった。今の自分についてまっすぐに伝えるその瞳から、一人一人が地に足付けて自分の人生を一生懸命丁寧にここまで歩んできたことを、胸を張って伝えているように感じた。本当に心から嬉しかった。一人一人がもつ可能性の大きさをしみじみと感じた。

6年生の時、自分の考えを授業の中で発言できずに悔やんでいたB児は、成人代表として市長に向けて立派に「誓いの言葉」を述べた。大学に進学し、都市工学を学んでいるという。6年生の時、人口減少対策を考え、代表で市長に提案書を渡した姿が重なった。こうして成人し、一人の人間として、そして、社会を担っていく一員としての決意を力強く述べている姿、そして、会場が一体となって聴き入る姿は、感慨深いものがあった。実に頼もしい成人たちになっていた。

当時一緒に学年を組み、共に実践に取り組んできた学年主任とも久々に再会した。学年主任とは、いつも気軽に相談し、互いのもち味を生かしながら取り組むことができた本当に楽しい2年間だった。実践の中で、ご協力いただいた地域の方も来賓として参加しておられた。当時の実践を思い出し懐かしむとともに、「また子どもが主役の授業を創っていきたい」という思いを共有した。教師と地域の人が、子どもを尊重し、ベクトルをそろえ、共に楽しみながら取り組んでいた。そのことが、学年全体の子どもたちの成長、そして、教師、地域の人の成長につながっていったといえるだろう。

V　おわりに

■「共に創る」とは、「共に学び、楽しみ、共に高まること」

目指したいのは、一つの学級、一つの学年だけではなく、学校全体、そして、保護者や地域も含めた力の高まりである。そのためには、教職員全体、保護者、地域が、子どもを信頼し、「どの子どもも、本来、自ら学んで伸びよう伸びようとしている存在である」という、能動的学習者として認める子ども観を共通にもつことを、大前提としていきたい。そして、「子どもの事実に立ち返って考えていくこと」を見失わないでいたい。その上で、子ども一人一人に応じた支援について、それぞれの実情や立場でできることを共に考え、取り組んでいくようにしたい。

今後ますます重要となるのは、それが可能となる環境づくり、しくみづくりである。平野朝久先生は、「はじめに子どもありき」の中で、「子どもは、というよりも人間は、もともと何かを知ろうとし、わかろうとし、できるようになろうとしている」と述べている。子どもたちをとりまく大人一人一人も、本来能動的な学習者であることを互いに認め、大切にしていきたい。

子どもも教師も、保護者や地域の人も、共に考え、知恵を出し、試行錯誤しながら、感動を味わい、喜び合う、そんな授業、学校教育をこれからも追い求めていきたい。

〈参考文献〉

・平野　朝久「はじめに子どもありき　―教育実践の基本―」１９９４　学芸図書、２０１７　東洋館出版社

・平野　朝久　編著「続　はじめに子どもありき　―基本原理と実践―」２０１３　学芸図書

・平野　朝久「共に創る授業の創造から学ぶこと」生活科・総合の実践ブックレット　第10号　２０１６

・文部科学省「小学校学習指導要領解説　総則編」（平成20年改訂、平成29年改訂）

・文部科学省「小学校学習指導要領解説　社会科編」（平成20年改訂、平成29年改訂）

・文部科学省「これからの学校と地域　コミュニティ・スクールと地域学校協働活動」２０２０

・富山県教育委員会「幼・小・中学校教育指導の重点」

・富山県教育委員会「授業改善に向けた対策のヒント」小学校版　２０１４

・富山県小学校教育研究会「研究計画作成試案」

・北　俊夫「社会科学力をつくる〝知識の構造図〟」明治図書　２０１１

・岡﨑　誠司「見方考え方を成長させる社会科授業の創造」風間書房　２０１３

・横浜市教育委員会「授業改善ガイド　―思考力・判断力・表現力の育成編―」２０１４

・溝口　秀勝「校長室から」南砺市立城端中学校ホームページ　2017.3.14

・松井　昌美「確かな学力を育む授業の創造　～教師の授業力向上を目指して～」平成26年度南砺市教育委員会派遣　長期国内研修報告書　２０１４

・松井　昌美「自ら思考、判断、表現し、社会参画できる子どもの育成を目指して」研究実践記録　２０１６

第八章　子どもと共に歩み続ける授業づくり・学校づくり

子どもたちは元来「学ぶ」エネルギーをもっている。そのエネルギーを存分に発揮し、「分かった」「できた」という学びの実感を積み重ねることが、子ども時代を豊かに生き、やがて自立していく基礎を培う原動力になるのではないだろうか。

学校生活の中心は授業である。わたしは、授業の中で子どもたちが問題意識をもち、他者とかかわりながらその問題を解決していく過程を何度も経験する中で、主体的に学ぶ子どもが育つと考えている。みんなで考え合って新しい知識を得たり、よりよいものを創造したりしていく、共に学び合い伸び合う授業を大事にしたい。そのために教師は「授業」をどのように考え、実践していったらよいのか、これまでの実践を振り返ることによって、「子どもと共に歩み続ける授業」の実現について明らかにしていきたい。

(1) 子どもと共に授業をつくるために

① 子ども観・授業観をもつ

1　子ども観をもつ

「子どもの成長は、子ども自らが創り出していくものであり、また、そういう力を子どもは持っている」[1]。この言葉は、平野朝久先生の著書『はじめに子どもありき』のまえがきに書かれている言葉である。わたしは、子どもを見る時、いつもこの言葉を心に留めている。子どもは、大人から見ると、回り道に思えたり、横道にそれたりする行動をとることがある。そんな時、子どもの声に耳を傾けてみると、その子なりの理由やいきさつがあることが分かる。わたしたち大人は、先を急いで、つい手を出しすぎてしまっていることはないだろうか。子ども自らがもっている、育つ力を信じたいと思う。

ある年、わたしのクラスにAさんが転入してきた。Aさんは、前の学校ではほとんど登校できなかった。転入当初は、自分の席にじっと我慢して座っているような様子だった。話もしなければ、笑うこともなかった。それでもAさんは毎日登校した。

国語科で「自分を中心人物にして物語を書こう」の学習をした時には、1文字も書かずじっと座っていた。わたしは、Aさんが書けない理由を考えた。また、何なら書けるか考えた。わたしは、この学校に来たことを書いたらどうかと提案した。そして、書き出しの1文だけ、一緒に書いた。それを見たAさんは、初めて書き始めた。放課後まで書き続けた。次の日も書いた。わたしは、Aさんが書いた文章を肯定し、励まし続けた。

Ａさんは、Ａ５版14ページにわたる「自分の物語」を書き上げた。これをきっかけに、Ａさんは少しずつ自己表現するようになっていった。そして、学級の子どもたちに温かく見守られるうちに、Ａさんの笑顔は増え、一緒に活動するようになった。

このように、教師は、子どもの性格や生活背景も含めて理解し、その子に寄りそい「いい子になりたい」「できるようになりたい」「分かるようになりたい」という切なる想いが実現するように、心底励ましていきたい。そして、どうしてよいか分からない子には、対話を重ね、その子がどうしたいのかを少しでも明らかにし、進むべき方向をいっしょに考えたい。これが、わたしの「子ども観」であり、めざす教師像である。

2 授業観をもつ

授業をする時に、教師は本時の目標を立て目標達成のために授業を展開する。以前、わたしは、目標を達成することばかりにとらわれて授業を行いがちであった。しかし、平野朝久先生から「子どもの論理」で成り立つ授業と「教師の論理」で成り立つ授業というお話を伺った時に、自分の授業を振り返り、深く反省をした。授業は「子供の論理」で進めたい。

そのためには、子どもの側に立った教材研究が欠かせない。まず、子どもになったつもりで、教材に向き合う。そして、子どもが教材をどう捉えるのかを考え、授業を構想するのだ。

同じ教材でも、子どもが違えば出会わせ方や単元構想、授業展開は変わる。

また、実際の授業展開においては、子どもが今どうしたいと思っているのか、何に困っているのかを見とり、子どもの思いが実現していくように子どもと共に考え、その時の状況に応じて支援することが大切である。教師は、授業案を練る段階で展開を予想しているので、その展開に子どもの思考を当てはめようとしてしまう傾向がある。しかし、子どもたちは様々なことを考えたり、教師の思いもしないところで躓いたりする。また、教師と子どもの人間関係が良好だからこそ、先が見えない子どもは教師の発問を忖度して教師が喜んでくれる回答をしようとすることもある。

「子どもの論理」で子どもと共に授業をつくるためには、教師はありのままの子どもを見る目と子どもの思いをじっくり聴く耳や待つ姿勢をもたなければならないと思う。

② 目指す授業像を子どもと共につくる

4月、まず授業開きを行う。今年1年間、このメンバーでどんな授業をつくっていきたいか、子どもたちと共に考える。これが、「共につくる授業」の第一歩である。子どもたちは、自分が経験してきた授業を想起するだろう。しかし、これだけでは授業イメージはふくらまない。だから、時には校内の他学級の授業を参観したり、研究授業のＤＶＤを見たりする。教師は、子どもたちと日々の授業を繰り返しながら「目指す授業像」を子どもと共に明らかにしていく。そして、子どもの言葉で決定していく。

このようにしてつくられた「目指す授業像」を、毎時間の授業で常に意識し、1時間1時間を積み重ねることにより、授業文化がつくられていく。学年末には、4月にたてた授業像を超える子どもの姿が見られるようになるものである。

ひまわり学級のめざす授業像
「みんなではてな解決授業」・自分の考えを伝えよう　・助けながら聞こう　・つなげて深めよう

(2) 実践1　子どもと共に歩み続ける授業づくり「まるごとワンダーベジタブル」

（平成23年度　富士宮市立東小学校5年2組　ひまわり学級）

「先生、昨日の帰りに畑に行ってきたんだけどね……。」と朝、教室に入るなりBさんが興奮して話し始める。それを聞いたCさんやDさんが「そうそう、ほかほかシートがとれちゃってるんだ。」「昨日、みんなで直そうとしたけど、大変だった。」と集まってくる。そして、会話は更に広がり、「ねえ、どんな感じだったの？」「すぐに直さなくちゃまた害虫に食べられるかもしれないよ。」と子どもたちの顔つきが真剣になっていく。子どもたちが登校すると、教室はこのような会話であふれていく。

学校から徒歩で2分の所に学級の畑があった。子どもたちは、総合的な学習の時間に、自家製野菜で特製品をつくるためにこの畑を借り、夏に小豆を育てた。しかし、初収穫後まもなく害虫に全て食べられてしまったのだった。食材を失ってしまった子どもたちは、悩んだ。どうしたらよいか、調べたり話し合ったりした。そして、秋からにんじんとほうれん草を育てることに決め、再チャレンジしたのだった。「自家製野菜を使って特製品をつくりたい」という思いは、一度失敗したことで更に強まっていた。朝の水やりはもちろんのこと、登下校の際にも畑に立ち寄り生育状況を見守っていた。「どうしても収穫したい」という畑の作物への思いは、最初から強かったわけではない。1年間の畑作を体験する中で、子どもの中に作物に対する愛着が生まれ、深まっていった。

このように、子どもたちが願いの実現のために夢中になって追究した実践を振り返る。

① 総合的な学習の時間を中心に置いた年間計画をたてる

学校では、教科・領域等の学習や学校行事が時間割によって区切られているが、子どもは教科等を区切って学んでいるのだろうか。学びの過程で生まれた疑問を解決するために、子どもは教科の枠組みを超えて横断的に追究するのではないだろうか。このような考えから、総合的な学習の時間を中心に置いた教科等横断的な単元づくりに取り組んだ。

まるごとワンダーベジタブル

富士宮市立東小学校５年２組の実践

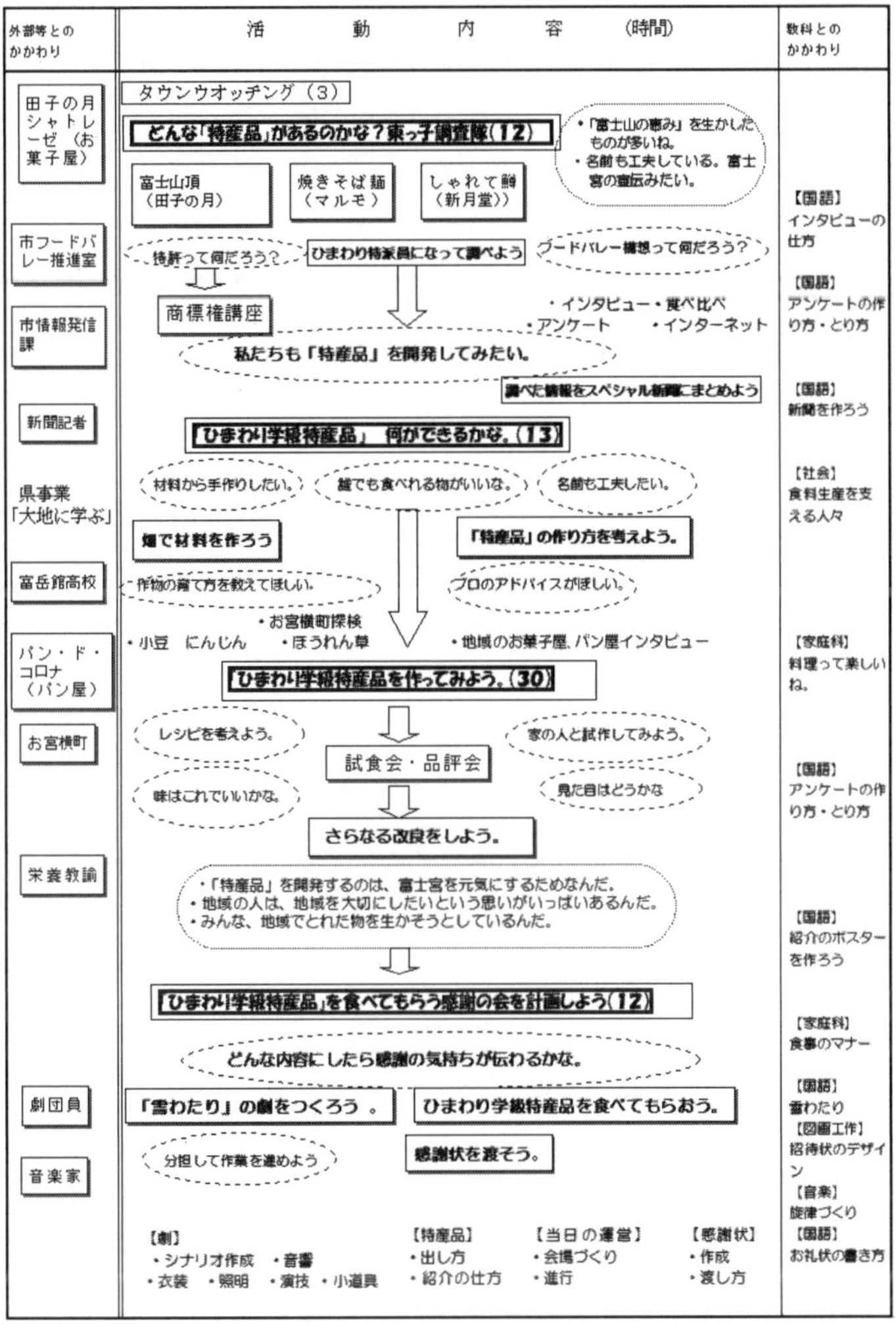
外部等とのかかわり
活　動　内　容　（時間）
教科とのかかわり
田子の月
シャトレーゼ（お菓子屋）
市フードバレー推進室
市情報発信課
新聞記者
県事業「大地に学ぶ」
富岳館高校
パン・ド・コロナ（パン屋）
お宮横町
栄養教諭
劇団員
音楽家
タウンウオッチング（３）
どんな「特産品」があるのかな？東っ子調査隊（12）
・「富士山の恵み」を生かしたものが多いね。
・名前も工夫している。富士宮の宣伝みたい。
富士山頂（田子の月）
焼きそば麺（マルモ）
しゃれて鱒（新月堂））
特許って何だろう？
ひまわり特派員になって調べよう
フードバレー構想って何だろう？
商標権講座
・インタビュー・食べ比べ
・アンケート　・インターネット
私たちも「特産品」を開発してみたい。
調べた情報をスペシャル新聞にまとめよう
「ひまわり学級特産品」　何ができるかな。（13）
材料から手作りしたい。
誰でも食べれる物がいいな。
名前も工夫したい。
畑で材料を作ろう
「特産品」の作り方を考えよう。
作物の育て方を教えてほしい。
プロのアドバイスがほしい。
・お宮横町探検
・小豆　にんじん　・ほうれん草
・地域のお菓子屋、パン屋インタビュー
「ひまわり学級特産品を作ってみよう。（30）
レシピを考えよう。
家の人と試作してみよう。
試食会・品評会
味はこれでいいかな。
見た目はどうかな
さらなる改良をしよう。
・「特産品」を開発するのは、富士宮を元気にするためなんだ。
・地域の人は、地域を大切にしたいという思いがいっぱいあるんだ。
・みんな、地域でとれた物を生かそうとしているんだ。
「ひまわり学級特産品」を食べてもらう感謝の会を計画しよう（12）
どんな内容にしたら感謝の気持ちが伝わるかな。
「雪わたり」の劇をつくろう　。
ひまわり学級特産品を食べてもらおう。
分担して作業を進めよう
感謝状を渡そう。
【劇】
・シナリオ作成　・音響
・衣装　・照明　・演技　・小道具
【特産品】
・出し方
・紹介の仕方
【当日の運営】
・会場づくり
・進行
【感謝状】
・作成
・渡し方
【国語】
インタビューの仕方
【国語】
アンケートの作り方・とり方
【国語】
新聞を作ろう
【社会】
食料生産を支える人々
【家庭科】
料理って楽しいね。
【国語】
アンケートの作り方・とり方
【国語】
紹介のポスターを作ろう
【家庭科】
食事のマナー
【国語】
雪わたり
【図画工作】
招待状のデザイン
【音楽】
旋律づくり
【国語】
お礼状の書き方

この年の総合的な学習の時間は、「自家製野菜を使って特製品をつくりたい」という子どもたちの思いから始まった。わたしは、子どもたちが課題を追究する中でどの教科・領域の学習と必然的につながるか、また、学びの過程でどんな人と出会ったら追究が深まるかということを想像し、年間計画を立てた。そして、どんな学びの壁が生じるか、どんな発信の舞台を用意したら子どもが目的意識をもって主体的に学習に取り組むかということも考えた。目の前の子どもたちの顔を思い浮かべ、関心度や個性、学び方等を考えながら年間を見通した構想を練っていると、教師の期待感も高まっていく。しかし、この計画は教師の案であるので、子どもに提示するのではなく、子どもが立てた計画に入れ込んでいく。そして、追究の過程においては子どもと共に修正していった。このように、年間計画は、子どもの願いの実現のために、子どもと共につくり、学びの過程で共に振り返り、必要に応じて修正していくことが大切である。

② 子どもの必然性から教科等横断的な単元を構成する

子どもたちはこの単元で「ひまわり特派員」として調べ学習を進め、得た情報を家族や友達に分かりやすく伝えるために新聞を作っていた。本当に知らせたいお宝情報を得た時、子どもたちは誰かに知らせたいという思いを高めた。また、取材や新聞作りを重ねると、もっと上手に取材したり、読みやすい新聞を作ったりするにはどうしたらよいかを考えるようになった。

時	学習課題と学習内容
1 新	新聞の仕組みはどうなっているのかな。教科書を読もう。 社会「くらしを支える情報」 ・「新聞を作ろう①新聞の仕組み」を全文通読する。 ・難語句について調べる。・新聞を見比べて、「新聞の仕組み」を確認する。 ・「新聞の仕組み」にはきまりがあるのかな。
2 新	新聞の構成はどうなっているのかな。 ・読み取ったことと実際の新聞を比べて、新聞の構成について理解する。 (図や写真、解説ののせ方の意図・見出しの効果) ・新聞はどうやって作られるのかな。
3 新	編集の流れはどうなっているのかな。 ・どういう順番で編集するのか読み取る。 ・新聞の書き手が気を付けていることを考える。 ・新聞記者に書く時に気を付けていることを聞きたい。
総	記者インタビュー ・「記事の書き方」を聞く。(作り手の意図や思い、注意していること) ・言葉の使い方が重要なんだ。
4 言	「言葉と事実」を読んでみよう。 ・構成をつかむ。(序論、本論、結論、問い、答え) ・筆者の主張をつかむ。
5 言	自力読みをしよう。 ・１０の観点に沿って、一人学びをする。・分からない事が出てきた。みんなで話し合いたい。
6 言	学習計画を立てよう。 ・一人学びで出てきた疑問や友だちと話し合いたいことを出し合う。
7 言	筆者はなぜ、「うそつき少年」の事例を話題提示で取り上げたのかな。 ・「うそつき少年」の事例を正しく読み取る。 ・「うそつき少年」の事例が全体構成の中でどんな役割をしているのか考える。
8 言	本論１で筆者が伝えたかったことは何だろうか。 ・リレー対抗戦の結果と言葉の関係について読み取る。・本論２では、どんなことを伝えたいのか。
9 言	本論２で筆者が伝えたかったことは何だろうか。 ・デパート売り場の事例から事実と言葉の関係について読み取る。 道徳「気持ちと言葉」 ・本論１，２を通して筆者が伝えたいことは何だろう。
10 言	「筆者の主張は何だろうか。」 ・⑫⑬段落から筆者の主張を読み取る。 ・筆者の主張と文章全体とのつながりを読み取る。
総	新聞記事を書くときに注意することは何だろうか。 ・筆者の主張と実際の新聞記事や紙面を比べて考える。
11 新	「新聞を作ろう②新聞を作る」を読む。 ・スペシャル新聞を友だちと協力して作りたい。
12 新	編集会議を開き、取材、割り付けの計画を立てる。
総	・伝えたい情報の整理をする。・必要に応じて取材する。・情報を記事にまとめていこう。
総	記事を書く。 ・この記事で読者に伝えたいことが伝わるかな。
13 新	友だちと記事を読み合おう。 ・書いた記事を読み合い、言葉や文章を検討する。・割りつけ、写真、資料等について検討する。
14 新	紙面全体の校正をしてスペシャル新聞を完成させよう。 ・紙面全体について、見直す。 ・他の班の友だちにも読んでもらいたい。友だちの新聞も読みたい。
15 新	学級全体で読み合おう。 ・友だちの新聞のよいところを見つける。
16	言葉のはたらきについて話し合おう。

新：国語「新聞を作ろう」
言：国語「言葉と事実」
総：総合的な学習の時間

さらに、取材した特産品のネーミングやポスターなどから「言葉」は使い方によって印象が変わることに気付き、「言葉」の使い方に慎重になっていった。

このような子どもの実態から、わたしは国語科の説明文「言葉と事実」と「新聞を作ろう」の1時間1時間をばらして、さらに総合的な学習の時間や社会科、道徳科と絡めた子どもにとって学ぶ必然性のある単元を構想した。教科書には「言葉と事実」の後に「新聞を作ろう」の学習が組まれていたが、子どもの「よりよい新聞を作りたい」という思いをつなげて「新聞をつくろう」を先に扱うことにした。新聞作りに対する思いが高まっていた子どもたちは、何か1つでもヒントを得ようと、教科書を隅々までよく読んだ。そして、新聞にはきまりがあることに気づき、これまでの自分の新聞作りを見直し、スペシャルな新聞を作りたいという思いをさらに高めた。そして、言葉1つ1つの表し方に関心をもち、こだわるようになった。

このタイミングで「言葉と事実」の説明文を読むと、子どもたちは、事例と自分の経験をつないで、「言葉の表し方」について考えを深め、自分の新聞作りに生かそうとした。

このように、子どもの思考の流れにそって必然性ある教科等横断的な単元を構想することにより、子供たちは目的意識をもって主体的に学んでいったのである。

③　課題づくりに時間をかける

学習の始めは、地域の「人・もの・こと」にふれるタウンウオッチングに何度も出かけた。何度も出かけると、子どもたちは気づきを比較したりつなげたりしていくようになった。さらに、放課後や休日も自分でタウンウオッチングをするようになった。30人の子どもたちの興味や感性はそれぞれ違う。特製品に興味をもち、地域のお菓子屋さんに行き、富士宮らしい商品やネーミングや形のおもしろさに目を向ける子、使われている材料のルーツに目を向ける子、学校給食の「富士宮の日」に目を向ける子等様々だった。

また、それぞれが調べたことを友達と情報交換すると、互いに調べたことを比較したり関連付けたりしてつながりを見付け、みんなで追究していきたいことがだんだん焦点化されていった。みんなの考えがつながり始めると、子どもたちのわくわく感は高まっていった。

さらに、子どもたちは、特産物で富士宮を元気にしようとしている市民有志の活動（焼きそば学会・ニジマス学会など）やいろいろなお店で売られている特産物を使った特製品に興味をもち、「ひまわり学

地域のお店を取材する

テーマ：「食」を通して地域を見つめる　（子どもの思いを子どもと共につなぐ）

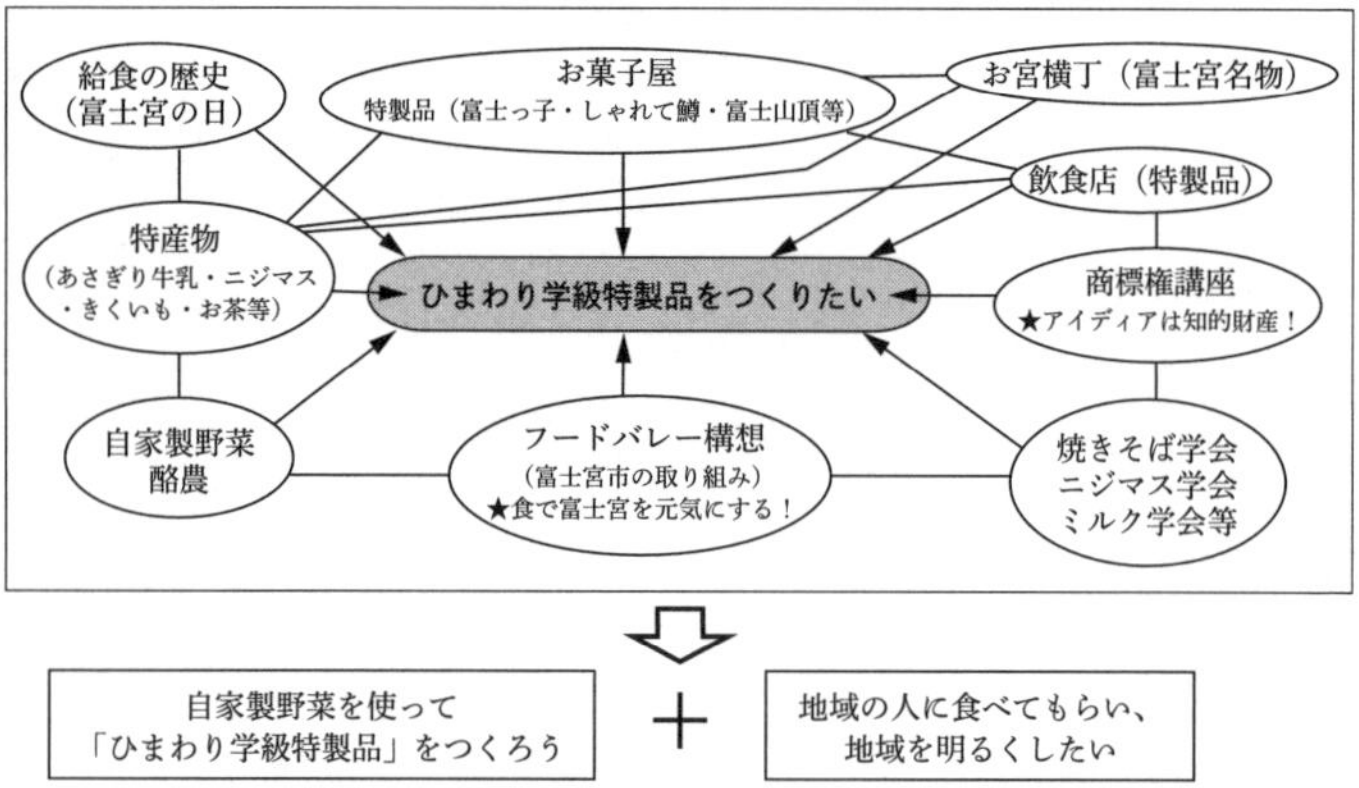

級特製品を作りたい」という思いをふくらめていった。

子どもたちが取り組もうとしたことは、富士宮市の「フードバレー推進事業」と重なっていたため紹介すると、自分たちでアポイントをとり講話を聞いた。「食で地域を元気にする」というフードバレー構想の発想や「アイディアは知的財産だ」という言葉から、子どもたちの思いに「自分たちにできる食の提案」「地産地消による健康で明るいまちづくり」という視点が加わっていった。そして、「自家製野菜を使った特製品を地域の人に食べてもらい、地域を元気で明るくしたい」と当初の願いがさらに広がりをもって強くなっていった。

子どもたちは様々な材にふれながら、気になったことにじっくり向き合い本気で追究したい課題をつくっていった。

④ 体験を重ねる

1 特製品の材料を畑で育てる

ア 畑との出会い

子どもたちは、自家製野菜を食材にして、お年寄りから子どもまで誰にでも食べられる「ひまわり学級特製品」を作りたいと考えていた。食材は、今年中に収穫できるもので誰でも食べられる物が作れるという点から小豆を選んだ。

食材が決まると、子どもたちは畑を探し始めた。このタイミングで県の事業であった「大地に学ぶ」を紹介した。この事業は、歩いて2分のところにある畑を無料で借りられ、F高校の先生や生徒たちと一緒に活動できるというものだった。子供たちは大喜びで、全員一致で参加することが決まった。

楽しみにしていた畑との出会い。しかし、行ってみると、畑は雑草がいっぱい生えた荒れ地であった。子どもたちはすぐに「草取りをしよう。」「土をやわらかくしなくちゃ。」と言って行動し始めた。暑い日差しの下で、黙々と草取りをした。子どもたちが草取りをした後は、保護者が耕運機で耕してくれたり、

荒れた畑を見てすぐに草取りを始める子どもたち

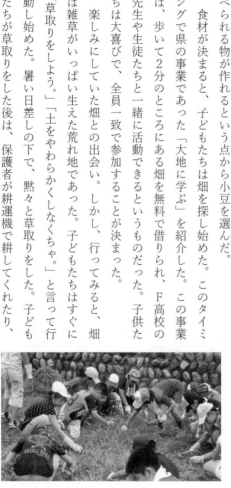

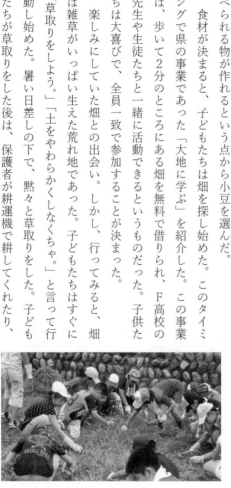

F高校の先生が雑草対策としてマルチを張ってくれたりした。きれいになった畑を見た子どもたちは、陰で助けてくれた保護者や高校の先生に感謝の気持ちでいっぱいになった。

イ　畑での追究

種まきは、7月18日だった。丁寧に種をまき、その後芽が出るまでは水をたっぷりあげなければならない。7月なので、朝と夕方の水やりが必要だった。また、夏休みに入るため、休み中の水やりの問題が出てきた。子どもたちは、当番制を考えたが、実際には当番でない日も水やりに出かけてくれた子が多かった。順調に育っているうちは、日に日に大きくなる小豆の生長ぶりが子どもたちの喜びだった。

雨が弱くなったタイミングで支柱を立てる

また、作物を育て始めると、子どもたちは自然と天気予報を気にするようになり、台風接近のニュースが流れた時には、対策として家から支柱を持ってきた子もいた。雨が弱くなった時、畑に駆けつけ支柱を立てたが、その後雨が強くなると、子どもたちは不安でいっぱいになった。台風が去った次の日の朝には、何人もの子どもたちが小豆の様子を心配して、畑に行っていた。このような畑での追究により子どもたちは作物への愛着を深めていった。

ウ　失敗から学ぶ

初収穫後、順調に育っていると思っていた小豆に異変が起こり始めた。葉が黄色くなったり、さやの中に害虫が発生したりした。子どもたちは、肥料不足ではないかと予想し、F高校のI先生に電話で相談した。肥料はいらない、害虫については見てみないと分からないという返事だった。不安になった子どもたちは、学校帰りに畑に行った。

数週間前には、とてもきれいな緑色のさやがふっくらとふくらんでいて、その数もたくさんだったのに、ほとんど虫に食べられてしまっていた。特製品をつくる量にははるかに足りなかった。そこで、子どもたちは考えた。

- ・売っている小豆と混ぜて、自家製○○％とすればいい。
- ・ビニールハウスを作ったら、今からでも小豆が作れるかもしれない。
- ・今から他の作物を育てる。今から畑で育てられる物はないか。
- ・収穫できた小豆は大事にして、その量で作れる特産品をつくる。
- ・小豆は小豆で特産品を作って、冬野菜をこれから育ててヘルシースイーツを作る。

思い思いの意見を出したが、今後の方向性をぴたりと決めるようなことは、簡単には出なかった。休日、子どもたちは、本やインターネットを使って調べたり家の人に聞いたりして、どうしたらいいか真剣に考えた。その結果、子どもたちは再チャレンジという道を選んだ。

小豆を育てた畑をきれいにする。小豆を抜いてみると、けっこう根がしっかり張っていることに驚いた。ほんのわずか使えそうな小豆もあり、大事に収穫していた。虫は何十種類もいた。そして、地面に落ちた小豆からもう芽が出ているものもあった。子どもたちは複雑な思いで抜いていたようだったが、根っこの強さや新芽から生命力を感じたことだろう。予想外の展開となった小豆づくりからは、学ぶことがたくさんあった。農家の人がどんなに苦労して野菜を育てているのか、改めて考えた。そして、一粒の小豆に喜び、食べ物を粗末にしてはいけないと感じた。無農薬野菜の難しさも実感し、お店で売っている形のよい野菜はどうやって育てているのか、農薬は使っていないのか等の新たな疑問が生まれた。たくさんの虫たちとの出会いも畑作ならではの体験だっただろう。

エ　再チャレンジ

子どもたちは、次なるプランに向けて考え始めた。子どもたちはたくましい。Eさん、FさんがF高校のI先生を訪ね、秋から育てられる野菜についての相談をした。にんじん、ほうれん草、かぶなら育てられるという返事をいただき、二人は大喜びでみんなに知らせた。

I先生とF高校の生徒たちの協力を得て、再チャレンジがスタートした。肥料は１平方メートルに２００グラムくらい均等にまくのだと、高校生が教えてくれた。そして、一緒に肥料をまき、その後、I先生と高校生が畑を耕してくれた。子どもたちは目の前で、堅い土が空気を含んでふっくらしていく様子をじっと見て、「昔の人は鍬で全部耕したなんて、腰が痛くなっちゃっただろうね。」「なんで先に肥料をまくのか分かったぞ。先にまかなきゃ、肥料が土に混ざらないからだ。」などの新たな気付きをつぶやいていた。耕した土をさわったら、さらさらでふっくらしていた。

種まきもI先生が詳しく教えてくれた。種を１cm間隔で筋まきするには支柱が物差し代わりになることや、目安としてひもを張っておくとまっすぐに種まきができることなどを知った。

この後、朝晩冷え込むようになると、寒さ対策を考えI先生と不織布のトンネルを作った。一人ではできない作業は友達と分担した。上手にトンネルができあがった時には、思わず拍手が起こった。みんなで協力する充実感を感じたことだろう。再チャレンジ後の子どもたち

富岳館高校を訪ね、I先生に相談する

は、畑に寄る回数も増え、思いも強くなっていった。

オ　収穫

〈ほうれん草を収穫して〉
　畑に行ってまず、びっくりしました。すごくほうれん草が生長していました。畑に友達と毎日のように行っていたのですが、ほうれん草はあまり見ないで、ビニールシートばかり気にしていました。根をそのまま引っこ抜いて、水で簡単にゆすいで、早くほうれん草を食べたいと思いました。でも、パーティー用だから、私たちは食べられないのかな。I先生やその他の先生方に本当に感謝の気持ちでいっぱいです。

　荒れ地を畑にするところから始めた畑作は、子どもたちの生きた学習になった。子どもたちは、作物を育てる楽しさも難しさも実感できた。そして、この活動を通して、子どもたちは迷った時、壁にぶつかった時、誰かに相談すれば解決できること

I先生に種のまき方を教えていただく

高校生といっしょに畑を耕す

があることを実感し感謝する気持ちを高めていた。

2　ひまわり学級特製品をつくる

ア　よりよいものを求めて追究する～繰り返し探検する～

ひまわり学級特製品をつくるために、まずは、富士宮の特産物を使った特製品がたくさんある「お宮横町」に出かけた。

片道15分程度掛かるため、取材時間は約20分。初回は、子どもたちは、取材を楽しみにして出かけたのに、実際には時間が足りず、聞きたいことがうまく聞けなかったと振り返っていた。もっと時間がほしいし、短時間でも聞きたいことをしっかり聞ける取材をしたいと、多くの子が反省としてあげた。ここで子どもたちが考えたことは、プロの新聞記者に取材のコツを教えてもらうことだった。

地元の新聞社にアポイントをとり、取材のコツを教えていただいた。困った時にプロから直接話を聞くと得るものが多い。子どもたちはプロの言葉を聞き逃さないようにメモをとっていた。

新聞記者のアドバイスを生かした2回目の取材は、1回目とは明らかに違っていた。積極的にインタビューし、聞いている中で出てきた疑問を、その場で更に聞いていた子もいた。また、特製品の名前やポスターに書かれている言葉等、細かいところまで注目していた。

〈2度目の探検後のノートから〉

・パン屋さんに行ったら、朝霧の牛乳や卵を使っていると言っていた。地元の人の顔が見える安心感があるそうだ。

・鱒バーガーは、パッケージが鱒みたいになっていて工夫されていた。

・「富士山」がつくお酒やサイダーがたくさんあった。お店の人に聞いたら、富士宮と言えば富士山が有名だからと言っていた。

この探検後のノートから、子どもたちは特産物を使った特製品の材料やネーミングに興味をもちお店の人に質問することを通して、その特製品に込められた思いにもふれていることが分かる。お宮横丁での取材がきっかけになり、子どもたちの追究が加速した。地元のスーパーマーケットにあるチラシを見つけて、自分の考えている特製品に生かせるものはないか考えた子、お店でどら焼きを実際に買って食べ、あんこと生クリームの組み合わせが結構おいしいということが分かり、特製品に生かせないかと考えた子、自分で考えたお菓子を家で試

作した子。子供たちが主体的に学ぶ姿は、他に転移するかのように、広がっていった。

イ　よりよいものを求めて追究する　～繰り返し試作する～

子どもたちは、特製品の条件を６つ決めた。①「富士宮産」を使っている、②オリジナルなもの、③誰でも食べられるもの、④喜んでもらえるもの、⑤材料費が安いもの、⑥手軽に作れるものである。６つの条件に合う「ひまわり学級特製品」の開発が進んだ。開発は、似たイメージをもっている子同士のグループ活動となった。開発会議を経て、試作を行った。一度作ると、改善点を見いだし、「もう一回挑戦したい。」と言い、1年間で5回試作を繰り返した。試作においては、学校公開日に保護者と一緒に作ったり、試食してもらいアンケートに答えてもらったりした。学校公開日は保護者を巻き込むチャンスだ。協力してくださった保護者の方々は心強いアドバイザーである。また、学校の先生方にも試作の度に試食をお願いして、意見をいただいた。いただいたアドバイスは、次の開発会議に生かされていった。

試作後、子供たちは以下のように振り返っていた。

・カップケーキの生地は、ほうれん草の味をもっと出したかったけど、それをのぞけばよかったと思います。でも、1つだけ予想外だったのは、入れ物が開いてしまったことです。あと、粉砂糖が水分の多さで消えてしまいました。フライパンで蒸すとカップケーキの中に水が入ってしまうし、蒸し器でやると時間を短く手軽にという条件が守れません。今度は、フライパンに網をのせてみる、粉砂糖は次の日にかけ、少しだけにしてみようと思います。

・今回のカップケーキはおいしかったです。干し柿は、後からのせるより一緒に焼いた方が柔らかかったです。後にのせると、お年寄りなど食べにくいと思うのと混ぜた方が甘く感じたからです。甘さは粉砂糖をかけるよりかけない方がおいしかったです。かけると砂糖の味が強くなって小豆の甘さがなくなってしまうから。干し柿は細く切って焼いて、粉砂糖をかけるなら少しかける方が見た目もよくなるからいいと思いました。

子どもたちは、試作を繰り返し６つの条件を意識して改良を重ねた。回を重ねるごとにより具体的に考え、よりよい物を求めていった。

このように子どもたちの学びの過程においては、子どもが

学校公開日で試食してもらい、アンケートをとる

開発会議

こだわりをもって追究する時間、いろいろなことを試したり、繰り返し挑戦したりできる時間、主体的に人・もの・ことにかかわる場、協働的に取り組める場などの時間と場の保障が大切だ。この時間と場の保障により、子どもたちは創造的に探究活動を進めていくようになるだろう。

⑤　夢中になった追究から生まれたもの

子どもたちの願いから生まれたこの学習では多くの人にお世話になった。子どもたちは、人と関わる中で、自分たちの願いが実現していくことを実感し、感謝の気持ちでいっぱいになった。また、関わって下さった方は子どもたちが夢中になればなるほど、助けてくれた。

最初は、子どもたちがお世話になるという一方通行の関わりだったが、助けてもらったり、一緒に活動したりする中で、その恩返しをしたいという気持ちが高まっていった。また、何度も関わる中で、その関わりは双方向に強くなっていった。そして、子どもたちの地域の人に特製品を食べてもらいたいという願いは「ありがとうパーティーを開きたい」という形になっていった。

1　ありがとうパーティーを企画する

夢中になって取り組んだ活動だったからこそ、感謝の気持ちも大きい。子どもたちはありがとうパーティーの企画は、すべて自分たちでやりたいと考え、活動し始めた。テーマは「みんなで希望のひまわりを咲かせよう」だった。内容は、自分たちの一年間の学びのプレゼンテーションと国語科で学んだ『雪わたり』の劇に決まった。パーティーの企画も、学びの発表や劇の準備も、招待状も、みんなが役割分担をして、助け合って進めていった。

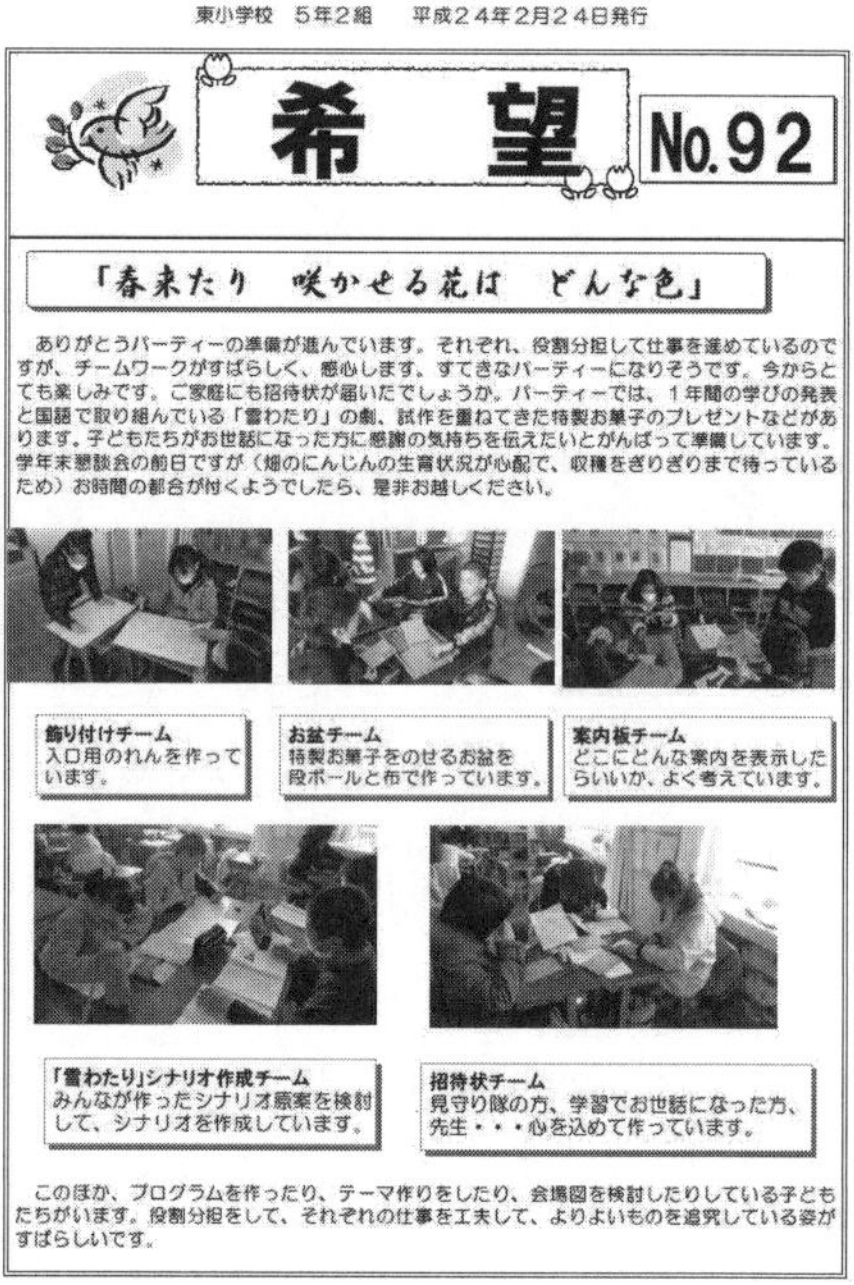
東小学校　5年2組　平成24年2月24日発行

希　望　No.92

「春来たり　咲かせる花は　どんな色」

ありがとうパーティーの準備が進んでいます。それぞれ、役割分担して仕事を進めているのですが、チームワークがすばらしく、感心します。すてきなパーティーになりそうです。今からとても楽しみです。ご家庭にも招待状が届いたでしょうか。パーティーでは、１年間の学びの発表と国語で取り組んでいる「雪わたり」の劇、試作を重ねてきた特製お菓子のプレゼントなどがあります。子どもたちがお世話になった方に感謝の気持ちを伝えたいとがんばって準備しています。学年末懇談会の前日ですが（畑のにんじんの生育状況が心配で、収穫をぎりぎりまで待っているため）お時間の都合が付くようでしたら、是非お越しください。

飾り付けチーム
入口用のれんを作っています。

お盆チーム
特製お菓子をのせるお盆を段ボールと布で作っています。

案内板チーム
どこにどんな案内を表示したらいいか、よく考えています。

「雪わたり」シナリオ作成チーム
みんなが作ったシナリオ原案を検討して、シナリオを作成しています。

招待状チーム
見守り隊の方、学習でお世話になった方、先生・・・心を込めて作っています。

このほか、プログラムを作ったり、テーマ作りをしたり、会場図を検討したりしている子どもたちがいます。役割分担をして、それぞれの仕事を工夫して、よりよいものを追究している姿がすばらしいです。

2　一人1役　みんなでつくった劇

国語科で学習した『雪わたり』の劇づくりでは、シナリオは、全員で場面を分担して原案を作り、それを基にシナリオ作成チームが作った。

劇中の登場人物を演じる子は、台詞や動きを友達と見合って練習した。音楽担当の子は、音楽室で楽器を選び、友達と音を出して効果音や挿入歌をつくった。大道具担当の子は、幻灯に映す絵をかいたり、木を作ったりした。「客席に見える方向から木を作った方がいい。」

『ざらめをかけたようにしもでぴかぴかしています』っていう情景だから、スパンコールを貼ろう。」等と口々に話しながら作業を進めていった。小道具担当の子は、入場券やだんごを作り「何か作ってほしい物があったら、ぼくたちに言ってください。」と友達に声を掛けていた。照明担当の子は、体育館の隅で眠っていた照明器具を探しあて、校長先生に交渉して貸してもらったり、会場へ行ってどんなふうに照明をあてるか実際照らして考え、シナリオの中に書き込んでいった。衣装係の子は、きつねの耳を何度もつくって、そのうち、気に入った形を見つけ、クラス全員分のきつねの耳を作った。

全員が役割をもち、分担して作業をする中で、「ねえ、一緒に合わせよう。」「この小道具、持ってみて。」等という交流が自然に生まれていった。子どもたちは、『雪わたり』の世界を友達と共に夢中になって楽しんでいた。

3　ありがとうパーティーを終えて

ありがとうパーティーの準備では、子どもたちは友達と関わり合い、それぞれのよさを生かし合っていた。学びの発表のプレゼンテーションも雪わたりの劇も、一人でも欠けてしまったら成り立たないものだった。子どもたちが一人一人の存在を認め合い、助け合っていったのだと思う。そして、改めて、友達と共に活動することのよさを感じていた。Gさんは、ありがとうパーティーを終えて次のように振り返っていた。

今日、ありがとうパーティーは成功したと思います。劇では、失敗してしまうこともあったけど、みんなのフォローのおかげでなんとか成功しました。お客様がみえるまで、時間があったので、わたしは友達と玄関の前で看板娘をやっていました。劇やプレゼンテーションでお客さんを笑顔にできたので、よかったです。お礼の言葉をわたしが言ったあとに、家の人が「お礼の言葉、とってもよかったよ。」と言ってくれました。とてもうれしかったです。

お世話になった方を招待して開催したありがとうパーティーは、これまでの感謝の気持ちを伝えることにとどまらず、これからの生活につながる力が付いたことが伺われる。集まって喜んでくれた方々の温かいまなざしを感じた子どもたちは、「これからも人に感謝して生きていこう」という気持ちになっただろう。このように、関わり合いというのは、一方通行ではなく、絶えず双方向に関わり合う中で、深まっていくのだと思う。

⑥ プロから学ぶ価値

よりよいものを求める時、その道のプロから学ぶ機会は子どもにとって大変有意義である。

地元のお菓子屋さんは、商品の材料やネーミングのこだわりを教えてくださった。学区のパン屋さんは、ひまわり学級特製品案に丁寧にコメントをくださったり、なぜ新しいものをつくろうとしたかという話もしてくださった。そして、子どもたちのレシピを商品化してお店に置いてくださった。

取材がうまくいかなかったときは、地元新聞社の記者がプロの取材方法を教えてくださった。

劇づくりにおいては、劇団員として地域で活動している方が、シナリオの作り方や演技の仕方などのコツを教えてくださった。

子どもたちは、様々なプロから「本物」を学ぶだけでなく「本物」を追究する生き方にもふれ、感激していた。

わたしはプロから学ぶことにこだわってきた。それは、子ども一人一人がプロの生き様にあこがれをもち、かけがえのない「個」として、自分らしく自立することを願っているからでもある。

特製品案にアドバイスをいただく

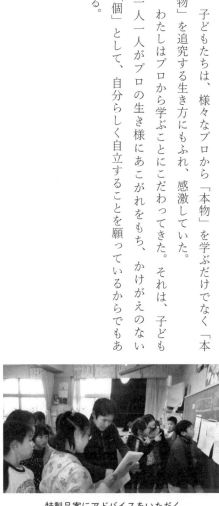

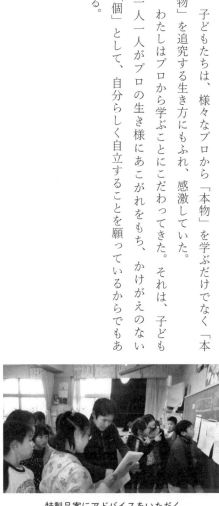

(3) 実践2　子どもと共に歩み続ける学校づくり
～はじめに子どもありきの学校～

① 子どもの事実を語り合う

わたしがこれまで実践してきたことを生かして教頭という立場で、「はじめに子どもありき」の学校をつくる。

そのためには、教職員とその理念や「子どもを見るまなざし」を共有することが不可欠だった。わたしは「子どもの事実を語り合う」ことに徹した。何事も子どもの側に立って考えるのである。教職員が10人いれば10通りの見方があるのだから、一人一人の見方を否定しないで、じっくり語り合い聞き合う。そうすると、自分一人では気づかなかった子どもの姿がありありと見えてくる。

また、結果として表れる子どもの姿そのものだけではなく、そこに行き着く理由やいきさつについても考え合うことを大事にした。子どもがどうしてその行動に及んだのか、これからどうしたいと思っているのか等を語り合うのだ。このようなことを繰り返していくうちに、子どもを見る目は養われていくのだと思う。

② 担任と共に実践する「芝富小花いっぱいプロジェクト２０２１」

（令和３年度　富士宮市立芝富小学校４年１組）

令和３年度、芝富小学校は「富士宮市の魅力ある学校づくり委託事業」としてＳＤＧｓを取り入れた教育の推進に取り組んだ。地域の「ひと・もの・こと」を活用した学習をＳＤＧｓとつなげ、未来を担う子どもたちが持続可能な地域をつくるために、自分は何をしたらよいのか、どのように目標達成に貢献できるのか、より主体的に考えたり行動したりできるようにし、子どもたちの豊かな心を育むとともに、地域とともにある学校づくりを進めることを目的とした。

１　適切な材を選び、見通しをもつ

わたし（教頭）は、この事業を４年生の担任Ｙ先生と共に進め、子どもの学ぶ姿や教師の関わり方を他学年の子どもや教師に具体的に見えるようにしていき、学校全体に広げていくことを考えた。

まず、材についてＹ先生と相談した。４年生は昨年度、総合的な学習の時間で「花づくり」をしていた。この「花づくり」を再度体験しながら発展させていくことはできないか。通常、１つの材を２年間扱うことは少ないが、あえて２度目を行うことにより、子どもたちの学びが深まったり広がったりするのではないか。子どもたちは、１度体験しているからこそ、得た知識を生かして主体的に学ぶのではないか。また、「花づくり」は体験活動であること、毎日世話

をしなければならないこと、花の生長が目に見えて分かること、育てた花を活用した創造的な活動がいくつも考えられること、地域で花を育てている団体と一緒に活動できること、夏、冬と年間2つステージで学びを繰り返し深めることができることなどから有効な材であると考えた。このように、わたしとY先生は「花いっぱいプロジェクト2021」という計画を立てた。

その後、わたしたち教師が構想した計画を、Y先生は子どもたちと一緒に練っていった。子どもがどのような思いをもつか、担任がどのように子どもと共に追究するかによって、展開は変わる。だから、Y先生は子どもがどうしたいと思っているのかをつかむために、時間をかけて話し合った。その際、子ども自身が見通しをもてるように、子どもの言葉で板書をしながら年間スケジュールを立てていった。子どもたちは、昨年度の経験から「花づくり」の工程をイメージし、また今年度のゴールか

Y先生と子どもたちが共に計画を練る

令和３年度　魅力ある学校づくり（案）

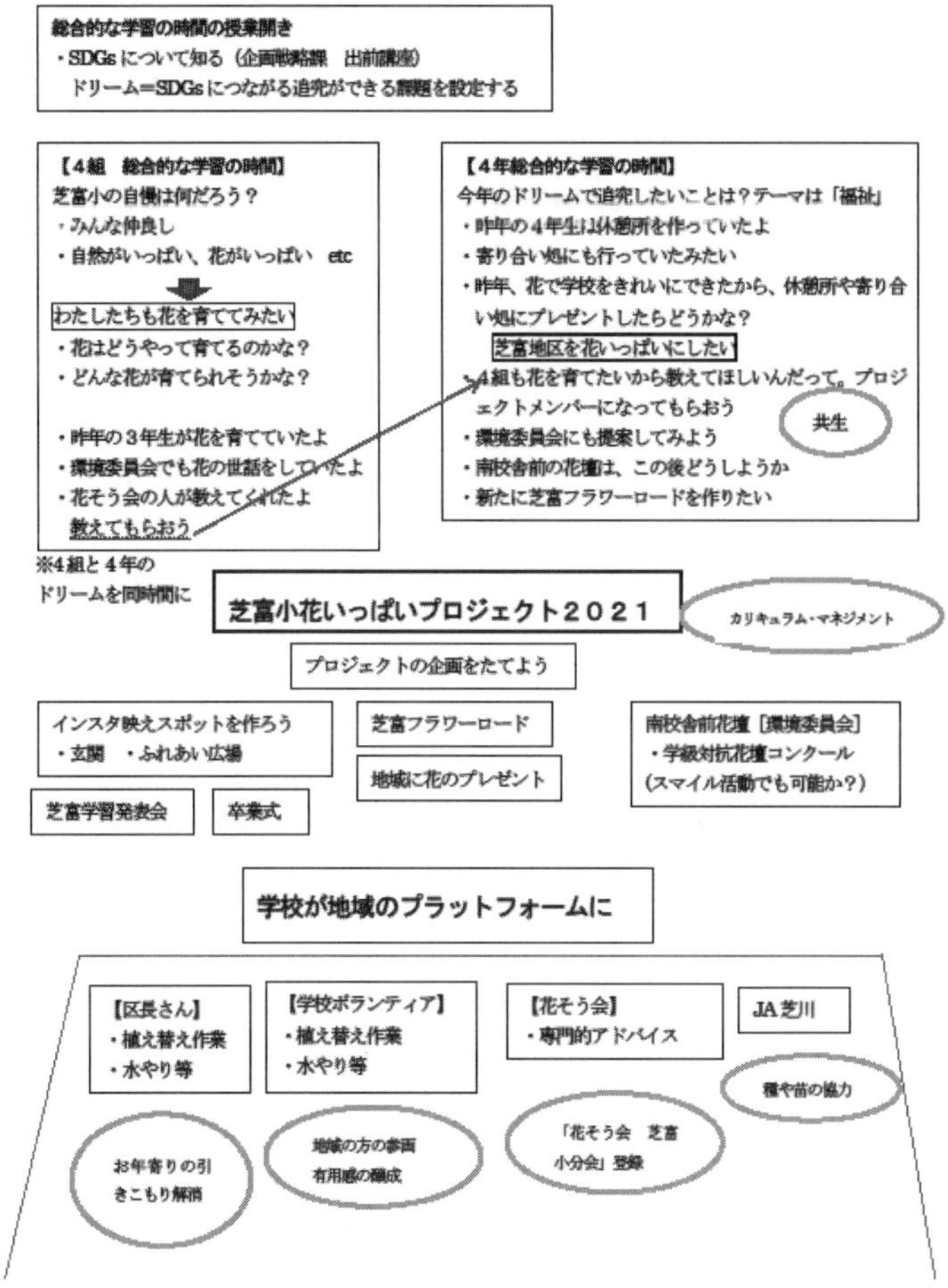
総合的な学習の時間の授業開き
・SDGs について知る（企画戦略課　出前講座）
ドリーム＝SDGs につながる追究ができる課題を設定する
【４組　総合的な学習の時間】
芝富小の自慢は何だろう？
・みんな仲良し
・自然がいっぱい、花がいっぱい　etc
わたしたちも花を育ててみたい
・花はどうやって育てるのかな？
・どんな花が育てられそうかな？
・昨年の３年生が花を育てていたよ
・環境委員会でも花の世話をしていたよ
・花そう会の人が教えてくれたよ
教えてもらおう
【４年総合的な学習の時間】
今年のドリームで追究したいことは？テーマは「福祉」
・昨年の４年生は休憩所を作っていたよ
・寄り合い処にも行っていたみたい
・昨年、花で学校をきれいにできたから、休憩所や寄り合い処にプレゼントしたらどうかな？
芝富地区を花いっぱいにしたい
・４組も花を育てたいから教えてほしいんだって。プロジェクトメンバーになってもらおう
共生
・環境委員会にも提案してみよう
・南校舎前の花壇は、この後どうしようか
・新たに芝富フラワーロードを作りたい
※4組と４年の
ドリームを同時間に
芝富小花いっぱいプロジェクト２０２１
カリキュラム・マネジメント
プロジェクトの企画をたてよう
インスタ映えスポットを作ろう
・玄関　・ふれあい広場
芝富フラワーロード
地域に花のプレゼント
南校舎前花壇［環境委員会］
・学級対抗花壇コンクール
（スマイル活動でも可能か？）
芝富学習発表会
卒業式
学校が地域のプラットフォームに
【区長さん】
・植え替え作業
・水やり等
【学校ボランティア】
・植え替え作業
・水やり等
【花そう会】
・専門的アドバイス
JA 芝川
種や苗の協力
お年寄りの引きこもり解消
地域の方の参画
有用感の醸成
「花そう会　芝富小分会」登録

ら逆算をして年間のスケジュールを話し合っていった。このように、自分たちで計画を立てることが大事であり、こうすることで、子どもたちは学習の見通しをもち、主体的に活動するようになるのである。

２　子どもと担任の願いに寄り添い、他とつなげる

子どもと担任が共に学びを深めるために、わたしは子どもと担任の願いに寄り添うことに努めた。４年生の活動や授業で話し合っていることを見聞きし、願いの実現に向けて有効であろう体験活動の場を設定したり外部講師とつなげたりした。

子どもたちの活動を可視化する掲示コーナー

ア　富士宮市まちづくり出前講座「ＳＤＧｓって何だろう?」の実施

２０３０年をターゲットとしたＳＤＧｓは、変革を担う子どもたちが自ら社会を切り拓いていくための重要なメッセージである。出前講座は誰一人取り残さない社会、持続可能な未来をつくるために自分たちが主役となることを自覚する機会になり、受講後、子どもたちは「未来をつくるのは自分たちだ。」「先を見通して今、何ができるのかを自分たちで考え、実行することが重要だ。」と考えるようになった。この課題意識が総合的な学習の時間の課題につ

ながったり、学級づくりや委員会活動等における自治的、創造的な活動を生み出すようになった。また、子どもたちの学びを視覚化する掲示コーナーを設け、全校に活動が広がるようにした。

イ　「芝川花そう会」や「地域学校協働本部」等との連携

「芝川花そう会」は地域のお年寄りで構成され、以前から学校の花壇づくりや卒業式の花の準備などをしてくださっていた。「種から育てた花を咲かせたい」という子どもの願いを実現するために、会長をはじめ、会員の方々は喜んで協力してくださった。長年の経験から事典には載っていない知識を丁寧に教えてくださった。そして、子どもたちと活動してくださった。会長は、時々学校の花壇を眺めにいらして、花の生育状況を見守ってくださった。子どもたちが育てた花がすべてはうまく育たないことを見越して、ご自宅で育てた花を分けてくださったこともあった。

　このような大人との出会いやふれあいが子供たちにもたらす

地域の「花そう会」の方々といっしょに活動する

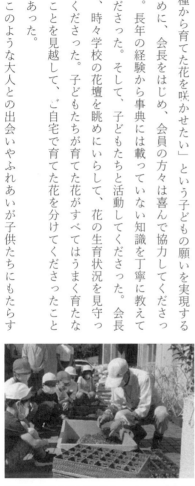

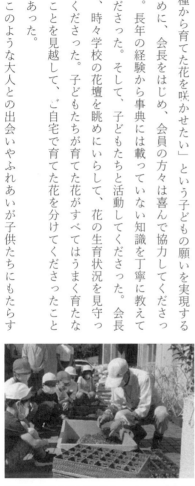

ものは大きい。子どもたちは、困ったら助けてくれる人がいることを知ることができたし、自分たちで考えて行動しないと成果は得られないことも実感しただろう。また、地域の方も子どもたちの役に立っているという有用感を感じることができただろう。

3　子どもの願いが学校の願い、地域の願いになっていく

「花いっぱいプロジェクト２０２１」では、校長先生が子どもや教師の思いをいつも肯定的に受け止めてくださった。そして、用務員が花壇の土を耕運機でやわらかくし、教務主任が子どもたちと一緒に土作りや草取りを行い、地域の方が水やりを手伝ってくれた。プランター運びや苗の植え替え等たくさんの人手が必要な時は他学年の子どもたちや教職員も進んで一緒に活動した。一緒に活動すると、そこに自然と関わりが生まれた。それぞれの立場で関わり合うことで、４年生の子どもたちの願いが学校全体の願い、地域の願いになっていった。

夢中になって追究する子どもたちはきらきら輝いている。そして、子どもたちに寄り添い共に歩もうとする教師の姿は尊い。このような学びの姿が周囲の人を魅了し、子どもと共に考え、共に活動するようになっていく。「はじめに子どもありき」の学校は、子どもの願いから教育活動が生まれ、子どもの姿が周囲を巻き込んでいくのだ。

「花いっぱいプロジェクト２０２１」を終えたＩさんは、次のように振り返っていた。

最初は、小さな種なのに土に植えたとたん、その種は花を咲かせるために大きくなろうとがんばります。わたしは、そのお花をきれいにさかせてあげるために色々な工夫をしてお世話をしました。その中で一番楽しかったことは、とにかく夢中でお世話したことです。手をぬいたらすぐにかれてしまいます。だから、とてもせきにんを感じました。

特に大変だったことは、ビオラが半分かれてしまった時でした。どうしてかれてしまったのか理由がわからなくてとてもなやみました。ドリームの時間にみんなといっしょに原いんが何か考えました。そして、思いあたるところのレンガが太陽の光ですごく熱くなっていることに気づきました。わたし一人では思いつきませんでした。みんなでいっしょに考える大切さを知りました。

他にも身につけたことがあります。それは、何かわからないことがあった時や困ったことがあった時は、先生のような「花そう会」の会長さんに聞いたりパソコンや本を使って調べて一番いい方法を選べばよいことがわかりました。自分がなっとくするまで最後まで調べることができて楽しかったです。そして、１００個以上あるプランターをきれいに洗い終わった後「やったー！すっきりした！やりきった」と思うとき、すごく気持ちがよかったし、また、お花を育てようと思えました。調べ物はみんなの意見を聞くこと、パソコンや本で調べることで今まで自分が知らなかったことを知ることができて、それもとても楽しかったです。

Ｉさんは願いの実現のために活動したことを「夢中になった」、「やりきった」と表現し、そのことを「楽しい」と感じている。また、人と関わることの大切さを実感している。これこそが教科書にはない生きた学びであり、今後の生活につながっていく力であろう。

⑷　子どもに寄り添い、子どもを感じ、子どもと共に歩み続ける

わたしは、「はじめに子どもありき」の実践を続けてきた。子どもの伸びようとする力を信じ、子どもの事実に真摯に向き合うように努めてきた。子どもは子どもなりに実に様々なことを考えて生活している。そして、「いい子になりたい」と願っている。

その願いの実現のためにわたしたち教師は何ができるのだろうか。その答えは、子どものありのままを受け止め、その事実を語ることから生まれるのだと思う。多くの仲間とかけがえのない子どもの事実を語り合うのだ。そして、目の前の子どもを感じ、子どもの横に並んで共に歩み続けるのだ。その道のりは、紆余曲折していて教師にとっては回り道だと感じることがあるかもしれない。しかし、紆余曲折するからこそ、そこに生きた学びが生まれるのだと思う。

これからも、子どもと共に悩み、迷いながら進む道をおおいに楽しみ、子どもと共に歩み続けていきたい。

引用文献

(1)　平野朝久『はじめに子どもありき』東洋館　２０１７年　二頁

参考文献

(1) 平野朝久『はじめに子どもありき』東洋館　２０１７年
(2) 平野朝久編著『続　はじめに子どもありき―基本原理と実践―』学芸図書　２０１３年
(3) 大村はま『教えるということ』共文社　１９８２年
(4) 大村はま『日本の教師に伝えたいこと』ちくま学芸文庫　２００６年
(5) 奈須正裕『子どもと創る授業―学びを見とる目、深める技』ぎょうせい　２０１３年

第九章　「はじめに子どもありき」の理念に根差した授業・学校を目指して　～その実践について～

「はじめに子どものありき」の理念や「能動的学習者としての子ども観」に立った授業や学校が、（小学校と比較すると）中学校には少ないと言われる。その理由は、中学校で教員を長く続けていた私にはなんとなくわかる。小学校と比較して、学習内容がかなり増える。授業時数との兼ね合いから、ゆっくりとは授業を進めていられない。卒業後にはほとんどの子どもが希望する高校進学があり、希望した進学先に進むためにも必要な知識や技能を習得させたい等を教師が感じて、結果として教師主導型の授業になりがちなこと等がある。しかし、そのような状況があったからといって、小学校では多く実践されている前述のような授業や学校が、中学校で実践できないわけではない。あるいはこれまで、そのような実践例はあっても埋もれていたのかもしれない。小学校から中学校にと校種は変わっても、子どもが別の子どもになってしまうわけではない。子どもは継続して、校種を越えて生活していく。教師がその気にさえなれば、中学校でも実践できる。むしろ、人の一生の中でも大きな変化を遂げると言われる三年間を過ごす中学校にこそ、このような授業や学校が必要であるというのが私のこれまでの教員生活から得た持論である。

ここでは、「はじめに子どもありき」を拠り所とした授業づくりや学校経営等の実践について、「理科の授業」「学校経営」「教育行政」での取組を述べていく。

■最初に「基本的な考え方（子ども観）」について

「子ども観」を問い直す（「子ども観」の重要性）

教師がどの様な「子ども観」を持っているかによって、子どもへの接し方や指導は大きく変わってくる（正反対になることすらある）。

＊子どもは教えられ、指示されなければ学ばないという「受動的学習者観」を持っていれば…子どもは教えられ、指示されなければ学ばないのだから、教え込もうとするであろう（熱心であればあるほど…）。

＊子どもは本来、学ぶ意欲を持ち、自ら追究し、学び、自分で自分を創っていく力を持っているという「能動的学習者観」を持っていれば…子どもは本来、学ぶ意欲を持ち、自ら追究し、学ぶのだから、「学び」が誘発されるような環境設定（条件整備）に努めるであろう（どのような課題を設定するか、どのような事象を提示するか等）。

「子ども観」は、判断や指導の基準（拠り所）となる。「能動的学習者観」としての子ども観を持つ教師は、日々子どもと接する中で、常に子どもから学ぶ新たな発見がある。そこに教師としての楽しさや喜び、生きがいを見いだすはずである。私自身がそうであったように…。
ここでは、当然「能動的学習者としての子ども観」に立った実践について話を進めていく。

本来、子どもの学習および教育は、常に、その子どもが今何を考え、感じ、求め、困っているか等々の事実を出発点として、絶えずそこへ立ち返らなければならない。進むべき方向もそこから考えることになる。すなわち、「はじめに子どもありき」でなければならないのである。（「はじめに子どもありき」P.32　第三章　はじめに子どもありき　一　子どもの事実に立つ　より）

子どもは、もともと自ら学んで伸びようとしているのであるから、まずはそのことを大事にして、それに添って活動が展開し、その意欲そのものがさらに高まるように授業を構築していくことが、私たちの願う授業のあり方ではなかろうか。（「はじめに子どもありき」P.27　第二章　子ども観の問い直し　二　能動的学習者観に立った学校　より）

(1)「子どもの主体的な学びを実現するカリキュラムと授業」づくりに取り組む
～公立中学校理科教諭として～

この実践は、私が教員となって十年を過ぎた頃から取り組んだものである。その頃、理科の授業において、「個別化の授業」をさらに前進させて「個性化の授業」を考えていた。一人一人の生徒の学習が成立し、学ぶ喜びのある授業を構築するには、生徒一人一人が、自分のペースで観察や実験ができることが大切である。そのために、まずは一人一人が個別で観察・実験ができるように観察・実験器具等を整えていった。それは、「個別化の授業」の段階である。しかし、それではまだ、生徒の学習環境の整備としては不十分である。また、全ての観察・実験で全ての器具を生徒一人一人に用意することは、一般的な公立中学校では予算の関係もあり極めて難しい。生徒の学びの道筋（学習過程）は、一人一人異なるのであるから、一人一人の学びの道筋に沿った学習過程を構築できるようにすることが必要である。それが「個性化の授業」の実践である。この考えは、「はじめに子どもありき」の授業を構築する基盤として、今も変わりはない。

まずは、子どもが追究しようとする対象に出会えるように適切な教材（学習材）を開発したり選択したりすることが教師の重要な役割になる。また、授業の流れそのものが、学習者にとって必然性があるように組み立てられる必要がある。（『はじめに子どもありき』P.76　第五章　学習・生活の主体者　四　教師のかかわり　導入　より）

○中学校第二学年　単元「化学変化と原子・分子」の実践例

単元全体を子どもの追究したい内容と順序で学習できるように組む。

～単元の導入で、子どもが追究したくなるような対象といかに出会うか～

小学校とのつながりから、導入の段階で既習の内容では説明のつかない事象を示す。最初に「小学校で学習したことの復習です。」等と言いながら、火のついたろうそくを集気びんの中に入れて、入り口を覆うとやがてろうそくの火が消える。「火が消えるのはなぜ？」と問うと、「酸素がなくなったから。」「二酸化炭素で、集気びんの中がいっぱいになったから」等の反応が生徒から出る。

「そうか、なるほど…」等と教師は言いながら、「物が燃えるには酸素が必要だった」という小学校での既習事項を生徒と共に復習（確認）する。そこで次にマグネシウムリボンに火をつけて、先程の集気びんの中に入れてみると激しい光を出しながら燃え続ける。生徒は「あれっ！」となる。「空気（酸素）が、集気びんの中に入ったからではないか」等と言う生徒もいるので、もう一度火のついたろうそくを入れて、火が消えたことを確認して、次に燃焼しているマグネシウムリボンを入れてみる。やはりマグネシウムリボンの燃焼は、ろうそくの火が消えた集気びん中でも続く。さあ、生徒の思考は（よい意味で）混乱する。これは、マグネシウムが燃焼するとき、二酸化炭素から酸素を奪い取って燃焼しており、実際には酸素が必要なのだが、生徒の既習事項では説明がつかない事象である。ちなみにマグネシウムの燃焼は、中学校理科では教科書にも載っている一般的な事象である。それでも目の前に現れた説明のつかない事象に対して、「酸素がなくても燃えるのか。」「マグネシウムリボンはろうそくの燃焼より、激しい（まぶしい）燃え方だけど、そこに何か秘密（原因）があるのか。」「マグネシウムは金属だけど、金属の燃焼はろうそくの燃焼とは違うのか。」等々、子どもたちの疑問が出てくる。ここであらかたの子どもの疑問を出した上で、追究したいことを確認してその後の授業内容を構築していく。

この単元の学習内容は、以下のとおりである。

（1）物質の成り立ち　①物質の分解　②原子・分子

（2）化学変化　①化学変化　②化学変化における酸化と還元
③化学変化と熱

（3）化学変化と物質の質量　①化学変化と質量の保存
②質量変化の規則性

マグネシウムの二酸化炭素中での燃焼を単元の導入で示してから、子どもたちの追究に入ると、「（1）物質の成り立ち①物質の分解」か「（2）化学変化②化学変化における酸化と還元」の内容から追究が始まることが多い。何を追究するか。そして、追究の方法や順序は、子どもによって違って当たり前で、いろいろとあってよい。原子・分子や化学式・化学反応式といった学習は、子どもが様々な事象を理解し、説明する上で必要性を感じた時に自ら学習するようになる。当時は、調べ学習を進められるように様々な本を借りてきて学習環境を整えたが、今は一人一台のコンピュータがあるから、さらに容易に学習は進むであろう。

　そうすると、授業は、同時に様々な課題を追究する子どもがいる状態となる。理科室の隣の机では、全く違う実験、実習やまとめをやっている。班（実験机）は、同じ課題を追究する者が（たまたま）一緒になる。教師の準備は、最初は大変だが、実験器具等を用意するという点では最終的にやることは同じである。むしろ、同時に全班で同じ実験をやらないので、同一実験を準備する数は少なくて済む。その分、発展・応用的な準備もできる。また、単元全体の授業時数は、一斉指導型で行った場合と比べて＋1～2時間で実施可能である。

　教師は子どもの学習の内容や進度、次に追究したい課題を、授業中の見取りや支援で把握すると共に、各授業の終了時に提出してもらう学習計画表で把握する。授業中に、次に追究したい課題への探究の仕方等を共に考えることも多い。生徒の次に追究したい課題について把握した上で、次の授業時間までに実験等の準備をしておく。準備については、時間を見ながら、休み時間や放課後の時間を使って生徒と共に行うこともあった。生徒が準備を自分の手で行うことは、教師が準備をしておくよりも生徒のさらなる意欲向上につながった。

このような学習形態で授業を行うことで、子どもたちの学習意欲や主体的な取組は、格段に高まる。「チャイムが鳴るまでに理科室に来なさい。」などと教師が言わなくても、前の授業が終わると生徒はすぐに理科室に集まってくる。そして、休み時間から「先生、早く実験やらせてください！」と言うようになる。生徒がこんな言葉を発するようになったら、まさに理科の教師冥利に尽きるのではないか。

(例)中学校第2学年　単元「化学変化と原子・分子」
単元全体を子どもの追究したい内容と順序で学習できるように組む。

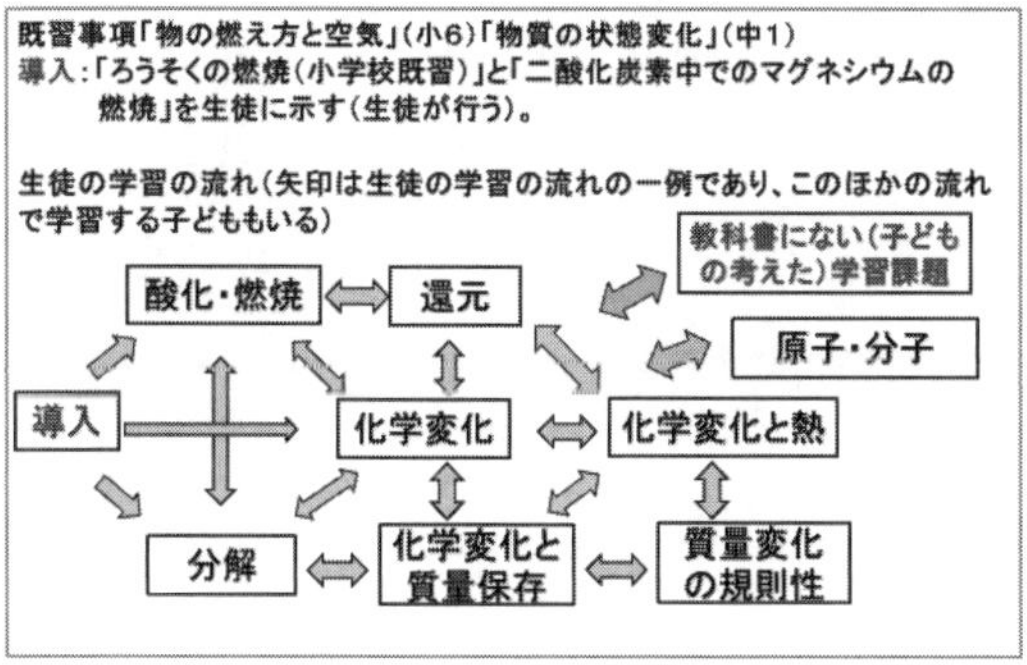
既習事項「物の燃え方と空気」(小6)「物質の状態変化」(中1)
導入:「ろうそくの燃焼(小学校既習)」と「二酸化炭素中でのマグネシウムの燃焼」を生徒に示す(生徒が行う)。
生徒の学習の流れ(矢印は生徒の学習の流れの一例であり、このほかの流れで学習する子どももいる)
教科書にない(子どもの考えた)学習課題
酸化・燃焼
還元
原子・分子
導入
化学変化
化学変化と熱
分解
化学変化と質量保存
質量変化の規則性

このような生徒の興味関心や課題意識に応じた授業を展開していった場合、学習の定着の度合いや履修漏れが懸念されることである。しかし、課題の追究中、子どもたちは自分の課題を追究しつつ、周りからの情報を全く取り入れていないわけではない。自分の課題に向き合いながらも、周囲の生徒が何をやっているのかは気にかけていたり、情報の共有を少なからずしていたりするもの

である。これは、自分の課題に集中していないということではない。もっと言えば、このような情報共有・情報交換ができる雰囲気のある授業が自然ではないかと思う。なので、結果的にはほとんどの子どもが、教科書に記載のある学習内容は、ほとんど自ら学ぶこととなる。さらに、こうした懸念を解消するために、単元の最後に1〜2時間ほどの授業時間を使って、「ポスターセッション形式」でまとめを行う。学級の生徒を約半数ずつにし、発表するグループとその発表を聴きに行くグループに分ける。発表するグループの生徒は、予め発表内容を決めておいて（分担して）、自分が特に重点的に調べたことや興味のあった内容等を発表する。発表を聴きに行くグループの生徒は、自分の聴きたい内容の発表を聴きに行く。特に自分の追究が弱いと感じている内容があれば、その発表を聴きに行くことも入れるようする。それぞれの発表では質疑の時間も設ける。教師の予想以上に、質問と質問への回答（説明）で盛り上がることが多い。自ら主体的に取り組んだ学習内容は、人に伝える時にも意欲が違う。次に発表するグループと

「学習」を「登山」に例えると…

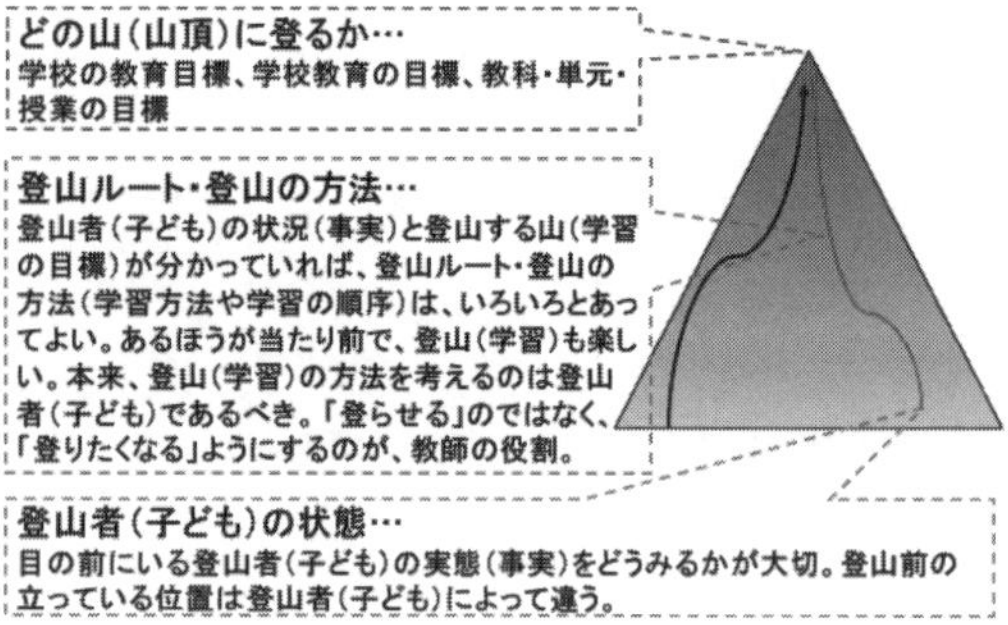
どの山（山頂）に登るか…

学校の教育目標、学校教育の目標、教科・単元・授業の目標
登山ルート・登山の方法…

登山者（子ども）の状況（事実）と登山する山（学習の目標）が分かっていれば、登山ルート・登山の方法（学習方法や学習の順序）は、いろいろとあってよい。あるほうが当たり前で、登山（学習）も楽しい。本来、登山（学習）の方法を考えるのは登山者（子ども）であるべき。「登らせる」のではなく、「登りたくなる」ようにするのが、教師の役割。

登山者（子ども）の状態…

目の前にいる登山者（子ども）の実態（事実）をどうみるかが大切。登山前の立っている位置は登山者（子ども）によって違う。

発表を聴きに行くグループのメンバーが入れ替わり、同じような活動を行う。これを数回行うことで、学習の弱かった部分の補強・定着になるし、発表力や表現力の育成にもなる。さらに、教師はその様子をよく観察しながら、必要に応じ教師によるまとめの授業を入れてもよい。このような授業形態で、学力は下がっていないのか、定着しているのかという心配もあるだろう。これについても、いわゆる「テストで測る学力」も下がったことはなかった。

この形態での学習は、すべての単元で実施することが望ましいが、当時の私には単元によって不向きと感じる場合もあった。それは、当時の私の力量不足が原因であったかもしれない。それでも年に１～２単元は、実施できたし、是非実施したいものである。

（例）私が実践した単元

第１学年単元「大地の成り立ちと変化」

第２学年単元「化学変化と原子・分子」「生物の体のつくりと働き」

第３学年単元「地球と宇宙」「科学技術と人間」「自然と人間」

（部分的に実施できる単元は他にもあり）

単元の導入時に、子どもが追究したくなるような課題設定が大切であると述べたが、もっと単純に、教科書をめくって単元の学習内容の概要を把握し、どこから学習を始めたいのかを子どもに問うて、子どもの取り組みたいところから学習していくだけでも、つまり学習の順序を子どもが選べるようにするだけでも、子どもの興味関心や主体的に取り組む態度は格段に高まるはずである。要は教師が、どれだけ子どもに任せても大丈夫かという日頃からの子どもの見取り（実態把握）を行うことと、それに基づく予測（計画）を持つことだと思う。

単元全体を子どもの追究したい内容と順序で学習できるように組む。そんなことをやってよいのか。学習指導要領※では、やってよいと示している。むしろその取扱いについて適切に工夫を加えるようにと示している。また、子どもの負担が過重にならないよう留意した上で、実態等に応じて学習指導要領に示していない内容を加えて指導することも可能であるとしている。「子ども主体の授業」「能動的学習者としての子ども観に立った授業」づくりのためにあるような内容ではないか。詳細については、学習指導要領の内容をよく理解した上で、こうした授業づくりに堂々と、前向きに取り組んでいただけたらと思う。

※小学校学習指導要領（平成二八年度告示）解説　総則編（P.54.55）
　中学校学習指導要領（平成二九年度告示）解説　総則編（P.54.55）を参照

(2) 教育委員会勤務となって

私は、所沢市教育委員会の指導主事となった。主な担当は教育相談であった。生徒指導畑でやってきた私にとって、教育相談はほとんど無知なる領域であった。それでも、立場として学校や教職員への指導助言を行わなくてはならない。どうせなら自分で経験してきたことの担当になっていれば、もっと学校や教職員へ還元できるものがあるのにと当初は思ったが、それも最初だけで、あとはとにかくやるしかなかった。立場としては私が上司になるのかもしれないが、教育センターに勤務する相談員の方々、そして市内の教育相談に長けた教員から、日々学んだ。主催する研修会でも運営しながら学んだ。幸いなことに研修会の指導者や教育相談室のスーパーバイザー等、教えを乞う方は周囲に大勢いた。それでも、自分のような者が、悩んでいる子ども、その保護者、そして教職員の相談をしていてよいのかという思いは常に頭から離れず、もっと系統的に専門的に学ぶ必要性を感じ、当時の教育長の許可を得て、指導主事として勤務しながら大学院修士課程に通い、二年間心理学やカウンセリング等について学んだ。

この教育相談担当指導主事としての経験や大学院での学びは、子ども理解、子どもの見取りという点においても大変役に立つものであった。子どもの「内なる理解」は、教育相談的手法（カウンセリングの手法）を用いることで、より深く、より確かにできるようになった。

この間に出会った言葉で、その後も度々、子どもの見取りの基盤となり、今でも支えになっている二つの言葉がある。

「そうせざるを得ない何かがある」…教育相談室のスーパーバイズ等をしていただいていた当

時早稲田大学教授の菅野純先生がお話しされていたお言葉。その子にとって、そうせざるを得ない何かがある。そう思ってみるとみえてくる子どもの事実がある。それは、相手が子どもでなくても同じである。

「穴は深いのではなく、高い」…教育相談室指導主事の大先輩であり、当時市内の小学校長をされていた田部真一先生のお言葉。穴は深いと言っている人の視点は、どこにあるのか。それは、穴の上から見ている人である。しかし、穴の底にいる人（今、困っている人）の視点から見ると穴は高いのである。

いずれも、相手の立場に立つこと、相談者の視点、そして子どもの視点に立つことの大切さ、重要性を言っているのだが、このような視点に絶えず立って実践をしていくことはなかなか難しいし、奥が深い。だからこそ、時々かみしめながら、自分の実践を振り返る時に立ち戻る言葉でもある。

内からの理解は、その人になったつもりで、その人と同じ立場に立ってその気持ちを理解するということである。つまり、それによって、その人の知識や技能あるいは行動に出会うのではなく、心に出会うのである。この理解は、いわゆる共感的理解と同義である。表面的には同じようであっても、そのように思ったり行動した理由や事情、また、そのことをしたときの気持ちが人によって違うために、内からの理解がどうしても必要になる。（「はじめに子どもありき」P.46　第四章　子どもを理解する　二　内からの理

解　より

その後私は、埼玉県教育局生徒指導課の指導主事となった。要領の悪い私は、しばらく仕事に追われることとなったが、それでも「はじめに子どもありき」の理念は心の中に持ち続けていた。私は主に登校支援の担当をしていたが、上司や他の職員と共に、県内全ての市町村教育委員会を訪問（二年間で六三市町村＋α（二回目）を全て訪問）し、さらにそこから各市町村の生徒指導推進校や課題校等に直接足を運び、子どもや学校の様子を見取った。事実を、実態を知らずして、効果的な施策の立案はできない。施策の立案も、学校の実態や子どもの事実を理解することから始まる。

(3) 公立中学校長となって～学校経営理念を「はじめに子どもありき」に～

公立中学校長として、どのような学校を創りたいのか。国・県や市の方針を踏まえた上で、学校に任されている面は大きい。私は、教育や学校経営の原点に立ち返った。そこで、学校経営の拠り所となる学校経営理念を新たに考えた。それが、「はじめに子どもありき」である。なぜ、学校経営理念を「はじめに子どもありき」にしたのか…。単純明快なことだ。学校は何のためにあるのか。突き詰めれば、（それは当たり前のことだが、）「学校は子どもの（よりよき）成長のため」にある。だから、学校経営理念は「はじめに子どもありき」。

私は、校長職を拝命し現在三校目となるが、いずれの学校でも学校経営理念を「はじめに子どもありき」にしてきた。

○埼玉県所沢市立所沢中学校での実践
～学校全体で「はじめに子どもありき」を基本理念とし、「能動的学習者としての子ども観」に立った授業の構築に取り組む～

校長職三校目、現任校である所沢市立所沢中学校での取組を紹介する。本校は令和三年度に開校七五年目となる所沢市の中心に位置する学校で、市内一五の中学校はもとより、埼玉県西部管内で最も生徒数の多い中学校である。

学校研究主題を「『能動的学習者としての子ども観』に立った授業の構築」として、研究に取り組んできた。この研究の根底には、私の教師としての喜びや、やりがいを持った経験をこれからの教師に伝えたい。これからの教育を担う教師たちが自分の財産として、これからの教師人生を歩んでほしいという願いがある。そして、このことが、今、目の前にいる本校生徒の成長やよりよい学びにとっても、最も大切になるものであると考えたからである。この研究は、単なる一指導法等の研究ではなく、「教育に関する理念・子ども観・授業観」等の教員としての根本（拠り所）を問い直すことから始まっている。

令和元年度、本校では校長による全教職員への講義や演習（四月・八月、次ページ以降に資料あり）、東京学芸大学平野朝久特任教授（現 名誉教授）による授業参観と指導（一一月）、所沢市教育委員会学校指導訪問における指導（一一月）、長野県伊那市立伊那小学校研究発表会への参加（二月・一一名参加）及び全教職員への報告（三月）等を通して、意図的・計画的な研修を積み重ねてきた（令和二年度は、新型コロナウイルス感染症対策を最優先し、研究の中断・延期）。

令和三年度は、令和元年度の研修を継承し、理論構築とともに実際の授業構築と実践を行っていく研究となった。夏季休業中までに平野先生による四回のご講義と授業参観、及び嶋野道弘元文教大学教授による二回のご講義と授業参観、九月までに各教科部会等による具体的実践の検討と実施、その後、平野先生・嶋野先生お二人による授業参観と授業後のご指導等を経て、教職員の子ども観や授業観を問い直すと共に理論構築と授業実践に結び付け

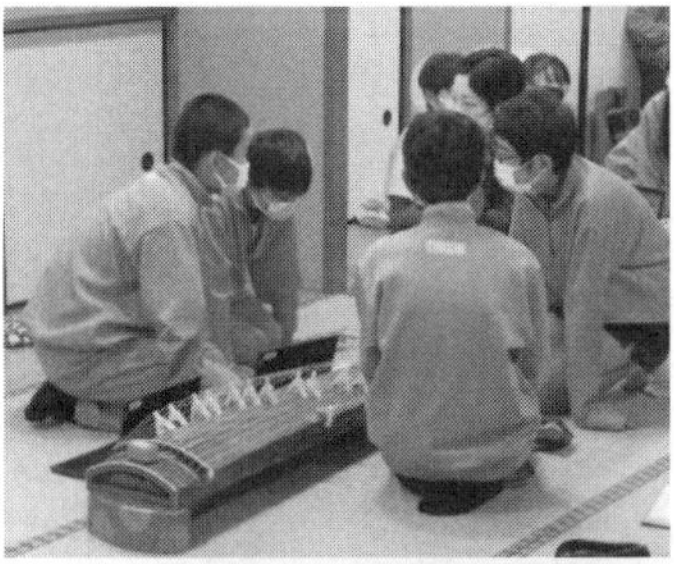

てきた。一二月一三日・一四日、全教員の授業公開、お二人の指導者による授業参観とご指導をいただいた中間研究発表を経て、二月三・四日の研究本発表につなげた。本発表でも特別支援学級を含む全教科で授業を公開し、お二人の指導者からご指導をいただいた。研究の取組については、年度当初より時間割の中に校内研究部会を位置付け、管理職も毎回参加して、具体的な取組について毎週協議しながら研究を進めた。若手の研究主任　宮本隼一教諭、同副主任　石田優紀主幹教諭、令和三年度埼玉県優秀教職員表彰を受けた藤井天教諭らが、研究部員として毎回の部会に資料を用意して協議をし、校長の意をよく理解しながら、研究をよりよいものとしていってくれた。令和三年度もコロナ禍で教育活動の制限される中ではあったが、それでも学校全体で工夫をしながら、これだけの取組を進めることができた。

校内研修資料（校長が講師となって）

「はじめに子どもありき」の理念に根ざす学校を目指して
～教育原理と実践をつなぐ～

所沢中学校長　岩間　健一

1　はじめに

・研修にあたって

研修後にひとつは変える→変えるとは行動に移してはじめて変えたといえる。

2　本日の研修のめあて

「はじめに子どもありき」の理論と実践について、
体験を通して学び、自分の言葉で表現できるようになる。

3　子ども時代をふりかえる

先生方は、なぜ今ここにいるのでしょう？　子ども時代、一番心に残っている先生のことや授業のことを書いてみましょう。

4　「はじめに子どもありき」の基本原理について

（1）「子ども観」を問い直す

（2）子どもの見取りについて

5　「はじめに子どもありき」に根ざす教師の支援

・授業観の変革－共に創る授業

6　話し合い

（1）子どもの事実を把握し、子どもの事実から出発する。

子どもの事実とは…？（生徒理解とか生徒の実態とか、指導案にも書くけれど…）

あなたはどうやって（自分の教科における）子どもの事実（子どもの実態）を把握していますか。

（2）子どもの事実を把握するひとつの例として

～**「関心・意欲・態度」**をいかに評価するか～

・あなたの実践は…

・それは本当に、子どもの**「関心・意欲・態度」**を表しているのだろうか。

（3）**「はじめに子どもありき」に根ざす教師の支援**として、学習に無気力な子どもにどのように働きかけますか。（授業中ノートをとらない、学力調査が無解答である等）

7　研修のまとめとふりかえり

今日の研修のまとめを書き残しましょう。→「はじめに子どもありき」所沢中教職員版（仮）をつくるためにまとめると想定します。

できるだけ、

《条件1》60字以上80文字以内で書きましょう。

《条件2》はじめに書いた先生の思い出を入れるか、研修の中で心に残った言葉、またエピソードを入れましょう。

《条件3》「はじめに子どもありき」という言葉を入れましょう。

校内研修後の教職員感想録（校長が講師となって）抜粋

所沢中学校　校内研修　「はじめに子どもありき」の理念に根ざす学校を目指して ～教育原理と実践をつなぐ～　『研修のまとめとふりかえり集』			
学校は、子ども達の成長のためにある場。子どもの事実（現状）を把握せずに、子どもの成長を促す方策は見いだせない。だからこそ、原点は常に「はじめに子どもありき」。（岩間）	「はじめに子どもありき」は学校として、はずしてはならない言葉です。そして子どもたちの心に火を灯し続ける教師集団でありたいと、この研修で強く思いました。（教頭）	子どもに正しいことを教え込まなくてはより良く成長しないものだと考えていました。しかし、「はじめに子どもありき」を視点にするとそれは間違いで自分の本当の使命ではないと気づきました。（教員）	教師が全てを教えるのではなく、差はあっても自ら学ぼうとする意欲が出るように支援をし、子どもの活動を見守ることが「はじめに子どもありき」だと改めて感じました。（教員）
一人の“人”として関わりを持ってくださったかつての先生は、「はじめに子どもありき」の思いがあったのだと思う。その子の事実や内面を見取り、一人の“人”として向き合いたい。（教員）	教員は指導者ではなく支援者であるという立場をとることが大切だと思った。登山者の話の中でいろいろなルートがあって良い。ルートは教員と子どもが一緒に作り上げていく。大切な理念だと思いました。（教員）	まとまりのあるクラスを築きたいと思い、それを乱す生徒がいたら注意していた自分が、いかに間違っていたかを思い知った。子どもの事実を見取り、ひとり一人を大切にする教員を目指す。（教員）	「はじめに子どもありき」の研修で、これから学ぶ者の理論が心に残った。そのために考える時間を増やせる工夫、そして対応できる数多くの引き出しを持ちたいと感じました。（教員）
「はじめに子どもありき」ステキな言葉です。能動的学習者観を改めて考え直しました。言語学習をする中で、理解し伝える喜びを知る生徒の姿を見ることが自分のエネルギーとなっています。（教員）	本来、人は能動的に学びたいものであることを再認した。しかし興味関心の基となるベースは学校の学習であるから、まずやってみる、取り組んでみるキッカケを作りたい。（教員）	本日の研修を通して、「はじめに子どもありき」というのは、そもそも子どもは能動的学習者であり、教育は「学ぶ者の理論」で進めるべきであり、共に追究者として学んでいくことである。（教員）	今まで教師側が教えることばかりを考えていたが、生徒の立場から教育について考えることができ、これまでの発想の転換をすることができた。実験の態度についても目からウロコだった。（教員）
学ぶ者と学んだ者の理論が異なることを理解し、感動的な学びができる環境・授業づくりをしたいと思った。「はじめに子どもありき」をもとに、行動を変えていきたい。（教員）	「40人いれば41人目の探求者として」という言葉を聞いて、もっと子どもたちに考えさせていいのだと再確認し、実態に合った支援を教員も共に考えていく姿勢を大切にしたい。（教員）	教員なのだから教えるのは当たり前。そのような事を以前は考えていたと思います。しかし、「はじめに子どもありき」という考え方から、共に授業を創る大切さを学びました。（教員）	子どもと関わる中で丁寧な対応を心掛けているが、子ども達の立場になって考えると本当に「はじめに子どもありき」として言動ができているか、改めて考え直す時間となりました。子どもに寄り添った言動をしていけるように自分自身を見つめ直す時間をつくりたいと思います。（養護教諭）

令和三年度校内研究　各教科等の授業改善実践案と課題（例）（九月時点）

国　語

＜授業実践案＞

・「やってみたい」「なんで・どうして」を引き出すめあての提示、導入の工夫など
　→ゴールまでの見通しを持てる展開や黒板、ワークシートづくり
　　自分の言葉でまとめ、振り返る時間を設ける。
　　対話を生かした学び合い（協働学習）
・自分の中の「やってみたい」を整理したうえでの「合意形成」の時間（協働学習）
　→対話の活性化、自分のやりたいことの明確化
・学びのゴールにたどり着く前にメタ認知を行う。
　→ゴールまでの道のり、手順の再明確化、自分の立ち位置の明確化による確かな課題意識
　→最後にリフレクションを行い、「やりたいこと」に対して自分の持つ課題を意識し次回以降に生かす。
・準備段階での子どもの確かな見取り
・能動的学習を促すために作品や単元の学ぶ意味の確認
・自分の興味に合わせた学習教材の提供
　→デジタル教科書を発表や調べ学習に取り入れる。

＜現時点での課題＞

・「ではこの単元でどんなことを学ぼうか」（合意形成）、の流れの中でやらなければいけないことが多く、合意形成の時間をどう生み出していくか。
・授業の最後に「まとめと振り返り」の時間をどう生み出すか。
・子どもの疑問が単元のねらいからそれてしまうが、とても良い内容だった時にどう扱うか。
・教科に対して苦手意識を持つ生徒などを、話し合い活動などが十分できない中でどのようにフォローしていくか。

数　学

＜授業実践案＞

・めあての明示
　→その授業１時間で「何ができるようになればいいのか」、「何を目指せばいいのか」を明確に示すことで、１時間の見通しを持たせるとともに、「達成したい」という学習意欲の向上へ繋げる。
・生徒の思考を深める意図的な発問
　→生徒たちの「なぜ」、「どうして」を引き出し、そこから理解を深めていくような発問をする。
・理解を大切にする指導
　→単なる知識の教え込みは、必要感がなく、学習意欲の低下に繋がってしまうので、生徒たちの「なぜ」、「どうして」といった疑問を大切にし、理解を重視した発問や説明を心がける。また、グループ学習で学び合い、教え合う活動を増やすことで、生徒同士がお互いに理解を深め合えるように指導する。
・達成度の見取り
　→本時の「めあて」を生徒たちがどの程度達成できたのかを把握するために、評価問題や単元テストを実施したり、理解度を挙手で確認したりする。そうすることで、生徒の理解度や達成度を確認し、指導と評価の一体化を図る。

＜現時点での課題＞

・生徒たちは、学びたい、できるようになりたいと思い授業に臨んでいるが、既習事項の定着が未熟なため、本時の授業内容を理解できない生徒もいる。そのような生徒に対して、1時間の授業の中で効果的な支援をどのようにしていくか。

研究本発表 学習活動案（例）一部抜粋　二月実施　所沢中学校 藤井 天 教諭 作成

第１学年4組　数学科学習活動案　　授業者　藤井　天

1　本校研究テーマとの関わり　　本校研究テーマ：『能動的学習者としての子ども観』に立った授業の構築

生徒の能動性を引き出すために、本時の授業で実践する内容（ねらいとする効果等）

①めあての明確化（本時の学習の見通しを持たせる。学習意欲を向上させる。）
②ICT（iPad）の活用（【図の式】等を表示し、視覚的にわかりやすくする。興味関心を高める。）
③グループ確認タイムの確保（他者と対話することで学び合い、理解を深める。）
④ミニティーチャーの活用（質問しやすく、理解しやすい環境を作る。教えることで学びを深める。）
⑤考えさせる発問の工夫（なぜ？どうして？と考えることで、思考力・判断力・表現力を高める。）
⑥評価問題・振り返りの実施（本時の理解度を評価し、振り返ることで、次時へ繋げる。）

2　本時の計画（18/18 時間）

（1）本時の目標

・「影のついた部分」の面積や周の長さを求める方法を自分なりに考えたり、他者と考え方を共有するために教え合ったり、学び合ったりしようとしている。【主体的に学習に取り組む態度】

（2）本時の展開

	学習活動	教師の発問や指示（◎） 予想される生徒の反応（・）	指導上の留意点（○） **教科の実践ポイント（★）**
めあて・見通し	1　課題を把握する。	課題1 右の図で色の付いた影の部分の 面積と周の長さを求めよう。 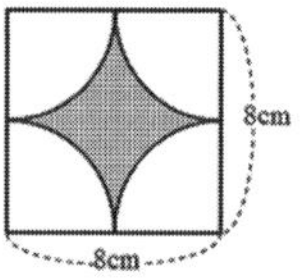	○小学校で既習の内容であることと、思考力が試される有名な問題であることを伝える。 ○確認タイムをとることで、学び合い活動を取り入れ、思考力を高めるとともに自信を持てるようにする。★
	2　解決の見通しを立てる。 3　課題を解決する。	◎影の部分を求める良いアイデアはないかな？ ・正方形からおうぎ形を４つ引く 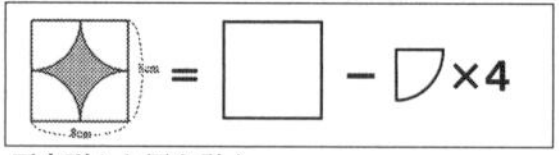 ・正方形から円を引く 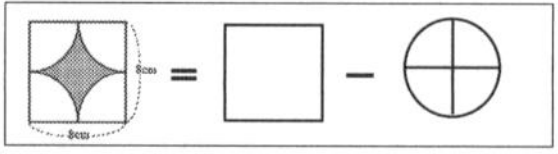	○【図の式】を書いて考えを整理すると、見通しが持ちやすいことを押さえる。 ○円とおうぎ形の面積や周の長さを復習する必要があることに気づけるようにする。★
	4　本時のめあてを把握する。	**めあて**　**図の式をかいて、影付き問題を攻略しよう！！**	
		【本時のめあての達成に必要な力と達成像】 A：思考力・・・【図の式】を考えて解決までの見通しを持つ力。 B：計算力・・・【図の式】をもとに正確に計算し、答えを導く力。 C：めあての達成像・・・思考力と計算力を身に付けた状態。	○本時のめあてに必要な２つの力（思考力、計算力）を明確にすると同時に、めあての達成像を確認し、達成の見通しを持てるようにする。★

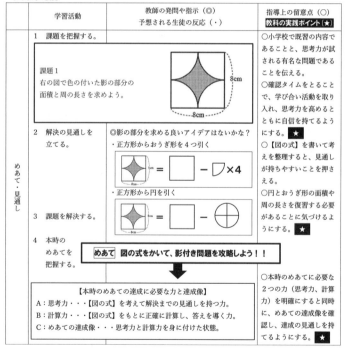

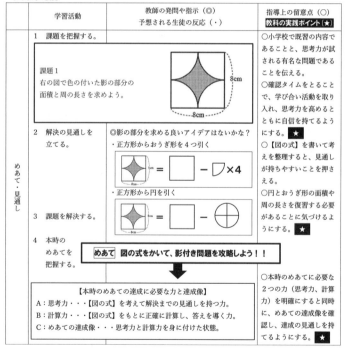

めあて・見通し	5 学び合い活動で課題を解決する。	◎まずは、答えを求めるための作戦を考えて、【図の式】に表してみよう！	○【図の式】を共有させ、解決までの見通しを持たせる。★ ○問題が解けたら先生かミニティーチャーにマルをもらうこと、正解した後はLEVEL2のプリントを取りに来ること、の2点を伝えておく。★

LEVEL1 次の図で色の付いた影の部分の**面積**を求めてみよう。

① ② ③

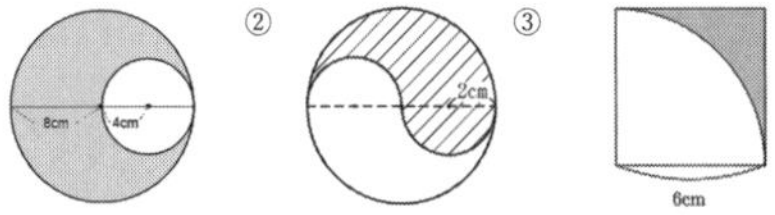

学び合い

★レベルアップ方式のプリント学習のねらい★

○生徒は、本時の学習内容と解決への見通しを持った上で、LEVEL 1の基礎的な内容の問題から取り組む。そうすることで、「自分もできた！」といった【できる喜び】や【達成感】を味わわせる。

○「図の式を使った考え方」や「答え」が出せた生徒は、その考え方を周りの生徒と確認する。そうすることで、必然的に【対話的な学び合い】が始まり、同じ答えになったときの【成就感】を味わったり、新たな考え方を知り、解決への手がかりを得たりすることができる。

○数学を得意とする生徒にも、LEVEL 2という次の難易度の問題が用意されていることで、「もっとできるようになりたい」という【向上心】や【学習意欲】をかき立てる。

○LEVEL 2の問題もクリアした生徒には、あえてそれ以上の難易度の問題を配布せず、ミニティーチャーとして助けを必要としている生徒のサポートをしてもらう。そうすることで、理解できる生徒を増やし、多くの生徒に【達成感】を味わわせる。同時に、教えることでミニティーチャーにとっても【より深い学び】ができると考える。

LEVEL2 次の図で色の付いた影の部分の**周の長さ**を求めてみよう。

① ② ③

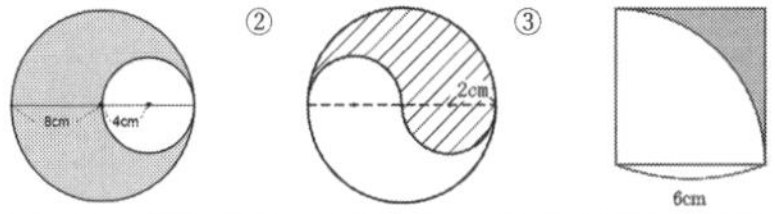

○出来た生徒にマルを付けてあげることで、達成感を味わわせる。★
○机間指導を通して、個々の生徒の状態を把握する。また、周囲に声がかけられない生徒を見逃さずに支援する。★

まとめ・振り返り

6 評価問題に取組む。

評価問題（振り返り用紙）

問題 右の図で色の付いた影の部分の面積を求めてみよう。

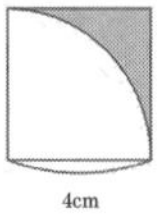

【図の式】

答え：面積＝ cm^2

今日の振り返り（今日学んだことで大切だと思ったこと、次に活かしたいことなどを記入しよう）

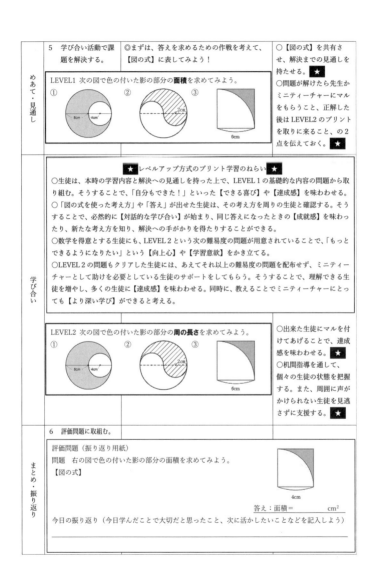

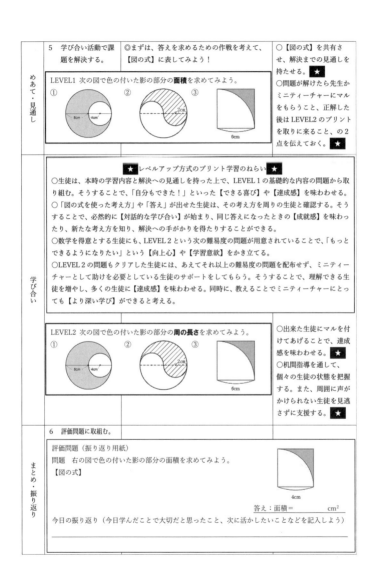

<table>
<tr><td rowspan="2">まとめ・振り返り</td><td>7　本時を振り返る。</td><td>・【図の式】をかくことが大切だと思った。
・いろいろな求め方を考えることが大切。
・一見複雑な図形でも、知っている図形を組み合わせてできていることがわかった。</td><td rowspan="2">○評価問題を通して生徒の理解度と達成度を確認すると同時に、振り返りをすることで次の学習へ繋げていく。★

○「もっと色々な問題が解いてみたい」という能動性を生徒から引き出すために、LEVEL3 の問題や様々な類題を紹介し、授業後に希望制で問題を解けるようにする。★</td></tr>
<tr><td colspan="2">LEVEL3 次の図で色の付いた影の部分の面積と周の長さを求めよう。
①
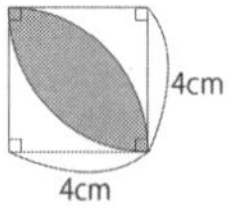

②
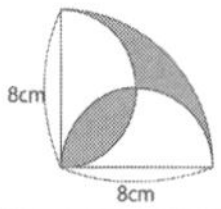
</td></tr>
</table>

3 生徒の振り返りの様子

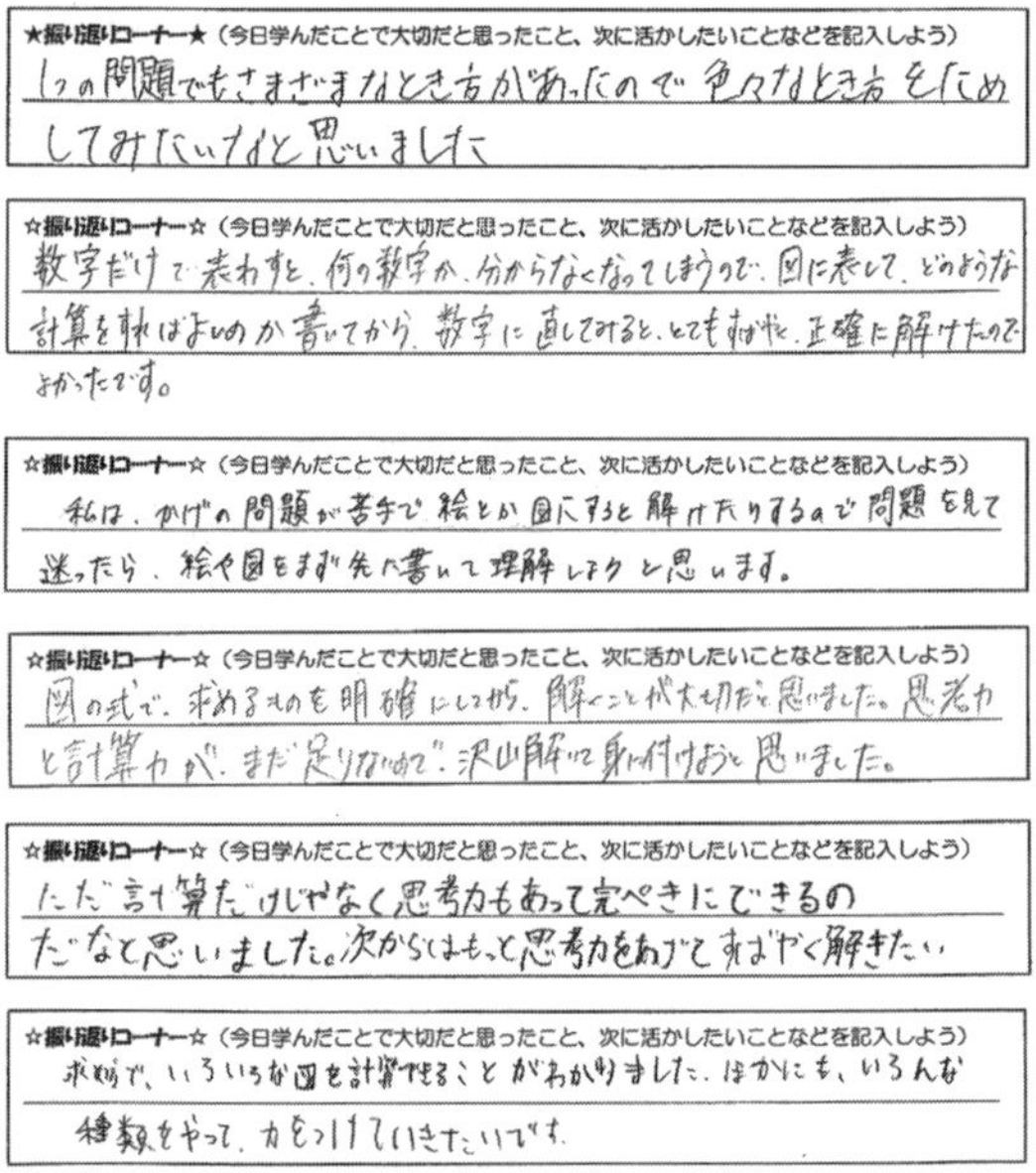

★振り返りコーナー★（今日学んだことで大切だと思ったこと、次に活かしたいことなどを記入しよう）
1つの問題でもさまざまなとき方があったので色々なとき方をためしてみたいなと思いました

☆振り返りコーナー☆（今日学んだことで大切だと思ったこと、次に活かしたいことなどを記入しよう）
数字だけで表わすと、何の数字か、分からなくなってしまうので、図に表して、どのような計算をすればよいのか書いてから、数字に直してみると、とてもすばやく、正確に解けたのでよかったです。

☆振り返りコーナー☆（今日学んだことで大切だと思ったこと、次に活かしたいことなどを記入しよう）
私は、かげの問題が苦手で絵とか図にすると解けたりするので問題を見て迷ったら、絵や図をまず先に書いて理解しようと思います。

☆振り返りコーナー☆（今日学んだことで大切だと思ったこと、次に活かしたいことなどを記入しよう）
図の式で、求めるものを明確にしてから、解くことが大切だと思いました。思考力と計算力が、まだ足りないので、沢山解いて身に付けようと思いました。

☆振り返りコーナー☆（今日学んだことで大切だと思ったこと、次に活かしたいことなどを記入しよう）
ただ計算だけじゃなく思考力もあって完ぺきにできるのだなと思いました。次からはもっと思考力をあげてすばやく解きたい

☆振り返りコーナー☆（今日学んだことで大切だと思ったこと、次に活かしたいことなどを記入しよう）
求め方で、いろいろな図を計算できることがわかりました。ほかにも、いろんな種類をやって、力をつけていきたいです。

令和三年度　研究のまとめ 一部抜粋　所沢中学校　石田 優紀 主幹教諭作成

研究の成果とさらなる発展をめざして

子どもが主体、子どもあっての学校や教育活動だと当たり前に思っていたが、研究を通し「子ども観」「授業観」に対する意識の深化が起こり、教職員一人一人が生涯の財産を手にすることができたことが最大の成果である。

【本校教職員の意識の深化－校内の研究のまとめより－】

- **「子どもは本来学びたいと思っている、能動的である。」という考えがいつも根本にあり、子どもを丁寧に見取り、生徒が学ぶ様子をよく観察するようになった。**
- **生徒の様々な考えを肯定して、さらに疑問を投げかける発問に展開するようになった。**
- **生徒が了解・納得できる状況（些細なつぶやき・仕草・表情・行動を見逃さないこと）で授業展開できるようになった。**
- **教師の予想した反応と違う場面こそ、「何でそう思ったの？」「どこに困った？」という問いから一人一人を見取り、共に学ぶ意識ができるようになった。**

平野先生、嶋野先生から評価していただいた所沢中学校の強み

●教科性が強いと言われている中学校においても、【めあて（見通し）⇒学び合い⇒まとめ（振り返り）】という授業スタンダードが教科・学年を超えて実現し、“所中スタンダード”として成り立っている。

●本校の重点としている「全ての職員で、全ての生徒を育てる」が全校体制で構築されている。例えば保健室においても「能動的に自分の健康について考える」という思いで指導・支援を行っている。子どもが中心の学校として最先端の研究を実現させている。

●「理念」と「実践」が合一している。理念は精神であり、実践は形である。“はじめに子どもありき”の理念のもと、実践が形となって実っている。

―所沢中学校のこれから－

- 「はじめに子どもありき」の理念のもと、学校として引き続き研究に取り組み、生徒の学力（知識理解だけでなく思考力・判断力・表現力の育成や主体的に粘り強く取り組む態度）の向上を見取っていく。
- 生徒の資質能力（コンピテンシー）重視の授業構築として、授業で使うワークシートの検討や振り返り（リフレクション）の充実を図っていく。
- ICT の新たな可能性を生かし、「個別最適な学び」「協働的な学び」の充実を実現させていく。

この研究は、埼玉県所沢市における学力向上推進事業「学び創造アクティブプラン」から「学び創造アクティブPLUS」へと引き継がれている基本理念「能動的学習者としての子ども観」に立った教育や授業の構築を目指すものであり、本校の学校経営理念でもある「はじめに子どもありき」の理念を具現化する教育や授業の在り方を問い直す場として研究に当たったものでもある。本研究は奥深く、とても単年度で達成できるようなものではない。それでも、至らぬ点は多々あることを承知の上で、研究委託を受けその成果と課題等を市内小中学校に還元した。

本校教職員の意識や視点は、全員が変わったと回答した。

「どのような意識の変化があったか」に対する本校教員の回答（例）

●「子どもは本来学びたいと思っている。能動的である。」という考えがいつも根本にあり、子どもを丁寧に見取り、子どもが学ぶ様子をよく観察するようになった。

●生徒の様々な考えを肯定して、そこからさらに疑問を投げかけるような発問をして、授業を展開するようになった。

●生徒が了解・納得できる状況（些細なつぶやき・仕草・表情・行動を見逃さないこと）で授業展開できるようになった。

●教師の予想した反応と違う場面こそ、「どうしてそう考えたの?」「どこに困ったの?」等の問いから一人一人を見取り、共に学ぶという意識が持てるようになった。。

指導者のお一人である平野朝久先生からは「短期間で学校や授業が、明らかに、大きく変わってきている。校長先生をはじめとする先生方の誠実な取組が素晴らしい。」また、嶋野道弘先生からは、「中学校の研究は教科の研究になりがちであるが、本校の研究は『すべての職員ですべての生徒を育てる』という学校の重点をまさに具現化した取組である」という評価をいただいた。しかし、実践は奥深く、その取組はまだ始まったばかりである。

学校における理念と実践の浸透には、私としては次のイメージが最も合致する。

> 子どもたちが在学中はもちろん卒業後も主体的に学習し続けるには、彼らが学ぶ喜びを感じ、学習とは自らの問題を、追究し、解決していくものであると思うことが不可欠である。そうした学習観は、日ごろの学習の過程で形成されていくのであるが、そのためには、学校での活動全体が少しずつそれにふさわしい姿に変わっていかなければならない。比喩的に、教師主導型の活動を白色とし、教師と子どもによって創られる活動を赤色で表現するなら、学校での活動全体が白色のままその一部のみを赤色にし、それを拡大していくのではなく、教科指導、学級経営、学校経営、生活指導の全体を少しずつ赤みを帯びさせていくのである。…効果が現れるまでには時間がかかるであろうが、結局、こうした方法が一番確実で、早道のように思われる。（「はじめに子どもありき」P.96.97　第七章　授業観の変革 二 子どもと共に創る授業 より）

(4) 所沢市教育委員会における取組

所沢市教育委員会で学校教育部の課長・次長、部長時代に行ったことは、「能動的学習者としての子ども観」の共通認識に立った教育活動を市全体で推進することであった。具体的には、教育委員会の施策に位置づけることである。本市では学力向上支援事業として、「学び創造アクティブプラン」があった。このリーフレット（次ページ参照）には、理念（能動的学習者としての子ども観）と実践の方策（授業スタンダード等）を載せている。理念だけを示すと具体的にどうしたらよいのかわからないと言われる。具体を示すと形だけにとらわれ形骸化することがある。理念と具体は常にセットで示し、その理由も周知することが大切である。なお、このリーフレット作成には、当時所沢市教育委員会指導主事であり、この本の執筆者のお一人でもある 藤田恵子 氏（現所沢市立東所沢小学校長）にも中心的な役割を担っていただいている。

この施策を核として示しながら、

・学校指導訪問（市内小中学校を直接訪問し、一人一人の教員の授業を参観し、指導・助言を行う）で具体的に指導する。…各校の教職員全体に対して。個々の教員に対して。

・校長会、教頭会、研修会等で、直接、管理職、教職員に伝える。

・指導主事自身が学び、市内小中学校へ理念と実践の具体を広げていく。

学び創造アクティブプラン学力向上推進事業リーフレット（一部抜粋）
（理念となる部分の解説）所沢市教育委員会作成

子供も大人も共に学び続けるマチへ

学び創造アクティブプラン

学力向上推進事業　リーフレット　第3年次（令和元年度版）

学力向上

「知識・技能」「思考力・判断力・表現力」「主体的に学ぶ態度」

家　庭

～生活習慣の見直しによる
家庭学習の習慣～

◆1　「早寝・早起き・朝ごはん」による基本的生活習慣の確立
◆2　ノーメディアチャレンジにおける家庭でのルール作り
◆3　宿題や家庭学習を通し、家族での見届けや対話【NEW】
◆4　毎月23日の家読（うちどく）の日に取り組む親子読書

学　校

～児童生徒が主体的に学び、
「わかる喜び」を味わえる
授業の創造～

◆1　授業構成の明確化
◆2　主体的・対話的で深い学びの授業づくり
◆3　学習の定着化と教師の見届け
◆4　ICT の積極的活用
◆5　各種学力調査結果の活用と分析、学習状況を把握し、チームで個に応じた支援

地　域

～「考える力・判断する力・
表現する力」を育成する
体験活動の充実～

◆1　「あいさつ」から関係をつくり「地域行事」の積極的参加
◆2　地域の教育力を活用した体験的な取組
◆3　健康で文化的な生活を送るための生涯スポーツの推進
◆4　幼児教育を学校教育に生かすために、幼稚園・保育園・こども園と連携

所沢市教育委員会では、これまで『学び改善プロジェクト』（H23～25年度）、『学び創造プラン』（H26～28年度）と、学校・家庭・地域が総がかりで行う学力向上のための取組を推進し、子供たち一人一人の主体的な「学び」の創造を目指し、確実な成果をあげてきました。

これまでの取組を踏まえ、29年度にスタートした『学び創造アクティブプラン』は、3年間をかけて今までの事業の発展・深化を目指すものです。この事業の根幹をなす理念は「子供たちは、誰もができるようになりたいと願っている」という能動的学習者観に立った子供観です。本事業の全体講師である元 文教大学教授 嶋野 道弘氏も同様に「**人間は、生涯にわたって、自分のよさや可能性を求め続ける存在であり、自分の内に潜むよさや可能性を探し、自分で見付け、自ら発揮しようとするものです。**」と述べられています。

市内全47の小・中学校では、このリーフレットで紹介しているように様々なアプローチで、学び手である子供側の視点に立った授業改革と、家庭や地域の教育力を生かした取組を進め、成果を上げております。

これからも、市内で学ぶ約2万5千人の子供たちが「たくましく生き抜く力」を身に付けていけるように、学校・家庭・地域が一体となった取組を推進し、「子供も大人も共に学び続けるマチ」を目指してまいります。

所沢市イメージマスコット
「トコろん」

学び創造アクティブプラン学力向上推進事業リーフレット（一部抜粋）
（授業スタンダードとなる部分の解説）所沢市教育委員会作成

（市指導主事会として、平野 朝久 先生による2回のご講義の機会を設定）等の取組を行った。私自身もこれらの機会では、その都度話をした。

なお、リーフレットの内容は、基盤となるものは継承しながらも、より良いものを目指して、所沢市教育委員会で毎年改訂されていることを付け加えておく。

「『はじめに子どもありき』の理念に根差した学校づくり」、そして「『能動的な学習者としての子ども観』に立った授業の構築」を目指す実践に、もうこれでよいという終わりはない。「能動的な学習者としての子ども観」に立った授業を構築していくには、目の前にいる子どもの事実から出発して、子どもの主体的な学習を構築することを楽しみとしながら、私たち教師自身が能動的に授業を構築していく姿勢を持ち続けていくことが大切であると思う。

【参考文献】

平野朝久『はじめに子どもありき〈教育実践の基本〉』東洋館出版社　二〇一七年

平野朝久 編著『続　はじめに子どもありき 基本原理と実践』学芸図書株式会社　二〇一三年

文部科学省　小学校学習指導要領（平成二八年度告示）解説 総則編

文部科学省　中学校学習指導要領（平成二九年度告示）解説 総則編

文部科学省　中学校学習指導要領（平成二九年度告示）解説 理科編

文部科学省　高等学校学習指導要領（平成三〇年度告示）解説 総則編

中村泰之（第Ⅱ部第５章）　東京都世田谷区立桜町小学校校長

東京都品川区、三宅島、大田区の教諭及び主幹教諭、世田谷区立小学校の副校長を経て、 平成30年度より世田谷区立世田谷小学校校長、令和４年度より現職。平成17・18年度大学院教員派遣研修（東京学芸大学）。『子どもは海で元気になる－実践・海洋自然教育－』（共著、早川書房）、『「探究型」学習をどう進めるか』（浅沼茂編集、教育開発研究所）ほか。

藤田恵子（第Ⅱ部第６章）　埼玉県所沢市立東所沢小学校校長

埼玉県所沢市の小学校（４校）の教諭、所沢市教育委員会学校教育課指導主事、狭山市立狭山台小学校教頭を経て、令和３年度より現職。平成17年度埼玉県長期研修教員。『明日の教室』（共著、ぎょうせい）、『言語活動が充実するおもしろ授業デザイン集』（共著、学事出版）、『対話力アップワーク』（共著、明治図書）ほか。

松井昌美（第Ⅱ部第７章）　富山県南砺市立城端小学校教頭

富山県小矢部市、砺波市の小学校教諭、富山大学人間発達科学部附属小学校教諭、南砺市の小学校教諭、南砺市教育センター指導主事、富山県教育委員会小中学校課指導主事を経て、令和４年度より現職。「『社会問題の解決策を提案する』社会科学習と関連・発展させた総合的な学習の時間」『生活・総合の実践ブックレット』第10号（日本生活科・総合的学習教育学会）ほか。

村松由里香（第Ⅱ部第８章）　静岡県富士宮市教育委員会指導係長

静岡県富士宮市立小学校教諭、富士宮市教育委員会指導主事、静岡県教育委員会教育主幹（指導主事）、富士宮市立芝富小学校教頭を経て、令和４年度より現職。「全国的社会教育主事の会の可能性を探る」「社会教育」№.869号ほか。

岩間健一（第Ⅱ部第９章）　埼玉県所沢市立所沢中学校校長

埼玉県所沢市の中学校教諭、シンガポール日本人学校教諭、所沢市教育委員会指導主事、埼玉県教育局指導主事・主任指導主事、所沢市立狭山ヶ丘中学校校長・美原中学校校長、所沢市教育委員会学校教育部次長兼学校教育課長・学校教育部長を経て平成31年度より現職。学校心理士。『教師の力で明日できる特別支援教育』（共著 、明治図書）ほか。

執筆分担ならびに執筆者紹介

平野朝久（第Ⅰ部、編著者）　**東京学芸大学名誉教授**

東京都に生まれ、大阪府立大学助手、講師、東京学芸大学講師、助教授、教授、教育実践研究支援センター長、総合教育科学系長を経て、平成28年4月より東京学芸大学名誉教授。『はじめに子どもありき－教育実践の基本－』（学芸図書、東洋館出版社）、『子どもが求め、追究する総合学習』（編著、学芸図書）、『子どもの「学ぶ力」が育つ総合学習』（編著、ぎょうせい）、『続はじめに子どもありき』（編著、学芸図書）ほか。

福田弘彦（第Ⅱ部第1章）　**長野県伊那市立伊那小学校校長**

昭和60年度より長野県内にて小学校教諭として勤務。伊那小学校に教諭として8年間、教頭として3年間勤務し、令和2年度より現職。「教育創造」、「教職研修」等に寄稿。『共に学び　共に生きる』（信州教育出版社）に実践事例執筆。

植松比名子（第Ⅱ部第2章）　**元山形県公立小学校教諭**

銀行勤務後、山形県小国町、上山市、天童市等の小学校勤務後、天童市立長岡小学校、天童南部小学校、津山小学校教諭。平成31年度より（独）高齢障害・求職者雇用支援機構で相談員として勤務。「子どもが育つ授業作り」「初等教育資料」No.812ほか。

上原博光（第Ⅱ部第3章）　**長野県坂城町立南条小学校教諭**

長野県伊那市、南木曽町の小学校、諏訪市立高島小学校、信州大学教育学部附属幼稚園、長野市の小学校（3校）の教諭を経て、令和4年度より現職。「共に創る生活科を考える」『小学校生活科・教師用指導書』（共著、信州教育出版社）、「子どもと教師が創る生活科の授業」『生活科・総合の実践ブックレット』第13号（日本生活科・総合的学習教育学会）ほか。

齊藤慎一（第Ⅱ部第4章）　**東京都杉並区立馬橋小学校教諭**

新潟県阿賀野市、東京都昭島市の小学校教諭を経て平成26年度より現職。平成30年度東京都教職大学院派遣研修教員。『新みんなが輝く体育1』（共著、創文企画）、『子どもの事実と向き合う』（東洋館出版社）ほか。

「はじめに子どもありき」の理念と実践

2022（令和４）年７月７日　初版第１刷発行

編 著 者　平野 朝久
発 行 者　錦織 圭之介
発 行 所　株式会社 東洋館出版社
〒113-0021　東京都文京区本駒込５丁目16番７号
営業部　TEL：03-3823-9206／FAX：03-3823-9208
編集部　TEL：03-3823-9207／FAX：03-3823-9209
振　替　00180-7-96823
ＵＲＬ　https://www.toyokan.co.jp/

装　　幀　木下　悠
編集担当　杉森 尚貴
印刷・製本　岩岡印刷株式会社

ISBN978-4-491-04956-4 / Printed in Japan